Tributação da Atividade Rural

Tributação da Atividade Rural

2019

Ben-Hur Carvalho Cabrera Mano Filho

TRIBUTAÇÃO DA ATIVIDADE RURAL
© Almedina, 2019
AUTOR: Ben-Hur Carvalho Cabrera Mano Filho
DIAGRAMAÇÃO: Almedina
DESIGN DE CAPA: FBA
ISBN: 9788584935727

Dados Internacionais de Catalogação na Publicação (CIP)
(Câmara Brasileira do Livro, SP, Brasil)

Mano Filho, Ben-Hur Carvalho Cabrera
Tributação da atividade rural / Ben-Hur Carvalho
Cabrera Mano Filho. -- São Paulo : Almedina, 2019.

Bibliografia
ISBN 978-85-8493-572-7

1. Atividade rural - Tributação 2. Direito
tributário 3. Direito tributário - Brasil I. Título.

19-31271   CDU-34:336.2:63(81)

Índices para catálogo sistemático:

1. Brasil : Tributação : Atividade rural : Direito tributário 34:336.2:63(81)

Maria Alice Ferreira - Bibliotecária - CRB-8/7964

Este livro segue as regras do novo Acordo Ortográfico da Língua Portuguesa (1990).

Todos os direitos reservados. Nenhuma parte deste livro, protegido por copyright, pode ser reproduzida, armazenada ou transmitida de alguma forma ou por algum meio, seja eletrônico ou mecânico, inclusive fotocópia, gravação ou qualquer sistema de armazenagem de informações, sem a permissão expressa e por escrito da editora.

Novembro, 2019

EDITORA: Almedina Brasil
Rua José Maria Lisboa, 860, Conj.131 e 132, Jardim Paulista | 01423-001 São Paulo | Brasil
editora@almedina.com.br
www.almedina.com.br

Dedico este trabalho aos meus pais.

AGRADECIMENTOS

Meu especial agradecimento ao Professor Régis Fernando de Ribeiro Braga, pelo entusiasmado incentivo ao desenvolvimento deste trabalho, bem como pela leitura criteriosa e pelas valiosíssimas observações e sugestões.

   Meu indistinto agradecimento aos demais professores, colegas e amigos da turma LLMDT 11 do Insper, pela parceria ao longo do curso.

PREFÁCIO

Nos tempos antigos, o cobrador de impostos era sempre a figura implacável de um soldado do rei que ia vorazmente recolhendo entre a população os valores determinados sob a coerção de uma espada. De lá para cá, com o surgimento da democracia, pouca coisa mudou e o imposto continua sendo uma forte carga sobre cada cidadão. Como a vocação mais clara do Brasil é a de produzir alimentos, é importante saber que a tributação sobre a agricultura não se trata apenas de mais um imposto sobre um setor produtivo, mas temos que levar em conta que é um imposto sobre a comida, onde qualquer deslize terá como consequência a penalização sobre os mais pobres. É bem conhecida a expressão de que "imposto reduzido, país melhor nutrido".

Neste sentido, é com especial carinho que saúdo esta obra, "Tributação da Atividade Rural", que se constituirá em um manual de consultas e informações sobre a questão fisco-tributária do campo. Ele será um guia para municiar a luta pelo fim de imensas injustiças que ainda vicejam na questão tributária da agropecuária. Quando ainda impomos tributos sobre sementes ou insumos agrícolas, nos tornamos praticamente o único país em que uma atividade econômica paga imposto sobre a intenção de produzir. Pior ainda, o Brasil insiste em tributar o faturamento e não lucro, nos esquecendo que o bom imposto deveria premiar o mérito e punir a negligência, ao contrário do que estamos praticando. O resultado é uma verdadeira indigestão na cesta básica do consumidor.

O autor também coleciona um amplo leque de comentários do complexo sistema tributário brasileiro, o que certamente servirá de bússola para simplificarmos a vida dos agricultores. O Direito Tributário tem que ser claro, compreensível, bem como o pagador de impostos têm que compreender o tributo que está pagando, caso contrário mergulharemos em um pântano de burocracia e impedimentos ao ato de produzir. A falta de clareza leva o poder público a se constituir em um poder paraestatal e antidemocrático, como assim são hoje as Instruções Normativas da Receita Federal. O resultado é que hoje temos quase 100 diferentes tipos de tributos no Brasil, sendo que praticamente a cada dia, depois de 1988, estamos adicionando em média 31 normas tributárias. Isto desemboca em cerca de 70% do PIB brasileiro como a soma total dos litígios tributários do país.

O Brasil tem que se preparar cada vez mais para o mercado internacional. Enquanto o autor mostra a necessidade de uma política tributária racional para o campo, nossos concorrentes vivem uma realidade totalmente distinta. No Japão, a ajuda do governo representou cerca de 56% do lucro total da sua agricultura, como na Europa mais de 90% do que é chamado "lucro" nas fazendas especializadas em pecuária vem de subsídios. Mesmo com toda esta desigualdade econômica, o Brasil tem a matriz energética mais limpa do planeta, com 48% sendo gerada de fontes renováveis, enquanto a média mundial estaciona nos 18%. É o único no mundo com legislação sobre Reserva Legal e Áreas de Preservação Permanente, e é o pais com mais áreas protegidas em todo o planeta. Tudo isto reforça a necessidade urgente de novos horizontes na tributação sobre o agronegócio brasileiro.

Em um mundo onde não podem existir fronteiras para os alimentos, a história econômica é clara: impostos ineficientes retardam o progresso, inibem a inovação e o empreendedorismo, além de prejudicarem a questão social, pois estudos apontam que regiões agrícolas crescem mais em IDH (Índice de Desenvolvimento Humano) do que as não agrícolas.

Em certa passagem do livro, o autor cita Thomas Jefferson que, na fundação dos EUA, defendeu uma especial importância para a agricultura. Sim, Jefferson proclamava que "aqueles que trabalham na terra são os escolhidos de Deus". Mas muito mais do que isto, no final do seu primeiro mandato, Jefferson podia se gabar: "Qual agricultor, qual mecânico, qual trabalhador chega a ver um coletor de impostos nos Estados Unidos?"

Que este livro seja uma ferramenta que ajude este desejo a se tornar realidade nos campos brasileiros.

Antonio Cabrera

SUMÁRIO

1. INTRODUÇÃO 15
   1.1 Breve Descrição da Relevância do Setor Rural no Brasil 15
   1.2 Os Fundamentos do Tratamento Especial Conferido à Agricultura 17
   1.3 A Abordagem deste Trabalho 20

2. CONCEITOS FUNDAMENTAIS 23
   2.1 Atividade Rural 23
      2.1.1 O Conceito de Atividade Rural na Doutrina 23
      2.1.2 O Conceito de Atividade Rural na Legislação e na Jurisprudência Pátrias 31
         2.1.2.1 Atividade Rural na Legislação do Imposto de Renda 33
         2.1.2.2 Atividade Rural nas Leis nº 8.212/91 e 8.870/94 49
      2.1.3 A Atividade Rural e sua Relação com o Conceito de Agronegócio 54
   2.2 Imóvel Rural 58
   2.3 Condomínio Rural 66
      2.3.1 Natureza Jurídica do Condomínio: Origens e Traços Distintivos do Instituto Jurídico 66
      2.3.2 O Condomínio Rural 70
      2.3.3 Jurisprudência Relacionada ao Condomínio Rural 76

3. TRIBUTAÇÃO DO PRODUTOR RURAL PESSOA FÍSICA 83
   3.1 Tributação da Renda 85
      3.1.1 Resultado da Atividade Rural: Receitas, Despesas de Custeio e Investimentos 86

    3.1.1.1 As Receitas que Compõem o Resultado da Atividade Rural 88
    3.1.1.2 Dedutibilidade de Investimentos na Apuração do Resultado da Atividade Rural 96
    3.1.1.3 Despesas de Custeio Dedutíveis do Resultado da Atividade Rural 103
    3.1.1.4 Opção pela Base de Cálculo "Presumida" 107
    3.1.1.5 Compensação de Prejuízos 109
  3.1.2 Escrituração da Atividade Rural do Produtor Pessoa Física 114
  3.1.3 Período de Apuração – Ano Calendário 121
  3.1.4 Operações de Recebimento Antecipado – Cédula de Produto Rural 121
 3.2 Contribuições Incidentes sobre a Atividade Rural do Produtor Pessoa Física 124
  3.2.1 O Funrural 125
  3.2.2 Contribuição ao SENAR 132
  3.2.3 Demais Contribuições 134
 3.3 O Produtor Rural e o ICMS 137
  3.3.1 O ICMS no Estado de São Paulo 137
  3.3.2 Questões Relevantes na Jurisprudência do TJ/SP 140

4. TRIBUTAÇÃO DO PRODUTOR RURAL PESSOA JURÍDICA 145
 4.1 Tributação da Renda 148
  4.1.1 O Imposto de Renda do Produtor Rural Pessoa Jurídica 150
    4.1.1.1 As Receitas que Compõem o Resultado da Atividade Rural 150
    4.1.1.2 Dedutibilidade de Investimentos e Depreciação Acelerada 155
    4.1.1.3 Despesas de custeio dedutíveis do Resultado da Atividade Rural 161
    4.1.1.4 Compensação de Prejuízos 162
  4.1.2 A CSLL e o Produtor Rural Pessoa Jurídica 164
 4.2 Contribuições Incidentes sobre a Atividade Rural do Produtor Pessoa Jurídica 166
  4.2.1 O Funrural da Pessoa Jurídica 166
  4.2.2 Contribuição ao SENAR 172
  4.2.3 Demais Contribuições 175

SUMÁRIO

4.3 O PIS/Cofins e o Produtor Rural Pessoa Jurídica 175
4.4 O Produtor Rural Pessoa Jurídica e o ICMS 180
    4.4.1 O ICMS no Estado de São Paulo 180
    4.4.2 Questões relevantes na jurisprudência do TJ/SP e
           do TIT/SP 180
4.5 Opção pelo Simples Nacional 182

5. ITR – IMPOSTO SOBRE A PROPRIEDADE TERRITORIAL RURAL ... 185
    5.1 Caracterização do ITR 185
    5.2 Fato Gerador e Sujeito Passivo do ITR 187
        5.2.1 Imunidades, Isenções e áreas de interesse ambiental .. 191
    5.3 A Base de Cálculo do ITR 192

6. CONCLUSÃO 199

ANEXO 1 – Compilação de Decisões do CARF 201
ANEXO 2 – Definições de Atividade Rural na IN SRF nº 83/01 e
          IN RFB nº 1.700/17 211

REFERÊNCIAS 215
    Legislativas 219
    Jurisprudenciais e Soluções de Consulta 226

1. Introdução

1.1 Breve Descrição da Relevância do Setor Rural no Brasil

Nas últimas décadas, o Brasil se consolidou como um dos principais (senão principal) produtor e exportador mundial de *commodities* agrícolas. Até a década de 1970, o país era mormente um importador de gêneros agrícolas, cenário revertido em boa parte graças à revolução tecnológica que permitiu o fenômeno da "conquista do Cerrado"[1]. O meio rural, relativamente atrasado até então, foi bruscamente substituído por um cenário agrícola dinâmico, marcado pelo emprego de tecnologias e por crescimento exponencial de produtividade.

De acordo com o Ministério da Agricultura Pecuária e Abastecimento ("MAPA")[2], entre 1960 e 2010, a produção agrícola anual saltou de 17,2 milhões de toneladas, para 190,7 milhões de toneladas, ou seja, um incremento de aproximadamente 774%. No mesmo período, o rebanho

---

[1] Conforme: MENDONÇA DE BARROS, José Roberto; MENDONÇA DE BARROS, Alexandre Lahóz. **Agricultura Brasileira: um caso de sucesso no trópico**. In: BURANELLO, Renato, SOUZA, André Ricardo Passos, PERIN JUNIOR, Ecio (Coord.). **Direito do Agronegócio**: mercado, regulação, tributação e meio ambiente. São Paulo: Quartier Latin, 2011, p. 66.
Vide também BURANELLO, Renato. **Manual do direito do agronegócio**. São Paulo: Saraiva Educação, 2018, versão do Kindle, posição 301.
[2] MINISTÉRIO DA AGRICULTURA, PECUÁRIA E ABASTECIMENTO. **Agronegócio Brasileiro em Números**. Disponível em: http://www.agricultura.gov.br/arq_editor/file/Sala%20de%20Imprensa/Publica%C3%A7%C3%B5es/graficos_portugues_corrigido2.pdf. Acesso em: 26 jun. 2016:

bovino teria variado de 58 milhões de cabeças para 204 milhões de cabeças, ou seja, um crescimento de aproximadamente 251%.

O crescimento da produção agropecuária, em ritmo muito superior ao da população e do consumo interno, permitiu a inserção do país como importante exportador no mercado global de *commodities* agrícolas. Ainda de acordo com dados de 2010 do MAPA, o Brasil era naquela época o maior exportador mundial de açúcar, suco de laranja, café, carne bovina, tabaco e aves, e o segundo maior exportador mundial de soja.

Em 2015, a participação do Agronegócio nas exportações brasileiras chegou a 46,2%, frente a uma participação de 43% em 2014 e 41,3% em 2013[3], o que revela uma crescente importância do setor para o ingresso de divisas internacionais no Brasil.

Finalmente, vale destacar que as projeções indicam que a agricultura brasileira continuará a ganhar relevância ao longo da próxima década. De acordo com o MAPA, no período entre 2016 e 2026, espera-se um incremento de 30% na produção de grãos (com crescimento de apenas 12,7% da área plantada); e de 29,8% na produção total de carne bovina (21%), suína (31,3%) e de frango (34,6%)[4].

Para o mesmo período, o USDA (*United States Department of Agriculture*)[5] – equivalente norte-americano ao MAPA – por seu turno, confere semelhante destaque à perspectiva de ampliação da presença da agricultura brasileira no mercado global de *commodites*:

---

[3] Agronegócio responde por 46,2% das exportações brasileiras em 2015 e bate recorde. **Revista Veja**. 11 jan 2016. Disponível em: http://veja.abril.com.br/noticia/economia/agronegocio-responde-por-462-das-exportacoes-brasileiras-em-2015-e-bate-recorde. Acesso em: 26 jun.2018.

[4] MINISTÉRIO DA AGRICULTURA, PECUÁRIA E ABASTECIMENTO. **Brasil Projeções do Agronegócio, 2015/2016 a 2025/2026**, página 92, 7ª edição, 2016. Disponível em: http://www.agricultura.gov.br/assuntos/politica-agricola/todas-publicacoes-de-politica-agricola/projecoes-do-agronegocio/proj_agronegocio2016.pdf. Acesso em: 27 ago. 2018.

[5] UNITED STATES DEPARTMENT OF AGRICULTURE. **USDA Agricultural Projections to 2025**, página 72, 2016. Disponível em: https://www.ers.usda.gov/webdocs/publications/37809/56729_oce-2016-1.pdf?v=0. Acesso em 02 set. 2018. Tradução Livre: "Projeta-se que as exportações de soja em grãos pelo Brasil aumentarão em 19.6 milhões de toneladas (35%) para 76 milhões de toneladas durante o período de projeção (2016/17 a 2025/26), permitindo ao país fortalecer sua posição como líder global em exportação de soja em grãos."

Brazil's soybean exports are projected to rise 19.6 million tons (35 percent) to 76 million tons during the projection period (2016/17 to 2025/26), enabling the country to strengthen its position as the world's leading soybean exporter.

Portanto, indiscutíveis a relevância do setor agrícola brasileiro à economia nacional e ao comércio internacional, bem como a perspectiva de que tal importância continuará a se ampliar ao longo dos próximos anos.

1.2 Os Fundamentos do Tratamento Especial Conferido à Agricultura

Inicialmente, destaque-se que o presente trabalho não busca uma apologia à proteção desta ou daquela atividade econômica, ou deste ou daquele produtor rural. Antes de mais nada, entendemos que a complexidade do sistema tributário brasileiro é nociva ao bom desenvolvimento das atividades econômicas, inclusive a atividade rural. Melhor seria, em nosso entendimento, que houvesse tratamento mais simples e uniforme, sem as tantas figuras "especiais" às quais faremos referência nesta obra. Dito isto, cumpre-nos lidar com a realidade posta, prestando-se o presente estudo à sistematização e análise do arcabouço legal aplicável à tributação da atividade rural.

Consoante se notará adiante, a legislação tributária (e mesmo as manifestações do Poder Judiciário e dos órgãos judicantes administrativos) confere à atividade rural um tratamento característico, por vezes privilegiado em relação às atividades econômicas de uma maneira geral. Uma questão que nos parece relevante, portanto, seria a seguinte: quais seriam os vetores que justificaram o tratamento especial até aqui conferido às atividades rurais em sede tributária?

Esmiuçando-se a doutrina afeita ao direito agrário, encontramos na lição de Malta Cardozo[6] uma análise dos fundamentos que justificariam uma especialidade dos dispositivos legais voltados à agricultura. Este autor recorre às definições de "agricultura" traçadas por estudiosos americanos e europeus, para concluir, enfim, o seguinte:

---

[6] CARDOZO, Malta. **Tratado de Direto Rural Brasileiro.** 1º Volume. São Paulo: Saraiva, 1953, páginas 35 e 36.

A humanidade, em sua origem, passou sucessivamente pelos estados caçador, pastor e finalmente agricultor [...] e, somente com a revelação da agricultura e sua instalação social, como atividade humana, modo de viver, e mais tarde, profissão econômica, desenharam-se o progresso e a liberdade.

A agricultura é filha da paz e da estabilidade, inspiradora do sentimento conservador da propriedade e ao mesmo tempo da solidariedade social pela fraternidade no trabalho. Exige a invenção de instrumentos primários como de máquinas complicadas, de beneficiamento, embalagem e transporte; a extração de metais como a criação e adaptação de animais úteis ao trabalho ou à alimentação. Enfim, a agricultura tem sua história escrita com a própria história do gênero humano.

Portanto, a partir da lição daquele autor, poderíamos dizer que um primeiro vetor a justificar o "cuidado" da legislação com as atividades rurais, seria a noção de que o desenvolvimento da agricultura se configura como pedra fundamental da sociedade, bem como um elemento de estabilidade social e econômica.

Na doutrina estrangeira, encontramos abordagem semelhante à transcrita acima. Ao analisarmos autores estrangeiros, nota-se que estes conferem uma boa dose de dedicação à busca pelas origens e fundamentos que justificam o tratamento especial conferido pela lei à atividade rural e mesmo ao agricultor.

Assim, por exemplo, Susan A. Schneider[7] indica que, nos Estados Unidos da América, subsiste um ideal que a autora denomina de "agrarianismo", fortemente propagado por Thomas Jefferson, que teria buscado construir a nação com uma base agrária (*a nation with an agrarian base*).

De acordo com autora, Jefferson vislumbrava na agricultura e nos agricultores os fundamentos sociais e econômicos que permitiriam a independência e a própria democracia. Em certo trecho, fornece um

---

[7] SCHNEIDER, Susan A. **Food, Farming and Sustainability: readings in agricultural law**. Durham, NC: Carolina Academic Press, 2011, p. 4. Tradução livre: "Jefferson não advogava em favor de fazendas auto suficientes e não voltadas ao comércio. Ele enxergava na demanda europeia por alimentos, uma oportunidade para os Estados Unidos. Isso significava que havia boas oportunidades para a agricultura na América. Para prosperar, os produtores americanos deveriam produzir excedente; eles deveriam produzir mais do que o necessário para as famílias dos agricultores e mais do que o necessário para a nação".

1. INTRODUÇÃO

valioso subsídio para a compreensão da relevância conferida às atividades rurais no contexto de independência política e econômica dos Estados Unidos da América:

> Jefferson did not advocate fully self-sufficient non-commercial farms. He saw value for the United States in Europe's need for food. It meant that there would be many good opportunities to farm in America. To prosper, American farmers should produce a surplus; they should grow more than family farms needed and more than the nation needed.

Esta autora indica[8] que o ponto culminante do "agrarianismo" americano teria sido a edição do *Homestead Act* de 1862, por meio do qual se determinou a distribuição de terras públicas segundo a seguinte fórmula:

> ...any person who is the head of a Family...shall...be entitled to enter one quarter section or a less quantity of unappropriated public lands...for the purpose of actual settlement and cultivation.

Um segundo vetor a justificar o tratamento conferido pela lei à agricultura, portanto, seria a relação direta desta com a independência econômica e a ocupação do território nacional.

Seguindo a linha evolutiva, aquela autora indica[9] que, mais adiante, os seguintes fatores também passaram a justificar um tratamento especial à agricultura: (i) a segurança alimentar, que teria implicado em *"food-focused agricultural law"* (abordagem da agricultura com foco no aumento da produção de alimentos); e (ii) a sujeição natural das atividades rurais a ciclos biológicos imprevisíveis e a padrões sazonais (*seasonal patterns*), que justificariam um tratamento especial à agricultura *vis-a-vis* outras atividades econômicas cuja tomada de decisão se sujeita apenas e tão somente aos fatores de oferta e demanda.

A partir deste ponto evolutivo mais recente, a doutrina estrangeira e a nacional começam a convergir. Com efeito, indica Susan Schneider que o vetor de especialidade da legislação da atividade rural apontaria cada vez mais para o sentido da sustentabilidade (*sustainability*). Igual-

---

[8] Ibidem, p. 5. Tradução livre: "[...]qualquer pessoa que seja chefe de uma família [...] terá [...] o direito de adentrar uma quarta parte ou menor quantidade de terras públicas não apropriadas [...] para o propósito de efetiva colonização e cultivo."
[9] Ibidem, p. 7-18.

mente, entre nós, nota-se que Fernando Campos Scaff[10] indica que a noção de agrariedade estaria sujeita a constantes mudanças em decorrência *"do avanço tecnológico, biotecnológico e também das restrições legislativas que se colocam cada vez mais para moldar tais atividades em prol do interesse dos consumidores, da defesa da concorrência e da proteção ambiental".*

Seriam estes, portanto, os vetores que justificariam o tratamento característico conferido pela legislação (de uma maneira geral), às atividades rurais. Tradicionalmente, portanto, decorrentes da noção de estabilidade social e independência econômica e, mais recentemente, identificados com os ideais de segurança alimentar e de harmonização com diversos outros interesses sociais.

1.3 A Abordagem deste Trabalho

Feita a crítica preliminar à complexidade de nosso sistema tributário e analisados os motivos pelos quais a legislação confere tratamento específico às atividades rurais, o escopo deste trabalho é a análise dos dispositivos legais aplicáveis, bem como da doutrina e da jurisprudência.

Assim, afim de traçarmos uma abordagem de relevância prática, efetuou-se uma vasta pesquisa das decisões prolatadas pelo Conselho Administrativo de Recursos Fiscais ("CARF"), do Ministério da Fazenda, de modo a identificar os temas de maior relevância, no sentido de serem aqueles que são levados com maior frequência ao contencioso administrativo, ou mesmo aqueles temas que pareceram ser de relevância técnica ou estratégica.

Neste sentido, a Tabela 1, anexa ao presente trabalho, contém uma relação de aproximadamente 320 acórdãos do CARF relacionados ao parâmetro de pesquisa "rural". Tais decisões foram analisadas e relacionadas a certos temas que, em nosso entendimento, pareceram relevantes. Obviamente, cabe a ressalva de que a classificação de tais decisões frente a tais temas, guarda uma boa dose de subjetividade. Entretanto, por mais que possa haver linhas tênues quanto à adequação da listagem dos Acórdãos, o fato é que, "grosso modo", a Tabela 1 permite uma noção acerca da relevância de diferentes temas afetos à tributação da atividade rural. Tais precedentes foram listados com as seguintes fina-

---

[10] SCAFF, Fernando Campos. **Direito Agrário: origens, evolução e biotecnologia**. São Paulo: Atlas, 2012, p. 12.

lidades: (i) busca por precedentes valiosos à compreensão dos temas abordados e (ii) a utilidade de tal lista para futura consulta por precedentes atinentes a determinado tema. Por ora, tal listagem não se prestou à análise qualitativa de dados, restando aberta tal possibilidade.

Tendo-se tais premissas em vista, o presente trabalho se propõe à análise da tributação da atividade rural segundo a seguinte abordagem:

(i) Parte-se da definição de conceitos fundamentais, tais como a atividade rural, o imóvel rural e a figura do condomínio (esta de interesse para o presente estudo por se tratar de uma figura jurídica *sui generis*, como se verá adiante).

(ii) No que diz respeito à pessoa física, o presente trabalho contém uma análise detida, em especial dos dispositivos da Lei nº 8.023 de 12 de abril de 1990, uma vez que o arcabouço legal da tributação do produtor rural pessoa física parece se tratar de um tema especialmente distinto, quando comparado aos demais.

(iii) Quanto à abordagem da tributação da atividade rural da pessoa jurídica, o enfoque recai sobre a análise dos elementos que a distinguem das pessoas jurídicas de uma maneira geral. Tendo-se em vista o objeto deste estudo, entendemos que não faria sentido uma análise detida de elementos da tributação que são comuns às pessoas jurídicas em geral.

(iv) Um importante corte metodológico adotado neste trabalho diz respeito à abordagem do Imposto sobre Operações relativas à Circulação de Mercadorias e sobre Prestações de Serviços de Transporte Interestadual e Intermunicipal e de Comunicação ("ICMS"). Acerca do ICMS, limitamo-nos à análise da legislação do Estado de São Paulo, especificamente no que diz respeito aos elementos que sejam característicos das atividades rurais, em especial aqueles que tenham alguma repercussão no Poder Judiciário.

(v) Finalmente, analisa-se a tributação da propriedade territorial rural (ITR).

Ao longo de todo o trabalho, procuramos abordar os temas com vistas às questões recorrentes ou que tenham sido submetidas ao Judiciário e/ou ao CARF.

2. Conceitos Fundamentais

2.1 Atividade Rural

Considerando-se as decisões proferidas pelo CARF, especialmente no período de 10 (dez) anos entre 2008 e 2017, nota-se que uma parte relevante das discussões tributárias gravitam justamente em torno da conceituação da "atividade rural", ou seja, quais seriam os requisitos necessários para sua caracterização e submissão às regras tributárias específicas da atividade.

Para que se tenha plena compreensão da questão, vale levarmos em conta o conceito de "atividade rural" sobre o qual se debruça a doutrina especializada do Direito Agrário, para então compreendermos os limites atualmente impostos pela legislação e jurisprudência tributárias.

2.1.1 O Conceito de Atividade Rural na Doutrina

A partir da análise da doutrina dedicada ao Direito Agrário, observa-se que não há uma linha de condução absoluta para a definição do conceito de "atividade rural". Aliás, esta parece ser a única constatação unânime da doutrina, *e.g*:

> Em matéria de definição do conceito de atividade rural/agrária, o Direito Brasileiro é bastante confuso e depende da importância da delimitação para o ramo do Direito em questão. Normalmente, os textos jurídicos apresentam uma lista de atividades que são consideradas rurais ou agrárias, mas sem nenhum critério preciso.[11]

---

[11] Trentini, Flavia. **Teoria Geral do Direito Agrário Contemporâneo**. São Paulo: Atlas, 2012, p. 25.

Em muitos casos, será o contexto que dirá se uma atividade é agrária ou não, uma vez que a legislação nacional não traz um conceito definido de tal atividade.[12]

Não existem na legislação agrária conceitos ou definições de atividade agrária que permitam ao jurista estabelecer quando determinada atividade é agrária e quando não é.[13]

Partindo de tais assertivas, a primeira constatação óbvia é que a relevância do tema na jurisprudência administrativa tributária não decorre do mero acaso. Com efeito, conforme se passa a demonstrar abaixo, a definição da "atividade rural" está longe de ser uma tarefa singela.

Neste sentido, a doutrina agrarista tem se ocupado há décadas na busca por critérios suficientes para a definição da atividade rural e do próprio objeto de estudo do Direito Agrário.

A distinção da atividade rural das demais atividades encontra maior dificuldade diante da complexidade das atividades ditas agrícolas. Neste sentido, note-se a lição de Olavo Acyr da Lima Rocha[14]:

> os comercialistas têm demonstrado dificuldade em exprimir uma noção de comercialidade, recorrendo amiúde ao método de exclusão: o comércio tem início onde termina a agricultura. Isto complica o problema visto que hoje, como anteriormente, **a agricultura apresenta caracteres de complexidade e de inorganicidade**. Torna mais árduo ainda fixar os limites entre um campo e outro; falta na massa das leis que delas tratam, um conceito claro e completo do que seja atividade agrária. (destaque nosso)

Em sentido semelhante, Fernando Campos Scaff[15] destaca a dificuldade de conceituação da "agricultura" como elemento caracterizador do próprio Direito Agrário:

---

[12] GOYOS JÚNIOR, Durval de Noronha. **Direito Agrário Brasileiro e o Agronegócio Internacional** / Noronha, Boni & Bratz. São Paulo: Observador Legal, 2007, p. 138.
[13] ROCHA, Olavo Acyr de Lima. Atividade agrária. Conceito clássico. Conceito moderno de Antonio Carrozza. **Revista da Faculdade de Direito, Universidade de São Paulo**, São Paulo, v. 94, p. 35-43, jan. 1999. ISSN 2318-8235. Disponível em: http://www.revistas.usp.br/rfdusp/article/view/67431. Acesso em: 13 mar. 2018.
[14] Idem.
[15] SCAFF, op. cit., p. 22.

2. CONCEITOS FUNDAMENTAIS

Já foi o Direito Agrário definido como 'Direito da Agricultura'. Tal concepção se sujeita a críticas que foram, inclusive, antecipadas pelos seus próprios formuladores, estando em geral fundadas na **dificuldade de se entender o que vem a significar propriamente a noção de "agricultura", por si só um termo também genérico e que pode ser utilizado com diversas acepções e perspectivas**. (destaque nosso)

Ainda, de acordo com o entendimento de Malta Cardozo[16], já nos idos da década de 1950, a dificuldade de definição do conceito de atividade agrícola residiria justamente nas atividades de transição entre as puras e simples atividades agrícolas e as demais atividades econômicas:

> **Entre a agricultura, o comércio e a indústria, existem ao mesmo tempo semelhanças e dissemelhanças, penetrações e influências recíprocas, que de certo modo impossibilitam a precisão da esfera de suas respectivas atividades.** Há, das cidades aos campos, uma **graduação decrescente de utilidades** e movimento, nem sempre constante, porquê às vezes, o campo copia a cidade e mesmo excede-a, como pode acontecer em grandes e modernas explorações agrícolas. (destaque nosso)

E a doutrina, sob diversos pontos de vista (descritos nos parágrafos seguintes), tem se arriscado na busca por elementos distintivos próprios das atividades rurais, de modo a traçar, inclusive, a especialidade do próprio Direito Agrário.

Neste sentido, vale a menção ao esforço de João Alberto Schützer Del Nero[17], que chega a à seguinte conclusão:

> [...] tentando uma síntese, todas essas observações parecem confirmar o critério distintivo entre o Direito Comercial ou Mercantil em sentido amplo e o Direito Agrário, atrás sugerido. Ambos colocam-se lado a lado perante o direito Civil, como direitos de empresa; mas não se sobrepõem porque **apenas na atividade empresarial agrária o "terreno" é terra – fator de pro-

---

[16] CARDOZO, op. cit., p. 38.
[17] DEL NERO, João Alberto Schützer. Direito agrário e direito de empresa. **Revista da Faculdade de Direito, Universidade de São Paulo**, São Paulo, v. 94, p. 45-70, jan. 1999. ISSN 2318-8235. Disponível em: <http://www.revistas.usp.br/rfdusp/article/view/67432>. Acesso em: 13 mar. 2018.

dução –, sendo mero suporte físico de capital – fator de produção – na atividade comercial ou mercantil lato sensu. (destaque nosso)

Conclui o Professor Del Nero, portanto, que o principal elemento distintivo seria justamente a relevância do fator "terra" para caracterização do Direito Agrário, porquanto seria esta a característica essencial da empresa agrária frente às demais atividades empresariais.

Todavia, nada obstante a conexão peculiar das atividades agrícolas com o fator "terra", este elemento, por si, não encerra de maneira definitiva a distinção entre a agricultura e as demais atividades econômicas. Com efeito, tomando-se unicamente a relação da atividade agrícola com a terra, não se resolve a questão relativa às atividades de transição entre a agricultura e as demais atividades econômicas, que, conforme apontado acima, seria justamente a causa maior da dificuldade de definição de limites das atividades ditas "agrícolas".

Neste sentido, novamente, é elucidativa a lição de Malta Cardozo[18] que, ao tratar da ausência de normas distintivas da atividade agrícola, teceu as seguintes considerações:

Quanto à lavoura e à pecuária – força é convir, maiores não têm sido os prejuízos decorrentes de tal defeito legislativo. **O mesmo entretanto não se pode dizer a respeito das chamadas indústrias rurais, cujos limites com a indústria e com o comércio, nem sempre parecem bastante precisos.** [...] A industrialização gradual das atividades agrícolas, invade cada vez mais a 'área' supostamente reservada às atividades industriais, e vice--versa[...] (destaque nosso)

Malta Cardozo[19] argumenta, ainda, que as chamadas indústrias rurais, assim como as atividades rurais puras e simples, mereceriam tratamento jurídico específico, em vista de um fator que denomina de *"utilização das forças livres da natureza"* por tais atividades.

A conclusão de Malta Cardozo quanto ao fator distintivo da "atividade agrícola", transcrita acima, guarda forte semelhança com as conclusões da doutrina estrangeira, que acabou por superar o paradigma da vinculação ao imóvel rural, para buscar o elemento distintivo (do pró-

---

[18] CARDOZO, *op. cit.*, p. 42-44.
[19] *Idem*, p. 44.

2. CONCEITOS FUNDAMENTAIS

prio Direito Agrário) no conceito de "agrariedade", que encerraria a noção de que a atividade agrária seria aquela sujeita aos ciclos biológicos e riscos próprios.

Neste sentido, Olavo Acyr da Lima Rocha[20], escorado no entendimento de Antonio Carrozza, aponta que a *"a atividade agrária, pois, decorreria de um processo natural evolutivo, orgânico, do ciclo biológico sujeito a risco"*.

Na esteira da mesma doutrina estrangeira, Fernando Campos Scaff[21] indica que o elemento distintivo da *"agrariedade"* representaria a *"incidência sobre os institutos jurídicos e sobre a disciplina como um todo, de determinados fatos técnicos e políticos"*

De acordo com Scaff[22], tal "fato técnico" caracterizador do próprio Direito Agrário, estaria *"relacionado a elementos e fenômenos identificados especialmente pelas ciências agronômicas e zootécnicas uma vez que estão ligados ao ciclo biológico subordinado à atividade humana"*.

Portanto, o elemento distintivo que Malta Cardozo identificou como *"forças livres da natureza"*, a doutrina estrangeira (adotada por Olavo Acyr da Lima Rocha, Fabio Maria de-Mattia[23], Fernando Campos Scaff e outros), denominou de *"agrariedade"*, caracterizada pela submissão da atividade rural a um *"ciclo biológico"* próprio. Seria este, portanto, o elemento distintivo da atividade rural, frente às demais atividades econômicas.

Vale a transcrição das observações de Fernando Campos Scaff[24] sobre o elemento distintivo "agrariedade", que não encerraria uma noção estanque, porquanto se relacione aos ditos "fatos técnicos" em constante evolução, sujeitos ao dinamismo próprio da agricultura moderna:

> [...] a idéia de agrariedade guarda em si, na verdade uma insuperável fluidez, uma vez que os modos de controle dos ciclos biológicos (...) mudam constantemente, de modo expresso e contínuo, tal como uma verdadeira e própria decorrência do avanço tecnológico, biotecnológico e também das restrições legislativas que se colocam cada vez mais para moldar tais ativi-

---

[20] ROCHA, *op. cit.*, p. 40.
[21] SCAFF, *op. cit.*, p. 13.
[22] *Idem*, p. 14.
[23] Vide DE-MATTIA, Fábio Maria. Atividade agrária. Revista da Faculdade de Direito, Universidade de São Paulo, São Paulo, v. 96, p. 121-141, jan. 2001. ISSN 2318-8235. Disponível em: http://www.revistas.usp.br/rfdusp/article/view/67497/70107. Acesso em: 13 mar. 2018.
[24] SCAFF, *op.cit.*, p. 12 (rodapé).

dades [...]. É nesse sentido que mesmo as definições legislativas devem ser adotadas com prudência, de modo que não representem obstáculos e travas ao reconhecimento de novas condutas e possibilidades no desenvolvimento de atividades que, a partir de um determinado momento, possam também elas ser consideradas como agrárias.

Flavia Trentini[25], por sua vez, observa que a teoria da "agrariedade" de Antonio Carrozza fora incorporada pelo Código Civil Italiano e pelo Código Rural Francês, cujas transcrições se fazem oportunas:

[Artigo 2.135 do Código Civil Italiano[26]]
È imprenditore agricolo chi esercita una delle seguenti attività: coltivazione del fondo, selvicoltura, allevamento di animali e attività connesse.
Per coltivazione del fondo, per selvicoltura e per allevamento di animali si intendono le attività dirette alla cura e allo sviluppo di un ciclo biologico o di una fase necessaria del ciclo stesso, di carattere vegetale o animale, che utilizzano o possono utilizzare il fondo, il bosco o le acque dolci, salmastre o marine.
Si intendono comunque connesse le attività, esercitate dal medesimo imprenditore agricolo, dirette alla manipolazione, conservazione, trasformazione, commercializzazione e valorizzazione che abbiano ad oggetto prodotti ottenuti prevalentemente dalla coltivazione del fondo o del bosco o dall'allevamento di animali, nonché le attività dirette alla fornitura di

---

[25] TRENTINI, op. cit., p. 28.
[26] Itália. **Codice Civile**, Regio Decreto 16 marzo 1942, n. 262. Disponível em: https://www.studiocataldi.it/codicecivile/codice-civile.pdf. Acesso em: 02 set. 2018. Tradução livre: "É empreendedor agrícola aquele que exercita uma das seguintes atividades: cultivação do fundo, silvicultura, criação de animais e atividades conexas. Por cultivo do fundo, por silvicultura e por criação de animais, entendem-se as atividades direcionadas ao **cuidado e desenvolvimento de um ciclo biológico ou de uma fase necessária do próprio ciclo**, de natureza vegetal ou animal, que utiliza ou pode utilizar o fundo, a floresta ou as águas doces, salobras ou marinhas. Entende-se por conexa a atividade, exercida pelo mesmo empreendedor agrícola, direcionadas à manipulação, conservação, transformação, comercialização e valorização de **produtos obtidos, principalmente, do cultivo do fundo ou da floresta ou da criação de animais**, bem como as atividades direcionadas ao fornecimento de bem ou serviços mediante a utilização prevalecente de equipamentos ou recursos da empresa normalmente empregados na atividade agrícola exercida, inclusive a atividade de valorização do território e do patrimônio rural e florestal, bem como de recepção e hospitalidade, conforme definido em lei." (destaques nossos)

2. CONCEITOS FUNDAMENTAIS

beni o servizi mediante l'utilizzazione prevalente di attrezzature o risorse dell'azienda normalmente impiegate nell'attività agricola esercitata, ivi comprese le attività di valorizzazione del territorio e del patrimonio rurale e forestale, ovvero di ricezione ed ospitalità come definite dalla legge.

[Artigo L-311-1 do Código Rural Francês[27]]
Sont réputées agricoles toutes les activités correspondant à la maîtrise et à l'exploitation d'un cycle biologique de caractère végétal ou animal et constituant une ou plusieurs étapes nécessaires au déroulement de ce cycle ainsi que les activités exercées par un exploitant agricole qui sont dans le prolongement de l'acte de production ou qui ont pour support l'exploitation. Les activités de cultures marines sont réputées agricoles, nonobstant le statut social dont relèvent ceux qui les pratiquent. Il en est de même des activités de préparation et d'entraînement des équidés domestiques en vue de leur exploitation, à l'exclusion des activités de spectacle [...].

Interessante notarmos, em especial na abordagem do Código Civil Italiano, que se configuram as atividades ditas principais (agricultura, silvicultura e pecuária) e as atividades conexas (manipulação, conservação, transformação, etc), que também seriam caracterizadas como atividades rurais. E, quanto às tais atividades conexas, o diploma italiano propõe restrições para que sejam consideradas como rurais, a saber, que sejam exercidas pelo próprio produtor e com produtos "principalmente" oriundos da exploração do fundo, da floresta ou dos animais próprios.

Nota-se, ademais, que a abordagem do Código Civil Italiano, cuja redação transcrita acima foi dada apenas em 2001, assemelha-se bastante

---

[27] França. **Code Rural et de la Pêche Maritime.** Disponível em: https://www.legifrance.gouv.fr/affichCode.do;jsessionid=ADC9B9A7E7B6B55D05CE10B39D127C5A.tplgfr34s_3?idSectionTA=LEGISCTA000006152225&cidTexte=LEGITEXT000006071367&dateTexte=20080505. Acesso em: 02 set. 2018. Tradução livre: "Consideram-se agrícolas todas as atividades correspondentes ao **controle e à exploração de um ciclo biológico** de caráter vegetal o animal e composto de uma ou diversas etapas necessárias ao desenvolvimento deste ciclo, bem como as atividades exercidas por um produtor agrícola que sejam um prolongamento do ato de produção ou que tenham por suporte a exploração. As atividades de culturas marinhas são consideradas agrícolas, não obstante o status social daqueles que a praticam. O mesmo se aplica às atividades de preparação e treinamento de equídeos domésticos para fins de exploração, excluindo atividades de entretenimento [...]" (destaques nossos)

à solução sugerida por Malta Cardozo[28] para as ditas atividades conexas ou "indústrias rurais", que se caracterizariam como atividades rurais, desde que exercidas pelo próprio produtor rural, mediante o emprego de matéria-prima obtida na própria propriedade ou em áreas circunvizinhas:

> Para que se caracterize a atividade industrial rural é indispensável que se apresente como acessória de outra, ou a ela conexa, utilizando-se exclusivamente de matéria-prima oriunda da mesma ou adquirida de pequenos produtores vizinhos, para ser conservada 'in natura', beneficiada ou transformada em produtos e sub-produtos.

Fernando Campos Scaff[29], por sua vez, propõe que a atividade rural por conexão deverá preencher dois requisitos, a saber, o primeiro de ordem subjetiva (atividade conexa exercida pelo próprio produtor) e outro de ordem objetiva, caracterizado pela relação entre a atividade conexa e a efetiva destinação do produto agrícola a sua finalidade econômica. Quanto ao critério objetivo, Scaff o relaciona com o que denomina de *normalidade*, ou seja, que a atividade conexa (para que se caracterize como agrária) seja voltada ao rendimento econômico do empreendimento agrário ou à valorização de sua produção. A conclusão de Fernando Campos Scaff[30] é bastante elucidativa:

> Finalizando, o que se mostra fundamental nesta conceituação de *atividade agrária por conexão* é a possibilidade, sobretudo, de não se descaracterizar como *agrário* aquele empresário que, no âmbito de sua empresa, realiza atividades que sejam distintas, de algum modo, daquelas ditas *principais*, mas que sejam por tudo necessárias à realização dos objetivos daquela empresa e, portanto, configuradas dentro de um contexto de normalidade.

Diante do escorço doutrinário delineado até aqui, podemos distinguir traços que caracterizariam a atividade rural:

---

[28] *Idem*, p. 44.
[29] SCAFF, Fernando Campos. **Aspectos Fundamentais da Empresa Agrária**. São Paulo: Malheiros, 1997, p. 85.
[30] *Idem*, p. 88.

2. CONCEITOS FUNDAMENTAIS

(i) são indiscutivelmente rurais as atividades ditas principais (tomando-se o conceito da legislação italiana), tais como a agricultura, a pecuária e a silvicultura;

(ii) o elemento caracterizador e distintivo das atividades rurais seria o que se denomina de "agrariedade" ou submissão da atividade às "forças livres da natureza". Consoante o entendimento sugerido pela doutrina, tal elemento distintivo corresponderia a fatores extrajurídicos, próprios do dinamismo da atividade rural moderna e, portanto, implicaria em uma definição fluida de atividade rural, que comportaria novas interpretações à medida que a atividade rural evolua ao longo do tempo (seja por conta de novas tecnologias ou pela absorção de interesses diversos como conservação do meio ambiente, segurança dos alimentos, entre outros);

(iii) questão polêmica se trataria da caracterização das "atividades conexas". A dificuldade reside na delimitação entre as atividades rurais e as atividades ditas puramente comerciais ou industriais. A legislação estrangeira e a doutrina nacional sugerem abordagens semelhantes, distintas apenas por certas nuances, que basicamente sugerem que as atividades ditas conexas se caracterizariam como rurais desde (a) exercidas pelo próprio produtor mediante o emprego de matérias-primas majoritariamente obtidas po si (critério subjetivo) e (b) desde que a atividade conexa tenha por escopo a obtenção ou valorização do resultado econômico da produção.

Feitas tais considerações acerca do conceito de atividade rural, vale então observarmos a abordagem adotada pela legislação e pela jurisprudência nacional.

2.1.2 O Conceito de Atividade Rural na Legislação e na Jurisprudência Pátrias

A Lei nº 8.171 de 17 de janeiro de 1991 ("Lei nº 8.171/91"), que "dispõe sobre a política agrícola" traz as seguintes definições em seu artigo 1º:

> Art. 1º Esta lei fixa os fundamentos, define os objetivos e as competências institucionais, prevê os recursos e estabelece as ações e instrumentos da

política agrícola, relativamente às atividades agropecuárias, agroindustriais e de planejamento das atividades pesqueira e florestal.
Parágrafo único. Para os efeitos desta lei, **entende-se por atividade agrícola a produção, o processamento e a comercialização dos produtos, subprodutos e derivados, serviços e insumos agrícolas, pecuários, pesqueiros e florestais.** (destaque nosso)

Como se percebe, tal lei contém um conceito bastante amplo de atividade agrícola, que compreenderia as etapas de produção, processamento e comercialização de produtos, subprodutos e até mesmo derivados, além de serviços e de insumos relacionados às atividades agrícolas.

Ao compararmos esta definição com a legislação estrangeira (conforme item 2.1.1), percebe-se que o texto da Lei nº 8.171/91 não impõe travas às atividades conexas (tomando-se aqui a denominação da legislação italiana), que seriam aquelas de transformação, beneficiamento, comercialização e serviços correlatos. Em particular, percebe-se que não são impostas quaisquer qualificações subjetivas (pessoa do produtor) ou objetivas (origem das matérias-primas e relação com a produção primária) para que se considerem agrícolas as ditas atividades conexas.

Tomando-se a definição ampla da Lei nº 8.171/91, poderíamos caracterizar como atividades agrícolas, a título meramente exemplificativo: (i) a agricultura e a pecuária; (ii) os serviços de limpeza, secagem e armazenagem de grãos; (iii) as atividades de comercialização de insumos agrícolas; (iv) a prestação de serviços ao agricultor, qualquer que seja. Portanto, praticamente tudo quanto fosse relacionado às atividades agrícolas principais e conexas, inclusive.

No âmbito da legislação tributária, as atividades rurais se submetem a regimes jurídicos específicos em relação às atividades econômicas em geral. Neste sentido, em vista do tratamento tributário particular que se confere à atividade rural, o legislador houve por bem estabelecer definições mais restritas do que aquela contida na Lei nº 8.171/91, e até mais restritas do que as definições da legislação estrangeira.

Uma ressalva que se pode fazer desde já, é que as definições legais do que seja "atividade rural" não se fundam, tampouco espelham, uma linha de raciocínio bem delineada acerca do conceito, tal como sugerido

2. CONCEITOS FUNDAMENTAIS

pela doutrina transcrita no tópico anterior. Acerca de tal inconsistência da definição legal, note-se a observação de Leonardo Furtado Loubet[31]:

[...]o sistema jurídico-positivo também não define atividade rural. O que faz o legislador, em diversas passagens, é referir-se, de maneira imprecisa, à atividade rural, sem conceitua-la, porém. [...] Tanto assim que, em boa parte dos dispositivos, logo após descrever conotativamente os critérios de aplicação das hipóteses normativas, o legislador sentiu a necessidade de elucidar, de exemplificar aquelas atividades, quase sempre atrelando no final das orações a cláusula "tais como".

Nos tópicos a seguir, analisaremos os conceitos de atividade rural trazidos pela legislação do Imposto de Renda e das Contribuições Previdenciárias, bem como a abordagem que vem sendo adotada pela jurisprudência.

2.1.2.1 *Atividade Rural na Legislação do Imposto de Renda*

O artigo 2º da Lei nº 8.023 de 12 de abril de 1990 ("Lei nº 8.023/90") e o artigo 59 da Lei nº 9.430 de 27 de dezembro de 1996 ("Lei nº 9.430/96"), em boa parte replicados no artigo 51 do Decreto nº 9.580 de 22 de novembro de 2018 ("RIR/18"), trazem a definição de atividade rural para fins do Imposto de Renda, tanto para pessoas jurídicas quanto para pessoas físicas:

[Lei nº 8.023/90]
Art. 2º Considera-se atividade rural:
I – a agricultura;
II – a pecuária;
III – a extração e a exploração vegetal e animal;
IV – a exploração da apicultura, avicultura, cunicultura, suinocultura, sericicultura, piscicultura e outras culturas animais;
V – a transformação de produtos decorrentes da atividade rural, **sem que sejam alteradas a composição e as características do produto in natura**, feita **pelo próprio agricultor ou criador**, com **equipamentos e utensílios usualmente empregados nas atividades rurais**, utilizando exclusi-

---

[31] LOUBET, Leonardo Furtado. **Tributação Federal no Agronegócio.** São Paulo: Noeses, 2017, p.44-50.

vamente **matéria-prima produzida na área rural explorada**, tais como a pasteurização e o acondicionamento do leite, assim como o mel e o suco de laranja, acondicionados em embalagem de apresentação.
Parágrafo único. O disposto neste artigo **não se aplica à mera intermediação de animais e de produtos agrícolas**. (destaques nossos)

[Lei nº 9.430/96]
Art. 59. Considera-se, também, como atividade rural o cultivo de florestas que se destinem ao corte para comercialização, consumo ou industrialização.

Denota-se, portanto, que a legislação do imposto de renda impõe uma série de restrições às ditas atividades rurais conexas, tais como a transformação e beneficiamento de produtos agrícolas. Em resumo, para fins da legislação do imposto de renda, a caracterização da atividade rural (afora obviamente as atividades principais) sujeita-se às seguintes condições:

(i) a atividade deve ser praticada pelo próprio produtor (requisito subjetivo);
(ii) devem ser utilizadas matérias-primas exclusivamente produzidas na área rural explorada; e
(iii) devem ser utilizados *"utensílios usualmente empregados nas atividades rurais"*;
(iv) não se admite a alteração de *"composição e características"* do produto *in natura*;
(v) excluem-se as atividades de *"mera intermediação"* de animais e de produtos agrícolas.

Descendo às normas infralegais que tratam da tributação da renda, em particular a Instrução Normativa da Secretaria da Receita Federal nº 83 de 11 de outubro de 2001 ("IN SRF nº 83/01") e Instrução Normativa da Receita Federal do Brasil nº 1.700 de 14 de março de 2017 ("IN RFB nº 1.700/17), encontramos definições assemelhadas à do RIR/18, com as seguintes distinções principais: (i) tais normas infralegais contêm certos exemplos do que seriam atividades de produção, beneficiamento e transformação; e (ii) há dispositivos que definem o que não seriam atividades agrícolas. Para maiores detalhes, vale a consulta à

2. CONCEITOS FUNDAMENTAIS

Tabela 2 anexa ao presente trabalho, que contém a transcrição comparada de ambas as Instruções Normativas.

Quanto ao requisito de caráter subjetivo, a saber, a exigência de que se trate do mesmo produtor a realizar as atividades principal e conexa, não há grandes dificuldades de interpretação, trata-se de um critério de fácil apreensão, que não exige maiores esforços do intérprete.

Todavia, observa-se que tal exigência (i) potencialmente implica em estímulo à verticalização e concentração de atividades agrícolas (produção e posterior transformação ou beneficiamento); e (ii) implica em desestímulo ao associativismo entre produtores rurais para a realização de atividades conexas, o que acaba por representar uma certa inconsistência legislativa, porquanto a comunhão de esforços na área rural seja estimulada em uma série de outros dispositivos legais (vide item 2.3 deste trabalho, referente ao Condomínio Rural).

Especificamente no que diz respeito ao condomínio rural, ao que parece, a pessoa do produtor rural se confundiria com o próprio condomínio, razão pela qual neste caso seria razoável que se admitisse o próprio condomínio como produtor (inobstante serem os produtos agrícolas gerados por determinado condômino) e executor das atividades conexas, para os fins do artigo 2º, inciso V, da Lei nº 8.023/90. Todavia, ainda que se adote esta interpretação, para que os produtores associados em condomínio tenham as atividades conexas classificadas como "rurais", restariam estes alijados da possibilidade de constituição de pessoa jurídica especificamente dedicada às atividades de beneficiamento ou transformação de seus produtos. Por óbvio, tal restrição implica, entre outros possíveis efeitos, em (i) maiores dificuldades na obtenção de capital para financiamento das atividades e (ii) maiores dificuldades de organização e governança corporativa.

Em resumo, o critério subjetivo, da forma como inserido na legislação e nas normas infralegais, acaba por representar um desestímulo à atividade empresarial organizada e moderna.

Ademais, vale a observação (que cabe à legislação nacional e também à estrangeira transcrita no item 2.1.1 deste trabalho), de que o critério subjetivo para a caracterização das ditas atividades rurais conexas acaba por criar dois regimes jurídicos tributários diversos para negócios materialmente idênticos, quais sejam: a realização de atividades conexas por produtor rural ou por quem não seja produtor rural. No fim das contas, portanto, o critério subjetivo eleito pela Lei nº 8.023/90 representa um estímulo ao produtor e não propriamente à atividade rural.

Quanto à restrição referente à origem dos produtos agrícolas a serem transformados ou beneficiados, o artigo 2º, inciso V, da Lei nº 8.023/90 traz a seguinte fórmula *"exclusivamente matéria-prima produzida na área rural explorada"*. Neste ponto, surge dúvida do que representaria *"área rural explorada"*.

Em uma visão condizente com a prática das atividades rurais, poderíamos dizer que se trataria da área rural explorada direta ou indiretamente pelo produtor rural, seja por meio de áreas próprias, arrendadas, em parceria rural ou mesmo por conta de contratos de fornecimento firmados junto a terceiros produtores, que representariam em conjunto a "área rural explorada" por determinado empreendimento de beneficiamento ou transformação.

Adotando-se uma interpretação restritiva, poderíamos dizer que a "área rural explorada" corresponderia apenas e tão somente à área diretamente explorada pelo empreendimento rural, fosse por meio de áreas próprias, arrendadas ou em parceria rural.

Neste ponto, interessante notar que há decisão da Câmara Superior do CARF (Acórdão 9101003.266)[32] que adotou uma leitura extremamente restritiva no que diz respeito à *"área rural explorada"*. No caso, descaracterizou-se a atividade rural conexa, em particular o abate de aves, em virtude da obtenção de matérias-primas (frangos) por meio de contrato de parceria. Vale a transcrição de trecho do voto da Conselheira Relatora Cristiane Silva Costa:

> De fato, o inciso V exige para caracterização de atividade como rural com transformação de produtos agrícolas ou pecuários, que seja **utilizada matéria prima produzida na área rural explorada**.

---

[32] ATIVIDADE RURAL. DESCARACTERIZAÇÃO. LEI 8.023/1990, ART. 2º, INCISOS IV E V. ABATE. VINICULTURA. SUINOCULTURA. TRANSFORMAÇÃO NA ÁREA RURAL EXPLORADA. O abate de aves e suínos descaracteriza a atividade rural, por não se tipificar como avicultura e suinocultura, regidas pelo inciso IV, do artigo 2º, da Lei nº 8.023/1990. Nos termos do inciso V, do artigo 2º, da Lei nº 8.023/1990, a transformação de produtos agrícolas e pecuários apenas se ajusta ao conceito de atividade rural se a produção ocorrer na área rural explorada. É irrelevante a utilização de equipamentos de alta tecnologia. (BRASIL. Conselho Administrativo de Recursos Fiscais. **Acórdão nº 9101003.266**, Relatora Conselheira Cristina Silva Costa, julgado em 09 nov. 2017. Disponível em: http://carf.fazenda.gov.br. Acesso em 02 set. 2018).

2. CONCEITOS FUNDAMENTAIS

Este não é o caso da AVIPAL, como explicita o Termo de Verificação Fiscal, ao tratar da **remessa dos ovos para incubação por parceiro (Globoaves) e criação das aves também por parceiros**. (destaques nossos).

Neste ponto, vale uma breve digressão acerca da natureza da parceria rural e das figuras do parceiro outorgante e do parceiro outorgado. A lição de Malta Cardozo[33] é elucidativa:

> [...]a parceria rural é uma variedade de contrato, perfeitamente diferenciada, participando da locação, eis que sempre a cessão de um prédio rústico a outrem, ou entrega de animais, mediante pagamento, e da sociedade, porque este pagamento se faz repartindo-se os frutos ou mediante uma quota nos lucros produzidos.

O mesmo autor faz a ressalva, ainda, de que os contratos de parceria rural servem ao propósito de se permitir a exploração produtiva da atividade rural, em ocasiões em que faltem ao proprietário ou ao produtor os meios ou recursos necessários para tanto[34]:

> No Brasil em geral e particularmente no Estado de São Paulo, durante a crise que se seguiu ao crack da Bôlsa de Nova York, em 1929, o naufrágio das pequenas reservas financeiras dos agricultores e de seu crédito bancário, serviu para reabilitar os foros da parceria agrícola, como sistema de exploração.

Acentua-se, na parceria rural, o caráter de associação para o desenvolvimento de atividade rural. Neste sentido, é interessante a lição de Caio Mário da Silva Pereira[35], que remonta o instituto da parceria ao Direito Romano:

> Já nas fontes, Gaius observava a proximidade com a sociedade, não obstante a disciplina vir contida entre as regras da locação: alioquin partiarius colonus, quase societatis iure, et damnum, et lucrum cum domino fundi parti-

---

[33] CARDOZO, Malta. **Tratado de Direito Rural Brasileiro**. Volume 3. São Paulo: Saraiva, 1956, p. 480.
[34] *Idem*, p. 482.
[35] PEREIRA, Caio Mário da Silva. **Instituições de Direito Civil**. Volume III. Rio de Janeiro: Forense, 1993. p. 318.

tur, e, entre nós, alguns civilistas do maior prestígio acentuam a tendência a aliá-lo à sociedade.

Portanto, o contrato de parceria rural afigura-se como uma quase sociedade, cujo intuito é a união de esforços para o exercício de uma atividade rural. Conforme delineado acima, não se confunde com a locação, tampouco com qualquer modalidade de mero investimento, porquanto as partes estejam sujeitas ao risco próprio da atividade rural.

O entendimento da doutrina, transcrito acima, reflete-se na Lei nº 4.504 de 30 de novembro de 1964 ("Estatuto da Terra"), que define a divisão de riscos e a partilha de produtos como elementos essenciais do contrato de parceria, consoante o parágrafo 1º de seu artigo 96:

> Art. 96 [...]
> § 1º Parceria rural é o contrato agrário pelo qual uma pessoa se obriga a ceder à outra, por tempo determinado ou não, o uso específico de imóvel rural, de parte ou partes dele, incluindo, ou não, benfeitorias, outros bens e/ou facilidades, com o objetivo de nele ser exercida atividade de exploração agrícola, pecuária, agroindustrial, extrativa vegetal ou mista; e/ou lhe entrega animais para cria, recria, invernagem, engorda ou extração de matérias-primas de origem animal, mediante partilha, isolada ou cumulativamente, dos seguintes riscos:
> I – caso fortuito e de força maior do empreendimento rural;
> II – dos frutos, produtos ou lucros havidos nas proporções que estipularem, observados os limites percentuais estabelecidos no inciso VI do caput deste artigo;
> III – variações de preço dos frutos obtidos na exploração do empreendimento rural.

E, no que diz respeito ao tratamento tributário que se confere aos rendimentos oriundos de parceria rural, diga-se que a própria Lei nº 8.023/90 garante o mesmo tratamento que se confere à exploração individual da atividade rural. Neste sentido é o artigo 13 deste diploma legal:

> Art. 13. Os arrendatários, os condôminos e os parceiros na exploração da atividade rural, comprovada a situação documentalmente, pagarão o imposto de conformidade com o disposto nesta lei, separadamente, na proporção dos rendimentos que couber a cada um.

Neste sentido, parece-nos equivocado o entendimento (do julgado mencionado acima) de que a obtenção de matérias-primas mediante contrato de parceria rural fugiria ao critério do artigo 2, inciso V, da Lei nº 8.023/90. Com efeito, consoante a melhor doutrina (e a própria jurisprudência administrativa), ambos os parceiros (outorgante e outorgado) configuram-se como produtores rurais, daí a conclusão óbvia de que obtenção de produtos via contrato de parceria vai ao encontro do requisito de uso de matéria-prima oriunda da *"área rural explorada"*.

Em terceiro lugar, quanto ao requisito de uso de *"utensílios usualmente empregados nas atividades rurais"*, parece se tratar de uma condição um tanto quanto desnecessária e perigosa. Em uma leitura restritiva, poderíamos entender que o dispositivo implicaria em uma vedação ao desenvolvimento e uso de novas tecnologias, porquanto o eventual emprego de utensílios "novos" ou "não usuais" implicaria em descaracterização da atividade rural.

Neste ponto, vale dizer, a decisão administrativa indicada anteriormente[36] traçou uma direção que parece correta, ao definir que, na caracterização da atividade rural *"é irrelevante a utilização de equipamentos de alta tecnologia"*. E, no mesmo sentido:

ATIVIDADE RURAL – COMPATIBILIDADE COM EQUIPAMENTOS USUALMENTE EMPREGADOS NA ATIVIDADE – EQUIPAMENTOS DE ALTA TECNOLOGIA – A lei prevê como condição para caracterizar a atividade como rural, a transformação de produtos, feita pelo próprio produtor, sem que haja alteração da composição e das características do produto in natura, com equipamentos e utensílios usualmente empregados nas atividades rurais, utilizando exclusivamente matéria-prima produzida na área rural explorada. O emprego de equipamentos de alta tecnologia, não é vedado pela lei 8.023/1990.

ATIVIDADE RURAL. FRIGORÍFICO DE AVES. Comprovado que a empresa atende todos os pressupostos do art. 2o. da Lei 8.023/1990 para fins de enquadramento na atividade rural, cancela-se a exigência.[37]

---

[36] BRASIL. Conselho Administrativo de Recursos Fiscais. **Acórdão nº 9101003.266**, Relatora Conselheira Cristina Silva Costa, julgado em 09 nov. 2017. Disponível em: http://carf.fazenda.gov.br. Acesso em 02 set. 2018.

[37] BRASIL. Conselho Administrativo de Recursos Fiscais. **Acórdão nº 1402-000.271**, Relator Conselheiro Antonio José Praga de Souza, julgado em 08 nov. 2010. Disponível em:

ATIVIDADE RURAL – COMPATIBILIDADE COM EQUIPAMENTOS USUALMENTE EMPREGADOS NA ATIVIDADE – EQUIPAMENTOS DE ALTA TECNOLOGIA – A lei prevê como condicio juris para a caracterização da atividade como rural, a transformação de produtos, como os da exploração de avicultura, feita pelo próprio criador, sem que haja alteração da composição e das características do produto in natura, com equipamentos e utensílios usualmente empregados nas atividades rurais, utilizando exclusivamente matéria-prima produzida na área rural explorada.
Não caracteriza emprego de equipamentos inusuais, o fato de se usarem equipamentos de alta tecnologia, que implicam ganho de produção em escala. A utilização de equipamentos de elevada tecnologia, pelo criador de aves, na atividade de transformação, sem que haja alteração na composição e nas características do produto in natura, não tem o condão de desvirtuar o pressuposto legal para configuração de atividade rural. Tal exegese se extrai da interpretação finalística e funcional do preceito, bem como de interpretação histórico-evolutiva.[38]

Em outras oportunidades, entretanto, percebe-se que prevaleceu, no CARF, o entendimento de que o emprego de tecnologia teria o condão de descaracterizar a atividade rural. A análise de tais precedentes revela que – diante da dificuldade de compreensão do termo "utensílios geralmente empregados" – os Julgadores optaram por lhe conferir sentido mediante um critério de vulnerabilidade econômica do produtor, de tal modo que (adotando-se tal entendimento), as agroindústrias de maior porte ou capacidade econômica restariam alijadas da caracterização de "atividade rural" estabelecida pelo inciso V do artigo 2º da Lei nº 8.023/90. Neste sentido, note-se os trechos de votos transcritos abaixo, meramente exemplificativos[39]:

[...]**chama a atenção** para o caso específico da autuada, pelo seu **porte econômico**, evidenciado pelos valores lançados na sua declaração de ren-

---

http://carf.fazenda.gov.br. Acesso em 02 set. 2018.
[38] BRASIL. Conselho Administrativo de Recursos Fiscais. **Acórdão nº 107-09.548**, Relator Conselheiro Marcos Shigueo Takata, julgado em 12 nov. 2008. Disponível em: http://carf.fazenda.gov.br. Acesso em 02 set. 2018.
[39] Vide também: acódãos nº 1401-001.521, 9101-001.234, 1202-000.390, Acórdão nº 1202-000.438 disponíveis em http://carf.fazenda.gov.br.

2. CONCEITOS FUNDAMENTAIS

dimentos, por suas atividades de comercialização no mercado interno e externo, é por demais lógico que um **processo rudimentar não abrigaria tal nível de atividade econômica**, senão pelo **emprego de modernos equipamentos** próprios do setor industrial[40] (destaques nossos).

Ora, não se nega que a alta tecnologia e a eficiência na atividade rural não sejam louváveis, mas não podemos nos esquecer de que estamos diante de uma definição de atividade rural para fins de obtenção de benefícios fiscais e, sendo assim, não é desarrazoado que o legislador queira **dar tais benefícios apenas àqueles menos aquinhoados para suportar à incerteza e vulnerabilidade da atividade rural**. Nessa linha de entendimento, claro está que a recorrente não se enquadraria nessa situação de gozo, uma vez que a empresa autuada desenvolve atividades tipicamente industriais, que por sua própria natureza (grau de transformação da matéria-prima, grau de divisão do trabalho, investimentos em maquinário) revelam-se **incompatíveis com o conceito de "atividade rural"** previsto no art. 2º da Lei nº 8.023, de 1990, onde a **utilização de equipamentos sofisticados com emprego maciço de capital, denotaria uma auto-suficiência da empresa tornando dispensado qualquer usufruto de benefício fiscal.**[41] (destaques nossos).

Ao que nos parece, o fundamento adotado em tais precedentes implicaria em desatenção ao princípio da legalidade, porquanto não exista na Lei nº 8.023/90 qualquer critério que condicione ou limite a caracterização da atividade rural à capacidade econômica ou porte do produtor rural. Ademais, diga-se, a imposição de restrições ao emprego de tecnologia para a caracterização da atividade rural representaria um potencial vetor de atraso econômico e social, contrariando preceitos básicos insculpidos na própria Constituição Federal[42].

---

[40] BRASIL. Conselho Administrativo de Recursos Fiscais. **Acórdão nº 105-13579**, Relatora Conselheira Maria Amélia Fraga Ferreira, julgado em 21 ago. 2001. Disponível em: http://carf.fazenda.gov.br. Acesso em 02 set. 2018.
[41] BRASIL. Conselho Administrativo de Recursos Fiscais. **Acórdão nº 1401-000.702**, Relator Conselheiro Alexandre Antonio Alkmim Teixeira, julgado em 16 jan. 2012. Disponível em: http://carf.fazenda.gov.br. Acesso em 02 set. 2018.
[42] "Nós, representantes do povo brasileiro, reunidos em Assembléia Nacional Constituinte para instituir um Estado Democrático, destinado a assegurar o exercício dos direitos sociais

Por outro lado, nada obstante o desacerto técnico que tal entendimento encerra, é interessante observarmos, em uma nota menos dogmática, que o ponto levantado por tais julgadores acaba por revelar um desafio próprio da evolução das atividades rurais, que aponta para uma clara tendência à especialização, emprego crescente de tecnologia e verticalização. Neste sentido, note-se a série de questões levantadas pela doutrina norte-americana[43]:

> The different treatment of agriculture under the law is supported in part by a recognition that agricultural production is somehow different than other industries. Is it? How does the industrial model apply in this context? [...] Can agriculture essentially have it both ways, enjoying special treatment under the law while employing industrial practices modeled after the manufacturing industry? What ethical considerations may be involved and should they be incorporated into public policy? If so, how?

Diante de tais observações, resta vidente que a agricultura moderna, cada vez mais intensiva em tecnologia e capital, traz consigo um certo incômodo a determinados intérpretes, que passam a identificar na atividade rural certos caracteres antes típicos das atividades puramente industriais. Há uma notável coincidência entre as considerações traçadas

---

e individuais, a liberdade, a segurança, o bem-estar, o desenvolvimento, a igualdade e a justiça como valores supremos de uma sociedade fraterna, pluralista e sem preconceitos, fundada na harmonia social e comprometida, na ordem interna e internacional, com a solução pacífica das controvérsias, promulgamos, sob a proteção de Deus, a seguinte CONSTITUIÇÃO DA REPÚBLICA FEDERATIVA DO BRASIL.
Art. 187. A política agrícola será planejada e executada na forma da lei, com a participação efetiva do setor de produção, envolvendo produtores e trabalhadores rurais, bem como dos setores de comercialização, de armazenamento e de transportes, levando em conta, especialmente: [...]
III – o incentivo à pesquisa e à tecnologia;"
Art. 218. O Estado promoverá e incentivará o desenvolvimento científico, a pesquisa, a capacitação científica e tecnológica e a inovação."
[43] SCHNEIDER, op. cit., p. 27-28. Tradução Livre: O tratamento legal diferenciado da agricultura tem suporte, em parte, no reconhecimento de que a produção agrícola é de certa maneira diferente das outras indústrias. Seria mesmo? Como o modelo industrial se aplica neste contexto? [...] Poderia a agricultura se beneficiar de ambos os lados, desfrutando de tratamento legal especial, enquanto emprega práticas industriais moldadas à indústria manufatureira? Haveria questões éticas a serem consideradas e incorporadas à política pública? Se sim, de que maneira?

2. CONCEITOS FUNDAMENTAIS

pelos Julgadores dos precedentes citados acima e as questões levantadas pela doutrina estrangeira. Esta parece ser a vanguarda das questões que gravitam em torno da caracterização das atividades rurais conexas (beneficiamento, transformação, entre outras).

Quanto ao requisito de não alteração da *"composição e as características do produto in natura"*, em primeiro lugar, deve-se ressaltar que os processos de transformação ou beneficiamento, *per se*, não implicam em descaracterização da atividade rural, o que ocorrerá apenas diante de alteração da composição e características do produto *in natura*.

Aliás, analisando-se a evolução recente do conceito legal de "atividade rural" para fins da tributação pelo imposto de renda[44], nota-se que, mediante a edição da Lei nº 8.023/90, optou-se por estabelecer um conceito mais amplo, que passa então a admitir as atividades de beneficiamento ou transformação, restringindo-as apenas na medida que impliquem em alteração da composição e características do produto *in natura*. Assim dispunha o superado artigo 3º do Decreto-Lei nº 1.382 de 26 de dezembro de 1974:

> Art. 3º O regime tributário instituído no artigo 1º deste Decreto-lei aplica-se exclusivamente aos lucros decorrentes das atividades próprias da exploração agrícola e pastoril, tal como definida no artigo 1º do Decreto-lei nº 902, de 30 de setembro de 1969, **com exclusão das de transformação de seus produtos e subprodutos**. (destaque nosso)

Admitidas, portanto, as atividades de transformação e beneficiamento como atividades rurais, a pergunta subsequente seria a seguinte: admitem-se, então, procedimentos de caráter industrial? A este respeito, nota-se que a redação original do artigo 2º, inciso V, da Lei nº 8.023/90, continha a qualificante *"e não configure procedimento industrial"*, excluída por força da nova redação conferida após a edição do artigo 17 da Lei nº 9.250 de 26 de dezembro de 1995 ("Lei nº 9.250/95"):

---

[44] Neste ponto, é interessante a análise feita no voto proferido pelo relator do Acórdão nº 101-94.191, que trata da legislação vigente: BRASIL. Conselho Administrativo de Recursos Fiscais. **Acórdão nº 101-94.191**, Relatora Conselheira Sandra Maria Faroni, julgado em 16 jun. 2003. Disponível em: http://carf.fazenda.gov.br. Acesso em 02 set. 2018.

Redação original	Redação atual (pós Lei nº 9.250/95)
V – a transformação de produtos agrícolas ou pecuários, sem que sejam alteradas a composição e as características do produto in natura **e não configure procedimento industrial** feita pelo próprio agricultor ou criador, com equipamentos e utensílios usualmente empregados nas atividades rurais, utilizando exclusivamente matéria-prima produzida na área rural explorada. (destaque nosso)	V – a transformação de produtos decorrentes da atividade rural, sem que sejam alteradas a composição e as características do produto in natura, feita pelo próprio agricultor ou criador, com equipamentos e utensílios usualmente empregados nas atividades rurais, utilizando exclusivamente matéria-prima produzida na área rural explorada, tais como a pasteurização e o acondicionamento do leite, assim como o mel e o suco de laranja, acondicionados em embalagem de apresentação.

Neste ponto, é interessante notarmos que, antes do advento da Lei nº 9.250/95, por vezes a jurisprudência[45] buscava o entendimento do que seria a atividade rural por meio do cotejo com o conceito de atividade industrial decorrente da legislação do Imposto sobre Produtos Industrializados ("IPI"), em vista da existência o dispositivo que vedava o "procedimento industrial".

Acerca deste ponto, aliás, Fabio Pallaretti Calcini[46] conclui que *"com a exclusão pela Lei n. 9.250/1996 da expressão procedimento industrial do inciso V do art. 2º da Lei n. 8.023/1990, não se interdita o emprego de equipamentos de alta tecnologia, pois, ao contrário, a lei perderia sua finalidade"*.

Portanto, a lei não restringe as atividades conexas de beneficiamento ou transformação, tampouco a adoção de procedimentos de caráter industrial. A restrição à caracterização da atividade rural reside na eventual alteração da composição e características do produto *in natura*. A pergunta que resta, portanto, é a seguinte: o que se entende por "composição e características do produto *in natura*"?

Neste ponto, destaque-se que as normas infralegais (artigos 2, inciso V, e 4, da IN SRF nº 83/01 e artigos 249, inciso VII, e 250 da IN RFB nº 1.700/17) trazem exemplos do que seriam atividades de beneficiamento e transformação. Tais exemplos, entretanto, contém certas con-

---

[45] Neste sentido, por exemplo: BRASIL. Conselho Administrativo de Recursos Fiscais, **Acórdão nº 108-07.070**, Relatora Conselheira Ivete Malaquias Pessoa Monteiro, julgado em 21 ago. 2002. Disponível em: http://carf.fazenda.gov.br. Acesso em 02 set. 2018.

[46] CALCINI, Fabio Pallaretti. IRPJ/CSLL. Depreciação Incentivada Acelerada e Prejuízos Fiscais na Atividade Rural. Agroindústria. Jurisprudência do CARF. **Revista Dialética de Direito Tributário**, São Paulo: Dialética, nº 211, p. 42 – 56, 2013.

2. CONCEITOS FUNDAMENTAIS

tradições e em boa medida contrariam o texto legal, de tal modo que parecem mais confundir do que esclarecer (a Tabela 2, anexa ao presente trabalho, contém a comparação de tais dispositivos). Vale observarmos o posicionamento administrativo e judicial acerca do tema:

> ATIVIDADE RURAL. Em razão das significativas alterações promovidas na composição e nas características do produto in natura, não caracteriza atividade rural a transformação da cana-de-açúcar produzida na propriedade rural em açúcar cristal e em álcool. Por outro lado, caracteriza atividade rural a transformação da cana-de-açúcar produzida na propriedade rural em bagaço de cana e em melaço, já que aqui não há **significativa alteração** na composição e nas características do produto in natura.[47]

(Destaque nosso).

> ATIVIDADE RURAL. CARVÃO VEGETAL. DESCARACTERIZAÇÃO PARA ATIVIDADE INDUSTRIAL. A produção de carvão vegetal é atividade de natureza rural. Sua mecanização não tem o condão de descaracterizá-la fazendo com que se torne atividade industrial para fins tributários, muito menos o fato de nela não serem empregados utensílios artesanais. Para que isso ocorra é necessário que o maquinário utilizado acarrete transformação da matéria-prima in natura.[48]

> IRPJ – CARACTERIZAÇÃO DE ATIVIDADE RURAL – O beneficiamento de produto agrícola em operações tais como debulha de milho, descasque de arroz, despolpamento de café, etc., feito no próprio estabelecimento rural onde foi feito o plantio e colheita não descaracteriza a atividade rural da empresa.[49]

---

[47] BRASIL. Conselho Administrativo de Recursos Fiscais, **Acórdão nº 1201-001.243**, Relator Conselheiro Marcelo Cuba Netto, julgado em 10 dez. 2015. Disponível em: http://carf.fazenda.gov.br. Acesso em 02 set. 2018.

[48] BRASIL. Conselho Administrativo de Recursos Fiscais, **Acórdão nº 1401-001.791**, Relatora Conselheira Aurora Tomazini de Carvalho, julgado em 15 fev. 2017. Disponível em: http://carf.fazenda.gov.br. Acesso em 02 set. 2018. No mesmo sentido, vide BRASIL. Conselho Administrativo de Recursos Fiscais, **Acórdão nº 2102-003.047**, Relatora Conselheira Alice Grecchi, julgado em 08 jul. 2014. Disponível em: http://carf.fazenda.gov.br. Acesso em 02 set. 2018.

[49] BRASIL. Conselho Administrativo de Recursos Fiscais, **Acórdão nº 105-13452**, Relator Conselheiro Daniel Sahagoff, julgado em 21 mar. 2001. Disponível em: http://carf.fazenda.gov.br. Acesso em 02 set. 2018.

Nota-se que a jurisprudência enfrenta o tema com uma certa dificuldade, compreensível em vista da imprecisão da expressão *"sem que sejam alteradas a composição e as características do produto in natura"*. Aliás, os julgados evidenciam as insanáveis contradições entre a Lei nº 8.023/90 e as normas infralegais que tratam do assunto (vide Tabela 2 ao final deste trabalho), por exemplo:

(i) Há decisão do CARF (e.g. Acórdão nº 1201-001.243[50]) que admite a produção de açúcar mascavo e melaço (ambos provenientes da cana-de-açúcar), como atividades rurais, porquanto tais atividades não implicariam em *"significativa alteração"* do produto *in natura*. O adjetivo "significativo" não consta da redação do artigo 2º da Lei nº 8.023/90 e, portanto, tal entendimento implicaria em uma ampliação do conceito legal de atividade rural. Provavelmente, a decisão adotou tal fórmula para atender ao disposto nas normas infralegais que tratam da matéria, vez que nestas há a referência à produção de "açúcar mascavo, melado e rapadura" como exemplos de atividades rurais.

(ii) Ao mesmo tempo, em linha diametralmente oposta, as normas infralegais que tratam do assunto, impõem vedações à "industrialização" de produtos agrícolas e a certas atividades aleatoriamente eleitas, por exemplo, o "beneficiamento de arroz em máquinas industriais", em óbvia contradição com a Lei nº 8.023/90, que não impõe qualquer vedação às atividades industriais.

No cerne da questão, encerra-se a necessidade de entendimento dos termos *"composição e característica do produto in natura"*, cuja alteração implicaria em descaracterização da atividade rural, a teor do que determina a Lei. Neste sentido, na tentativa de compreensão, vale buscarmos os significados de "composição" e "característica". De acordo com o dicionário Houaiss[51], tais termos têm a seguinte origem:

Composição: (...) 'pôr junto, reunir, acoplar (para o combate), pôr em paralelo, pôr junto para comparar, construir, dispor, pôr em ordem, compor pela união das partes, escrever, adornar, harmonizar'.

---

[50] Op. cit.
[51] GRANDE DICIONÁRIO HOUAISS, versão *online*. Disponível em: http://houaiss.uol.com.br. Acesso em: 20 mai. 2018.

Característica: (...) 'que serve para distinguir, que é característico de'.

Pois bem, tomando-se as definições acima, poderíamos colocar em outras palavras a fórmula da Lei nº 8.023/90, de tal modo que o beneficiamento ou transformação de produto agrícola (industrial ou não) caracterizariam a atividade rural, desde que não se alterem (cumulativamente) (i) os elementos constitutivos (composição) e (ii) os elementos distintivos (característica) do produto *in natura*.

De qualquer modo, nota-se que a preservação da composição e características do produto *in natura* parece se tratar do requisito legal (dentre os impostos pela Lei nº 8.023/90) de compreensão mais difícil, visto que, ainda que se busque o sentido das palavras, a compreensão da fórmula sempre guardará uma alta dose de subjetividade. Neste caso, parece-nos que a solução estaria no artigo 112, inciso II, da Lei nº 5.172 de 25 de outubro de 1966 ("Código Tributário Nacional")[52].

Finalmente, quanto ao quinto e último requisito, imposto pelo parágrafo único do artigo 2º da Lei nº 8.023/1990, não caracterizaria a atividade rural a atividade de "*mera intermediação*" de animais e de produtos agrícolas.

Neste ponto, a Lei parece se alinhar com o entendimento da doutrina do que seja a atividade rural, que – conforme se apontou no item 2.1.1 deste trabalho – encontraria seu elemento caracterizador na dita "agrariedade", correspondente à submissão da atividade a elementos próprios e em especial ao ciclo biológico e intempéries próprios da atividade rural.

Do ponto de vista prático, parece-nos que a polêmica em torno deste ponto se encontraria na caracterização das atividades de "recria" de animais. Com efeito, a "recria" se trata de atividade afeita à pecuária, correspondente à fase entre a desmama do animal e o seu aproveitamento (seja para trabalho ou corte). Aliás, encontra-se a seguinte definição no dicionário Houaiss[53]: "*fase do animal entre a desmama e seu aproveitamento no trabalho*".

---

[52] Art. 112. A lei tributária que define infrações, ou lhe comina penalidades, interpreta-se da maneira mais favorável ao acusado, em caso de dúvida quanto: [...]
II – à natureza ou às circunstâncias materiais do fato, ou à natureza ou extensão dos seus efeitos;
[53] Vide nota 54.

A recria é uma atividade rural comum, havendo até mesmo produtores rurais que se dedicam especificamente a esta atividade, ou seja, adquirem rezes desmamadas, promovem a recria e posteriormente comercializam os animais (por exemplo, a outro produtor que, por sua vez, se dedicará às atividades de cria ou engorda).

Na tentativa de se estabelecer um critério objetivo para discernir o que seria a "mera intermediação", as normas infralegais impõem períodos mínimos de permanência dos animais no estabelecimento do produtor, tanto para a atividade de recria, quanto para a atividade de engorda em confinamento, consoante o disposto no artigo 4º, inciso II, da IN SRF nº 83/01[54], e o artigo 250, inciso II, da IN RFB nº 1.700/17[55].

A título elucidativo, veja-se um exemplo de jurisprudência do CARF acerca do tema:

> IMPOSTO SOBRE A RENDA DE PESSOA JURÍDICA – IRPJ Data do fato gerador: 30/06/2003, 30/09/2003, 31/12/2003, 31/03/2004 COMPRA E VENDA DE GADO. ATIVIDADE RURAL. DESCARACTERIZAÇÃO.
> A compra e venda de gado com permanência em poder do contribuinte em prazo inferior a 52 dias, quando em regime de confinamento, ou 138 dias, nos demais casos, descaracteriza a atividade rural da pessoa física.
> COMPRA E VENDA DE GADO. EQUIPARAÇÃO À PESSOA JURÍDICA.
> A pessoa física é equiparada à pessoa jurídica quando, em nome individual, explora habitual e profissionalmente a compra e venda de gado, com o fim especulativo de lucro.[56]

Portanto, a norma infralegal estabelece um critério temporal de permanência do rebanho para a caracterização da atividade rural *vis-à-vis*

---

[54] Art. 4º Não se considera atividade rural: [...]
II – a comercialização de produtos rurais de terceiros e a compra e venda de rebanho com permanência em poder do contribuinte em prazo inferior a 52 dias, quando em regime de confinamento, ou 138 dias, nos demais casos
[55] Art. 250. Não se considera atividade rural: [...]
II – a comercialização de produtos rurais de terceiros e a compra e venda de rebanho com permanência em poder da pessoa jurídica rural em prazo inferior a 52 (cinquenta e dois) dias, quando em regime de confinamento, ou 138 (cento e trinta e oito) dias, nos demais casos.
[56] BRASIL. Conselho Administrativo de Recursos Fiscais, **Acórdão nº 1401-001.560**, Relator Conselheiro Ricardo Marozzi Gregorio, julgado em 01 mar. 2016. Disponível em: http://carf.fazenda.gov.br. Acesso em 02 set. 2018.

a dita "mera intermediação". Entretanto, vale dizer, tal critério temporal eleito pela norma infralegal não encontra lastro na legislação (Lei nº 8.023/90). Neste sentido, para distinção da atividade de "mera intermediação", entendemos que se faz necessária a verificação de elementos distintivos da atividade rural, por exemplo, a relevância do ciclo biológico na atividade do contribuinte.

Ademais, ainda neste ponto, parece-nos bastante pertinente a lição de Fernando Campos Scaff[57], que indica que o critério da "agrariedade" – elemento que caracteriza a atividade rural – relaciona-se com certos "fatos técnicos" sujeitos à evolução típica do dinamismo da atividade rural. Neste sentido, observa-se, ainda que o elemento temporal fosse adequado à caracterização da atividade rural, correr-se-ia o risco de se impor um critério normativo que eventualmente se distanciaria da realidade, em vista da constante evolução da atividade rural, que inclusive se direciona no sentido do encurtamento dos ciclos produtivos.

2.1.2.2 Atividade Rural nas Leis nº 8.212/91 e 8.870/94

A atividade rural também se sujeita a normas específicas no âmbito da legislação que trata das contribuições que visam ao financiamento da Seguridade Social, em especial aquelas afeitas à Lei nº 8.212 de 24 de julho de 1991 ("Lei nº 8.212/91") e à Lei nº 8.870 de 15 de abril de 1994 ("Lei nº 8.870/94").

No que diz respeito a este arcabouço legal, a discussão em torno da caracterização da atividade rural não envolve tantos pontos polêmicos quanto a legislação do imposto de renda. Por outro lado, como se verá mais adiante neste trabalho, houve grande discussão em torno das contribuições estabelecidas por estes diplomas legais (especialmente em relação à exação que se costuma denominar Funrural) – discussão, entretanto, que não gravita em torno da conceituação de "atividade rural".

Em resumo, neste tópico parece-nos interessante destacar que a Lei nº 8.212/91 caracteriza e confere tratamento diferenciado à figura da "agroindústria", diferentemente da legislação do Imposto de Renda. Aliás, tais leis implicam em tributação específica para produtor rural pessoa física, pessoa jurídica e agroindústria. Acerca da agroindústria, o artigo 22-A da Lei nº 8.212/91 traz o seguinte conceito:

[57] SCAFF, *op.cit.*, p. 12 (rodapé).

Art. 22-A. A contribuição devida pela agroindústria, definida, para os efeitos desta Lei, como sendo o **produtor rural pessoa jurídica cuja atividade econômica seja a industrialização de produção própria ou de produção própria e adquirida de terceiros**, incidente sobre o valor da receita bruta proveniente da comercialização da produção, em substituição às previstas nos incisos I e II do art. 22 desta Lei, é de: [...] (destaques nossos)

Para fins da Lei nº 8.212/91, a agroindústria, sempre pessoa jurídica, seria aquela dedicada à industrialização de (i) produção própria **ou** (ii) produção própria e adquirida de terceiros. Neste sentido, em certa medida, a caracterização da atividade agroindustrial *vis-à-vis* o conceito da legislação do Imposto de Renda, é um tanto mais ampla, porquanto a aquisição de matéria-prima de terceiros (para processamento com matérias-primas próprias) não teria o condão de descaracterizá-la.

Como não poderia deixar de ser, a jurisprudência administrativa segue o texto da lei no que diz respeito à caracterização da agroindústria:

AGROINDÚSTRIA. PRODUÇÃO PRÓPRIA. NECESSIDADE. NÃO DEMONSTRAÇÃO. DESCARACTERIZAÇÃO. Para que a pessoa jurídica possa ser enquadrada como agroindústria e assim usufruir do tratamento tributário favorecido estabelecido para essas empresas pela legislação previdenciária, é necessária a comprovação da condição de produtora rural, bem como da existência de industrialização de matéria prima de produção própria.[58]

No que diz respeito ao produtor rural pessoa física ou jurídica, interessante notarmos que a Lei nº 8.212/91, em seu artigo 25, parágrafo 3º (replicado pelo artigo 25, parágrafo 3º, da Lei nº 8.870/94), traz a descrição dos itens que compõem a base de cálculo das contribuições:

Integram a produção, para os efeitos deste artigo, os produtos de origem animal ou vegetal, em estado natural ou submetidos a processos de **beneficiamento ou industrialização rudimentar**, assim compreendidos, entre outros, os processos de lavagem, limpeza, descaroçamento, pilagem, descascamento, lenhamento, pasteurização, resfriamento, secagem, fermentação,

---

[58] BRASIL. Conselho Administrativo de Recursos Fiscais, **Acórdão nº 2201-004.283**, Relatora Conselheira Dione Jesabel Wasilewski, julgado em 06. mar. 2018. Disponível em: http://carf.fazenda.gov.br. Acesso em 02 set. 2018.

embalagem, cristalização, fundição, carvoejamento, cozimento, destilação, moagem, torrefação, bem como os subprodutos e os resíduos obtidos através desses processos. (destaques nossos)

Portanto, ao considerarmos as eventuais atividades conexas praticadas pelo produtor rural, nota-se que a lei inclui na base de cálculo da contribuição, apenas os resultados provenientes de beneficiamento ou industrialização "rudimentar". Surgem, portanto, as seguintes questões: (i) receitas oriundas da comercialização oriunda de processo não "rudimentar" praticado por produtor rural pessoa física, não integrariam a base de cálculo das contribuições? (ii) o produtor rural pessoa jurídica, que pratique atividade industrial rudimentar, não se sujeitaria ao regime da agroindústria?

No que diz respeito às eventuais receitas auferidas por produtor rural mediante o emprego de industrialização que não seja "rudimentar", parece-nos que (i) no que diz à pessoa jurídica, esta seria enquadrada como uma agroindústria; e (ii) no que diz respeito à pessoa física, haveria uma aparente exclusão de tais receitas da base de cálculo das contribuições, vez que apenas a pessoa jurídica se caracterizaria como agroindústria.

Aparentemente a "solução" para as questões colocadas acima se encontrariam na definição de "beneficiamento", "industrialização rudimentar" e de "industrialização" trazidas pela Instrução Normativa da Receita Federal do Brasil nº 971 de 13 de novembro de 2009 ("IN RFB nº 971/09"), em seu artigo 165, incisos III e IV, e parágrafo 1º:

Art. 165 [...]

III – beneficiamento, a **primeira modificação ou o preparo dos produtos de origem animal ou vegetal**, realizado diretamente pelo próprio produtor rural pessoa física e desde que não esteja sujeito à incidência do Imposto Sobre Produtos Industrializados (IPI), **por processos simples ou sofisticados**, para posterior venda ou industrialização, sem lhes retirar a característica original, assim compreendidos, dentre outros, os processos de lavagem, limpeza, descaroçamento, pilagem, descascamento, debulhação, secagem, socagem e lenhamento. (destaques nossos)

IV – industrialização rudimentar, o **processo de transformação** do produto rural, realizado pelo produtor rural pessoa física ou pessoa jurídica, alterando-lhe as características originais, tais como a pasteurização, o resfriamento, a fermentação, a embalagem, o carvoejamento, o cozimento, a destilação, a moagem, a torrefação, a cristalização, a fundição, dentre outros similares. [...] (destaques nossos)

§ 1º Considera-se industrialização, para fins de enquadramento do produtor rural pessoa jurídica como agroindústria, a **atividade de beneficiamento**, quando constituir parte da atividade econômica principal ou fase do processo produtivo, e concorrer, nessa condição, em regime de conexão funcional, para a consecução do objeto da sociedade. (destaques nossos)

Nota-se que a norma infralegal propõe um conceito bastante amplo do que seja a "industrialização rudimentar" que, em resumo, seria qualquer processo de transformação do produto rural e que lhe altere as características originais. Adotando-se tal definição, obviamente nada escaparia à base de cálculo estabelecida pelo artigo 25, parágrafo 3º, da Lei nº 8.212/91.

Curioso notarmos que, ao tratarmos da legislação do Imposto de Renda, como se viu no tópico anterior, a norma infralegal tende a conceitos mais estreitos relacionados ao maquinário empregado ("*utensílios geralmente empregados*") e ao tipo de transformação do produto (que mantenham "*características e composição do produto in natura*"), enquanto a norma ora comentada – em direção oposta – caracteriza de forma bastante ampla o que seria uma atividade conexa praticada pelo produtor rural, que desta feita corresponderia a todo e qualquer processo de transformação.

No que diz respeito ao produtor rural pessoa jurídica que exerça a atividade de caráter rudimentar, a definição de "industrialização", proposta pela norma infralegal, incluiria as ditas atividades de beneficiamento, de tal modo que o efeito prático da norma infralegal seria a caracterização como "agroindústria" de praticamente quaisquer atividades conexas praticadas por produtor rural pessoa jurídica. Neste sentido, aliás, há jurisprudência do CARF:

AGROINDÚSTRIA. ENQUADRAMENTO.
A partir de setembro de 2010, considerase industrialização, para fins de enquadramento do produtor rural pessoa jurídica como agroindústria, a ati-

2. CONCEITOS FUNDAMENTAIS

vidade de beneficiamento, quando constituir parte da atividade econômica principal ou fase do processo produtivo.[59]

Ainda, em nossa pesquisa, encontramos outro ponto polêmico referente à caracterização da agroindústria. No âmbito administrativo, encontra-se jurisprudência no sentido de que haveria um critério de necessária "preponderância" da atividade rural sobre a atividade industrial, para a caracterização da agroindústria, havendo também um acórdão do Tribunal Regional Federal da 4ª Região neste sentido. Nada obstante a existência de tais precedentes, parece-nos que se trata de um critério desprovido de fundamento legal, visto que o artigo 22-A da Lei nº 8.212/91 não estabelece qualquer critério de preponderância ou percentual de atividade rural para caracterização da agroindústria. Parece-nos que tal posicionamento jurisprudencial foi adotado pontualmente para coibir situações fraudulentas ou abusivas, que poderiam ter sido solucionadas de outro modo. Portanto, parece-nos inadequado que se aceite em caráter geral o tal critério de preponderância da atividade rural para a caracterização da agroindústria. Seguem excertos dos julgados citados:

> TRIBUTÁRIO. CONTRIBUIÇÃO SOCIAL. AGROINDÚSTRIA. ART. 22-A, LEI Nº 8.212/1991. CONSTITUCIONALIDADE. LEGALIDADE. UNIDADES AUTÔNOMAS. CONJUNTO DA ATIVIDADE E PREPONDERÂNCIA.
> 1. O artigo 1º da Lei nº 10.256/2001, que introduziu o artigo 22-A, caput e incisos I e II, na Lei nº 8.212/91. Dispositivo que prevê contribuição para a seguridade social a cargo das agroindústrias com incidência sobre a receita bruta em caráter de substituição à contribuição sobre a remuneração paga, devida ou creditada pela empresa (incisos I e II, artigo 22, Lei nº 8.212/91 e alínea "b", inciso I, artigo 195, CF). [...]
> 4. Correto o tratamento uniforme e o uso do critério da preponderância para enquadramento na categoria de agroindústria.

---

[59] BRASIL. Conselho Administrativo de Recursos Fiscais, **Acórdão nº 2301-005.128**, Relator Conselheiro João Bellini Júnior, julgado em 13. set. 2017. Disponível em: http://carf.fazenda.gov.br. Acesso em 02 set. 2018.

5. É agroindústria apenas a primeira unidade da empresa autora, qual seja, a madeireira. Tendo isso por premissa, a conclusão é a de que a atividade preponderante de todo o conjunto produtivo não é a agroindustrial, já que as outras duas unidades não se enquadram em tal conceito.[60]

Não basta aterse simplesmente à literalidade do texto legal, é necessária a busca pela realidade fática em perseguição à verdade material. A reunião desses dois aspectos resultará na aplicação adequada da lei. Caso contrário, qualquer indústria (inclusive os grandes complexos industriais) que utilizasse no seu processo produtivo apenas parte do insumo produzido por ela própria, por menos que fosse, poderia se beneficiar do tratamento tributário especial, o qual, na verdade, é um regime substitutivo criado para ser aplicado ao verdadeiro produtor rural.[61]

Feitas tais observações acerca da caracterização da atividade rural no âmbito das Leis nº 8.212/91 e 8.870/94, podemos constatar que o cerne das discussões em torno de tais normas diz respeito à qualificação do produtor rural entre as categorias de pessoa física, jurídica ou agroindústria. Consoante demonstrado acima, a norma infralegal e a jurisprudência em certa medida impõem conceitos que definem, ampliam ou restringem certos termos legais, de modo a gerar uma certa confusão e insegurança jurídica, especialmente no que diz respeito ao produtor pessoa jurídica que venha a praticar atividades rurais conexas.

2.1.3 A Atividade Rural e sua Relação com o Conceito de Agronegócio

O termo *agribusiness* (traduzido para o português como agronegócio) foi cunhado por John Davis e Ray Goldberg, professores da Universidade

---

[60] BRASIL. Tribunal Regional Federal da 4ª Região, **Apelação nº 2005.72.11.001753-9/SC**, Relatora Juíza Federal Vânia Hack de Almeida, 2ª Turma, julgado em 26.01.2010.
[61] BRASIL. Conselho Administrativo de Recursos Fiscais, **Acórdão nº 9202-003.570**, Relator Conselheiro Manoel Coelho Arruda Júnior, julgado em 29. jan. 2015. Disponível em: http://carf.fazenda.gov.br. Acesso em 02 set. 2018. No mesmo sentido, vide: BRASIL. Conselho Administrativo de Recursos Fiscais, **Acórdão nº 2301-004.877**, Relatora Conselheira Andrea Brose Adolfo, julgado em 19. jan. 2017. Disponível em: http://carf.fazenda.gov.br. Acesso em 02 set.

de Harvard, que em artigo clássico intitulado *A Concept of Agribusiness*[62] lançaram a base que serviria como moderna inspiração para estudos de cunho econômico e, mais recentemente, jurídico[63].

De acordo com tais autores estrangeiros, o termo agronegócio atenderia à percepção da evolução recente da agricultura (relatada nos tópicos acima). Vale a transcrição da justificativa conferida por John Davis e Ray Goldberg[64] em sua obra clássica:

> The concept of agriculture as an industry in and of itself or as a distinct phase of our economy was appropriate 150 years ago when [...] virtually all operations relating to growing, processing, storing, and merchandising food and fiber were a function of the farm. This being the case, it was appropriate to think of all such things as within the scope of the meaning of the word "agriculture".
> [...] along with the technological revolution has come a narrowing of the function of the farm [...] the modern farmer is a specialist who largely confines his operations to growing crops and livestock. The functions of storing, processing, and distributing food and fiber have been transferred in large measure to off-the-farm business entities[...] Complementing this development has been the creation of still another array of specialized off-the-farm functions – the manufacture of farm supplies, including

---

[62] DAVIS, John, GOLDBERG, Ray. **A Concept of Agribusiness**. Boston: Harvard University, 1957. Em tradução livre: O conceito de agricultura como uma atividade em si ou como etapa distinta de nossa economia era apropriada há 150 anos quando [...] virtualmente todas as operações de produção, processamento, armazenagem e comercialização de alimentos e fibras eram funções da fazenda. Sendo este o caso, era apropriado pensar em tais atividades no escopo de significado da palavra "agricultura". [...] com a revolução tecnológica veio o estreitamento das funções da fazenda [...] o fazendeiro moderno é um especialista que geralmente restringe suas operações à lavoura e à pecuária. As funções de armazenagem, processamento e distribuição de alimentos e fibras foram em grande parte transferidas para entidades fora da fazenda [...] Complementando este desenvolvimento houve a criação de outro ramo especializado de funções fora da fazenda – a manufatura de suprimentos agrícolas, inclusive implementos, tratores, combustíveis, fertilizantes, rações, inseticidas, herbicidas e outros tantos itens [...] Entretanto, em geral, tendemos a enxergar agricultura e tais negócios como negócios distintos [...] nosso vocabulário não contém uma palavra que descreva as funções inter-relacionadas [...] nosso vocabulário não seguiu o passo do progresso.

[63] Neste ponto, destaque-se a obra de Renato Buranello, *op. cit.*

[64] *Op. cit.*, p. 2.

> implements, tractors, trucks, tractor fuels, fertilizers, feed supplements and mixed feeds, insecticides, and weed controllers, plus a host of other items. [...] Yet, in general, we tend to think of agriculture and business as separate entities [...] our language contains no word to describe their interrelated functions. [...] Our vocabulary has not kept pace with progress.

Portanto, o termo se prestaria a representar em uma única palavra o movimento de dissipação de atividades tipicamente agrícolas a outros e novos ramos de atuação, relacionados ao fornecimento de insumos, equipamentos e serviços ao agricultor, bem como ao posterior processamento e comercialização de produtos agrícolas e seus derivados.

Entre nós, tal premissa se encontra bem elucidada na obra de Renato Buranello[65], que se refere às atividades "antes da porteira", "dentro da porteira" e "após a porteira":

> Hoje, as atividades econômicas podem ser desmembradas em *antes da porteira, dentro da porteira* e *após a porteira*, representadas pelo conceito de *agribusiness*, que visa a dar amplitude ao termo agricultura para *antes da porteira* até o *pós a porteira* em todas suas relações e desdobramentos de mesmo sentido econômico.

Levando em conta tais premissas, Goldberg e Davis[66] propõem o seguinte conceito de agronegócio, que vem sendo amplamente aceito e adotado:

> [...] agribusiness means the sum total of all operations involved in the manufacture and distribution of farm supplies; production operations on the farm; and the storage, processing, and distribution of farm commodities and items made from them. Thus, agribusiness essentially encompasses today the functions which the term agriculture denoted 150 years ago.

---

[65] *Op. cit.* posição 395.
[66] *Op. cit.* p. 2. Tradução livre: agronegócio significa a soma total de todas as operações envolvidas na manufatura e distribuição de suprimentos agrícolas, operações de produção na fazenda, e a armazenagem, processamento e distribuição de *commmodities* agrícolas e itens derivados destas. Portanto, o agronegócio essencialmente abarca o que hoje em dia as funções que corresponderiam ao termo agricultura há 150 anos.

2. CONCEITOS FUNDAMENTAIS

O agronegócio, portanto, corresponderia à cadeia econômica que se inicia no fornecimento de insumos, serviços (inclusive financeiros) e máquinas ao produtor rural, passando pela produção agrícola em si e, finalmente, chegando-se à etapa "após a porteira", correspondente ao processamento, transformação e comercialização dos gêneros agrícolas e dos produtos deles resultantes.

O conceito, portanto, abrange diversas etapas da cadeia produtiva. Assim por exemplo, desde a venda de um *software* ou de um trator ao produtor rural, até os serviços logísticos de transporte de mercadorias ao consumidor, além de todos os serviços financeiros relacionados a tais etapas.

A fim de se evitar derivações impróprias de expressão, é importante destacarmos que os autores que cunharam o termo agronegócio o fizeram com propósitos bem delineados, veja-se[67]:

> The purpose of this study is to present a concept of agribusiness and, with this as a frame of reference, to survey domestic food and fiber operations as a means of (1) contributing to a better understanding of existing relationships, particularly as between on-farm and off-farm functions and (2) indicating an approach for improving policies relating to food and fiber. [...] Essentially, the agribusiness approach (...) is a method of examining old problems – the so-called farm problems – in a new and more comprehensive setting (...) which can lead toward new and sounder policies.

O propósito dos autores, portanto, foi a inserção da agricultura em um contexto amplo, uma *big picture* que permitiria a análise de velhos problemas a partir de outra perspectiva, com vistas à busca por soluções econômicas e políticas novas e mais eficientes.

---

[67] *Op. cit.* p. 1 e 2. Tradução livre: O propósito deste estudo é apresentar um conceito de agronegócio e, tendo-o como referência, analisar as operações domésticas de alimentos e fibras, com o intuito de (1) contribuir com o melhor entendimento das relações, particularmente entre funções na fazenda e fora da fazenda e (2) indicar uma abordagem para melhoria das políticas relativas à alimentação e fibras. [...] Essencialmente, a abordagem de agronegócio [...] é um método de análise de velhos problemas -chamados de problemas de fazenda – em um ponto de vista novo e mais compreensível [...] que poderá resultar em políticas novas e mais efetivas.

Agronegócio, portanto, é um conceito de inegável utilidade para que se compreenda o contexto no qual se inserem diversas atividades econômicas, entre elas a atividade rural, que é o objeto deste estudo.

Tendo-se em vista a amplitude do conceito e o propósito a que se destina, acreditamos que não faz sentido falarmos de "tributação do agronegócio", pois não haveria (sob a ótica do Direito Tributário[68]) unicidade de análise tampouco princípios comuns a cenários tão diversos. Nada obstante, fossemos nos arriscar na inserção do objeto deste estudo (atividade rural) no contexto do agronegócio, poderíamos tratá-lo entre as atividades tipicamente efetuadas na fase "*dentro da porteira*" e em parte "*após a porteira*" (atividades conexas).

2.2 Imóvel Rural

O senso comum nos leva a crer que o imóvel rural corresponderia simplesmente ao local no qual, por excelência, se desenvolve uma certa atividade rural. À primeira vista, portanto, o conceito de imóvel rural não mereceria maiores digressões, porquanto seria, em tese, um tópico isento de qualquer dúvida.

Todavia, há uma certa polêmica em torno do conceito de imóvel rural, hoje em boa parte apaziguada. Em resumo, questiona-se se a definição de "rural" adviria da localização ou da destinação do imóvel. Para que se ilustre a questão, podemos considerar as seguintes hipóteses: (i) seria "rural" o imóvel localizado na zona rural, porém destinado ao turismo; e (ii) seria "rural" um imóvel localizado em área considerada urbana, porém dedicado a uma atividade rural?

A questão ganha especial relevância na medida que consideramos a existência de regimes tributários diversos que se aplicam à propriedade rural e à propriedade urbana, definidos nos artigos 153, inciso VI, e 156, inciso I, da Constituição Federal de 1988:

> Art. 153. Compete à União instituir impostos sobre: [...]
> VI – propriedade territorial rural; [...]
> Art. 156. Compete aos Municípios instituir impostos sobre:
> I – propriedade predial e territorial urbana; [...]

---

[68] Todavia, entendemos que a abordagem faz sentido em outras searas, tal como fica evidente ao analisarmos a obra de Renato Buranello, citada acima, visto que se ocupa da análise de certos caracteres comuns que permeiam, por exemplo, os sistemas públicos e privados de financiamento do agronegócio, seguros e tutela do meio ambiente.

2. CONCEITOS FUNDAMENTAIS

Portanto, tomando-se os exemplos acima e considerando-se, ainda, os diferentes regimes tributários, surgem as situações às quais se torna relevante – do ponto de vista do Direito Tributário – a definição de um conceito de Imóvel Rural que se preste à solução de tais questões.

Conforme se demonstrará a seguir, a questão em torno da definição do conceito de imóvel rural (para fins tributários) já se encontra relativamente pacificada pela jurisprudência. Entretanto, vale a pena uma breve explanação acerca das normas afeitas ao tema e da evolução legislativa e jurisprudencial que cercam a questão, para que se tenha uma boa compreensão do assunto em tela.

De início, vale observarmos o conceito de imóvel rural estabelecido pela legislação agrária, em particular pelo Estatuto da Terra, cujo conceito é repetido pelo Decreto nº 55.891 de 31 de março de 1965:

Art. 4º Para os efeitos desta Lei, definem-se:
I – "Imóvel Rural", o prédio rústico, de área contínua **qualquer que seja a sua localização** que **se destina à exploração extrativa agrícola, pecuária ou agro-industrial**, quer através de planos públicos de valorização, quer através de iniciativa privada [...] (destaques nossos)

A Lei nº 8.629 de 25 de fevereiro de 1993, por sua vez, em seu artigo 4º, inciso I, traz um conceito bastante semelhante ao do Estatuto da Terra:

Art. 4º Para os efeitos desta lei, conceituam-se:
I – Imóvel Rural – o prédio rústico de área contínua, **qualquer que seja a sua localização, que se destine ou possa se destinar à exploração agrícola, pecuária, extrativa vegetal, florestal ou agro-industrial**; [...] (destaques nossos)

Portanto, observa-se que o critério de definição de imóvel rural estabelecido na legislação agrária é o de destinação, que prevaleceria, portanto, sobre o critério da localização. Portanto, se considerássemos exclusivamente a legislação agrária, em resposta às perguntas propostas anteriormente, poderíamos afirmar que (i) o imóvel localizado em perímetro urbano, porém destinado à atividade rural, seria considerado um imóvel rural, ao passo que (ii) o imóvel localizado em zona rural, porém não destinado à atividade rural, não seria considerado um imóvel rural.

O critério de destinação, eleito pela legislação agrária, encontra respaldo na doutrina clássica que se debruçou sobre o tema. Neste sentido, inclusive, a doutrina de direito civil estrangeira de Marcel Planiol e Georges Rippert[69]:

> Qu'est-ce au juste qu'un fonds rural? (...) J'estime que c'est l'exploitation agricole qui le caracterize, et non la situation dans une commune rurale.

E, entre nós, Malta Cardozo[70] destaca que o critério da destinação encontrava-se previsto inclusive em anteprojeto de Código Rural brasileiro, cita jurisprudência do Tribunal de Justiça do Estado de São Paulo e conclui o seguinte:

> A destinação é efetivamente o critério legal, discriminador dos imóveis rurais, também denominados agrícolas ou ainda prédios rústicos. São, portanto, imóveis rurais ou agrícolas aqueles que, com suas benfeitorias e acessórios, destinam-se à exploração agrícola, isto é, da lavoura, da pecuária ou das indústrias rurais.

Também Teixeira de Freitas[71], em sua Consolidação das Leis Civis, propôs a definição de "prédio rústico" que muito se aproxima do critério distintivo da destinação:

> Art. 51. São prédios rústicos:
> § 1º Os terrenos destinados para agricultura, ou sejão grandes ou pequenos, cercados ou não cercados, cultivados ou incultos; como sesmarias, fazendas, estâncias, sitios: [...] §2º As casas de continuada morada dos fazendeiros e agricultores, os paióes, celleiros, armazens, adegas, curraes, cavallariças, senzalas, barracas, e cabanas; os engenhos, fabricas, e quaesquer officinas; os moinhos d'agua, e de vento, que não forem portáteis; os ranchos,

---

[69] PLANIOL, Marcel, RIPERT, Georges. **Traité Élémentaire de Droit Civil**, Tome Deuxième. 9ª edição. Paris, 1923. p. 788. Tradução livre: O que é exatamente um fundo rural? [...] Entendo que é a exploração agrícola que o caracteriza, não a localização em uma comunidade rural.

[70] CARDOZO, Malta. **Tratado de Direito Rural Brasileiro**. 2º Volume. São Paulo: Saraiva, 1954. p. 182.

[71] Freitas, Augusto Teixeira de. **Consolidação das Leis Civis**. 1ª Volume. Brasília: Senado Federal, Conselho Editorial, 2003.

2. CONCEITOS FUNDAMENTAIS

telheiros, aquedudos; canaes, portos, é quaesquer edficios de qualquer denominação, fôrma, e construcção, que sejão, quando forem immoveis: [...]

§ 3º As datas de terras, e águas mineraes, estejão ou não em uso, e aproveitamento.

A legislação tributária, entretanto, a *contrario sensu* da doutrina transcrita acima, inicialmente privilegiou o critério da localização do imóvel, consoante se depreende dos artigos 29 e 32 do Código Tributário Nacional:

Art. 29. O imposto, de competência da União, sobre a propriedade territorial rural tem como fato gerador a propriedade, o domínio útil ou a posse de imóvel por natureza, como definido na lei civil, **localização fora da zona urbana do Município**. (destaque nosso)

Art. 32. O imposto, de competência dos Municípios, sobre a propriedade predial e territorial urbana tem como fato gerador a propriedade, o domínio útil ou a posse de bem imóvel por natureza ou por acessão física, como definido na lei civil, **localizado na zona urbana do Município**. (destaque nosso)

A este ponto da evolução do tema, portanto, havia um desafio ao intérprete decorrente da dicotomia das definições de imóvel rural postas pela legislação agrária e pela legislação tributária. As considerações de Guilherme de Almeida[72] expressam o sentimento à época, com destaque à desatenção ao objetivo precípuo do ITR, resultante da adoção do critério da localização pela legislação tributária:

Não há como acomodar a situação, tratando separadamente as necessidades pertinentes ao Direito Agrário e o Direito Tributário, como se fossem matérias estanques. Isto porque, o **conceito adotado pelo Código Tributário Nacional atinge negativamente a função precípua do ITR que é menos um meio de arrecadação do que um instrumento de política agrária.** O Direito Agrário se utiliza deste tributo para onerar os proprietários ou possuidores de imóveis rurais ociosos ou mal explorados, servindo-se

---

[72] ALMEIDA, Paulo Guilherme de. *Critério para a definição de imóvel rural*. **Revista de Direito Civil – RDCiv 36/101**, abril-junho de 1986.

do mesmo, em contrapartida, para estimular, por intermédio de redução tributária, aqueles que exploram condignamente os imóveis rurais. (destaques nossos)

O mesmo autor, ainda, destacou outro efeito decorrente da celeuma em torno da conceituação do imóvel rural, este não relacionado ao Direito Tributário, a saber, acerca da extensão das limitações à aquisição de imóveis rurais por estrangeiros. Destaca que a legislação que trata da matéria (Lei nº 5.709 de 07 de outubro de 1971) não traz *per se* uma definição de imóvel rural, cabendo então se socorrer de outras definições legais, e sugere que para tanto se adotasse o critério de destinação definido na legislação agrária.

Feita tal digressão, vale dizer que a partir da edição do Código Tributário Nacional, diante de tal celeuma, foram estabelecidas diversas e subsequentes normas acerca do tema, dando-se início a uma série de discussões judiciais.

Inicialmente, foram editados os artigos 14 e 15 do Decreto-lei nº 57 de 18 de novembro de 1966 ("Decreto-lei nº 57/66"), que em certa medida restabeleceram o critério da destinação para a definição do imóvel rural:

> Art 14. O disposto no art. 29 da Lei 5.172, de 25 de outubro de 1966, não abrange o imóvel que, comprovadamente, seja utilizado como "sítio de recreio" e no qual a eventual produção não se destine ao comércio, incidindo assim, sôbre o mesmo impôsto sôbre a Propriedade Predial e Territorial Urbana, a que se refere o art. 32 da mesma lei.

> Art 15. O disposto no art. 32 da Lei nº 5.172, de 25 de outubro de 1966, não abrange o imóvel de que, comprovadamente, seja utilizado em exploração extrativa vegetal, agrícola, pecuária ou agro-industrial, incidindo assim, sôbre o mesmo, o ITR e demais tributos com o mesmo cobrados.

Em seguida, sobreveio a Lei nº 5.868 de 12 de dezembro de 1972 ("Lei nº 5.868/72"), que revogou expressamente os artigos 14 e 15 do Decreto-lei nº 57/1966, assim estabelecendo em seu artigo 6º:

> Art. 6º – **Para fim de incidência do Imposto sobre a Propriedade Territorial Rural**, a que se refere o Art. 29 da Lei número 5.172, de 25 de

outubro de 1966, **considera-se imóvel rural aquele que se destinar à exploração agrícola, pecuária, extrativa vegetal ou agroindustrial e que, independentemente de sua localização,** tiver área superior a 1 (um) hectare.

Parágrafo único. Os **imóveis que não se enquadrem no disposto neste artigo, independentemente de sua localização, estão sujeitos ao Imposto sobre a Propriedade Predial e Territorial Urbana,** a que se refere o Art. 32 da Lei número 5.172, de 25 de outubro de 1966. (destaques nossos).

Ocorre que o Supremo Tribunal Federal, em sede do Recurso Extraordinário nº 93.850-8, considerou inconstitucional o artigo 6º da Lei nº 5.868/1972, uma vez que este desrespeitaria a hierarquia de normas estabelecida pela Constituição Federal de 1969, porquanto uma lei ordinária não pudesse prevalecer sobre lei complementar.

IMPOSTO PREDIAL. CRITÉRIO PARA A CARACTERIZAÇÃO DO IMÓVEL COMO RURAL OU COMO URBANO. **A FIXAÇÃO DESSE CRITÉRIO, PARA FINS TRIBUTÁRIOS, E PRINCÍPIO GERAL DE DIREITO TRIBUTÁRIO, E, PORTANTO, SÓ PODE SER ESTABELECIDO POR LEI COMPLEMENTAR.** O C.T.N. SEGUNDO A JURISPRUDÊNCIA DO S.T.F., E LEI COMPLEMENTAR. **INCONSTITUCIONALIDADE DO ARTIGO 6., E SEU PARAGRAFO ÚNICO DA LEI FEDERAL 5.868, DE 12 DE DEZEMBRO DE 1972, UMA VEZ QUE, NÃO SENDO LEI COMPLEMENTAR, NÃO PODERIA TER ESTABELECIDO CRITÉRIO, PARA FINS TRIBUTÁRIOS, DE CARACTERIZAÇÃO DE IMÓVEL COMO RURAL OU URBANO DIVERSO DO FIXADO NOS ARTIGOS 29 E 32 DO C.T.N.** RECURSO EXTRAORDINÁRIO CONHECIDO E PROVIDO, DECLARANDO-SE A INCONSTITUCIONALIDADE DO ARTIGO 6. E SEU PARAGRAFO ÚNICO DA LEI FEDERAL 5.868, DE 12 DE DEZEMBRO DE 1972.[73] (destaques nossos)

---

[73] BRASIL. Supremo Tribunal Federal, **RE nº 93850**, Relator Ministro Moreira Alves, Tribunal Pleno, julgado em 20/05/1982. Disponível em: http://stf.jus.br. Acesso em: 02 set. 2018.

Ato contínuo, o Senado Federal editou a Resolução nº 313 de 30 de junho de 1983, suspendendo a execução do artigo 6º da Lei nº 5.868/72. Entretanto, permaneceu vigente o artigo 12 da Lei nº 5.868/72, que veio a revogar os artigos 14 e 15 do Decreto-lei nº 57/66. Neste momento, portanto, prevalecia na jurisprudência e na legislação, o dito critério de localização para definição do imóvel rural para fins tributários.

A questão veio a tomar outros contornos diante da decisão proferida pelo Supremo Tribuna Federal no âmbito do Recurso Extraordinário nº 140.773-5. Neste caso, em resumo: o proprietário de um imóvel impetrou mandado de segurança no qual reclamou a vigência do artigo 15 do Decreto-lei nº 57/66 e a inconstitucionalidade do artigo 12 da Lei nº 5.868/72, afastando-se a sujeição de seu imóvel ao Imposto Predial e Territorial Urbano ("IPTU"), uma vez que, embora localizado em zona urbana, fosse destinado à atividade agrícola.

O Ministro Sydney Sanches, relator do RE nº 140.773-5, acatou os pedidos do contribuinte, no que dizia respeito à inconstitucionalidade em parte do artigo 12 da Lei nº 5.868/72, restabelecendo-se a vigência do artigo 15 do Decreto-lei nº 57/66, uma vez que o decreto-lei teria sido recepcionado pela Constituição Federal de 1988 como Lei Complementar, superior hierarquicamente à Lei nº 5.868/72:

> "DIREITO CONSTITUCIONAL, TRIBUTÁRIO E PROCESSUAL CIVIL. IMPOSTO PREDIAL E TERRITORIAL URBANO (I.P.T.U.). IMPOSTO TERRITORIAL RURAL (I.T.R.). TAXA DE CONSERVAÇÃO DE VIAS. RECURSO EXTRAORDINÁRIO. 1. R.E. não conhecido, pela letra "a" do art. 102, III, da C.F., mantida a declaração de inconstitucionalidade da Lei Municipal de Sorocaba, de n 2.200, de 03.06.1983, que acrescentou o parágrafo 4 ao art. 27 da Lei n 1.444, de 13.12.1966. 2. R.E. conhecido, pela letra "b", mas improvido, **mantida a declaração de inconstitucionalidade do art. 12 da Lei federal n 5.868, de 12.12.1972, no ponto em que revogou o art. 15 do Decreto- lei n 57, de 18.11.1966.** 3. Plenário. Votação unânime. (destaques nossos)[74]

---

[74] BRASIL. Supremo Tribunal Federal, **RE nº 140773**, Relator Ministro Sydney Sanches, Tribunal Pleno, julgado em 08/10/1998. Disponível em: http://stf.jus.br. Acesso em: 02 set. 2018.

2. CONCEITOS FUNDAMENTAIS

Diante de tal precedente, o Senado Federal editou a Resolução nº 9 de 07 de junho de 2005, por meio da qual se suspendeu a execução e parte do artigo 12 da Lei nº 5.868/72, restabelecendo-se a vigência do artigo 15 do Decreto-lei nº 57/66, transcrito acima, que privilegiou o critério da destinação para a caracterização do imóvel rural. Vale ressaltar, permanece revogado o artigo 14 do Decreto-lei nº 57/1966, que impunha a tributação pelo IPTU dos imóveis localizados em zona rural e que não se destinem à atividade rural.

Este tem sido o precedente que vem sendo seguido pelos Tribunais. Destaque-se, neste sentido, o REsp nº 1.112.646/SP, julgado pelo Superior Tribunal de Justiça em sede de recurso repetitivo (artigo 543-C, do antigo Código de Processo Civil):

TRIBUTÁRIO. IMÓVEL NA ÁREA URBANA. DESTINAÇÃO RURAL. IPTU. NÃO-INCIDÊNCIA. ART. 15 DO DL 57/1966. RECURSO REPETITIVO. ART. 543-C DO CPC.
1. **Não incide IPTU, mas ITR, sobre imóvel localizado na área urbana do Município, desde que comprovadamente utilizado em exploração extrativa, vegetal, agrícola, pecuária ou agroindustrial (art. 15 do DL 57/1966).**
2. Recurso Especial provido. Acórdão sujeito ao regime do art. 543-C do CPC e da Resolução 8/2008 do STJ.[75] (destaques nossos)

A guisa de conclusão, podemos afirmar que atualmente prevalece um entendimento misto entre os critérios de "localização" e de "destinação" do imóvel, para a caracterização de imóvel rural para fins tributários. O entendimento prevalecente por ser ilustrado da seguinte maneira:

---

[75] BRASIL. Superior Tribunal de Justiça, **REsp nº 1112646/SP**, Relator Ministro Herman Benjamin, 1ª Seção, julgado em 26/08/2009. Disponível em: http://stj.jus.br. Acesso em: 02 set. 2018.

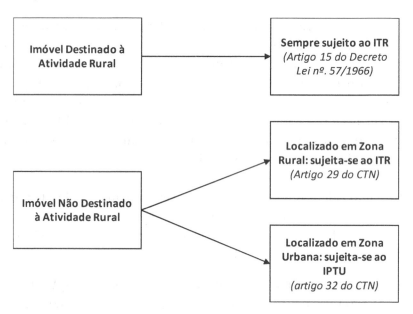

Parece-nos que o entendimento consolidado pela jurisprudência é adequado, porquanto seja condizente com o caráter extrafiscal do ITR, que tem como função precípua o estímulo ao uso produtivo da propriedade rural, acima do interesse arrecadatório[76].

2.3 Condomínio

2.3.1 Natureza Jurídica do Condomínio: Origens e Traços Distintivos do Instituto Jurídico

A figura do condomínio, no Direito Civil, relaciona-se com o compartilhamento do direito de propriedade sobre determinado bem entre diversos sujeitos, os denominados condôminos. Na lição de Orlando Gomes[77], *"é o direito sobre a coisa que se reparte entre diversas pessoas"*.

---

[76] Neste sentido, MACHADO, Hugo de Brito. **Curso de Direito Tributário**. 35ª edição. São Paulo: Malheiros, 2014, p. 349: "Atualmente, a função predominante do ITR é extrafiscal. Funciona esse imposto como instrumento auxiliar do disciplinamento estatal da propriedade rural."

[77] GOMES, Orlando. **Direitos Reais**. 19ª edição atualizada por Luiz Edson Fachin. Rio de Janeiro: Forense, 2009, p. 239.

2. CONCEITOS FUNDAMENTAIS

Embora se trate de uma figura jurídica corriqueira e muito presente em nosso dia-a-dia, ocorre que a compreensão do significado jurídico do "condomínio" é objeto de certa celeuma entre os civilistas. Nas palavras de Carlos Maximiliano[78], *"A comunhão é mãe da discórdia – 'communio mater discordiarum' – proclamavam os experientes romanos; por isto, o Direito não a favorecia."*

Conforme síntese de Carlos Alberto Dabus Maluf[79], os juristas reconhecem o condomínio como *"forma anormal de domínio"*, em vista da própria natureza do direito de propriedade que *"contém em si a ideia de plenitude"*. Neste sentido, a copropriedade representaria um desafio à regra oriunda do direito romano de que *"duas pessoas não podem solidariamente ter o domínio ou a posse da mesma coisa"*.

A lição de Lafayette Rodrigues Pereira[80] resume o desafio da compreensão da propriedade em condomínio:

> Poder essencialmente exclusivo, o domínio não pode pertencer, ao mesmo tempo, a duas ou mais pessoas, de modo que cada uma disponha da coisa por inteiro (*in solidum*). Não se concebe domínio contra domínio: o domínio de um aniquilaria o domínio do outro.
>
> Mas bem pode a propriedade de uma mesma coisa pertencer em comum a diversos, tendo cada uma parte ideal; o que se verifica quando a coisa se acha indivisa (*pro indiviso*).

Na tentativa de se compreender o instituto do condomínio, surgiram diversas correntes doutrinárias, sendo as principais a teoria individualista e a teoria coletivista[81]. De acordo com a primeira, oriunda do Direito Romano, o condomínio resultaria de uma composição de *"propriedades plúrimas parciais"*, de tal modo que cada condômino seria proprietário de uma cota do objeto do condomínio, em comunhão com outras propriedades parciais. A teoria coletivista, por seu turno, fundamenta-se na

---

[78] MAXIMILIANO, Carlos. **Condomínio**. Rio de Janeiro: Livraria Freitas Bastos, 1956, p. 58.
[79] MALUF, Carlos Alberto Dabus. **O Condomínio Tradicional no Direito Civil**. 2ª edição. São Paulo: Saraiva, 1989, p. 35.
[80] PEREIRA, Lafayette Rodrigues, **Direito das Coisas**, Volume I. 5ª edição. Rio de Janeiro: Editora Freitas Bastos, 1943.
[81] Vide MELO, Marco Aurélio Bezerra de. **Direito das Coisas**. 4ª edição. Rio de Janeiro: Lumen Juris, 2010. p. 218.

existência de um único direito de propriedade sobre o objeto do condomínio, tendo como titular a pluralidade de condôminos.

De acordo com Washington de Barros Monteiro[82], o sistema jurídico pátrio teria adotado a teoria individualista, de tal modo que os condôminos exerceriam amplamente seu direito de propriedade em face de terceiros, *"mas entre os próprios condôminos, o direito de cada um é autolimitado pelo de outro, na medida de suas quotas"*. O condomínio, portanto, implicaria em uma espécie de limitação ao direito de propriedade dos condôminos entre si.

Tal entendimento também é compartilhado por Carlos Alberto Dabus Maluf[83], que sintetiza da seguinte maneira a compreensão do condomínio no ordenamento jurídico brasileiro:

> Quanto à natureza jurídica do condomínio, o Código Civil brasileiro, tomando partido entre correntes tão diversas e tão embaraçosas, aceitou a teoria da subsistência, em cada condômino, da propriedade sobre toda a coisa, delimitada naturalmente pelos iguais direitos dos demais consortes; entre todos se distribui a utilidade econômica da coisa.

Com efeito, ao analisarmos os dispositivos do Código Civil acerca do condomínio, percebe-se o entendimento exarado pela doutrina transcrita anteriormente, pois nosso ordenamento reconhece aos condôminos o direito de exploração individual da *res*, desde que respeitados seu uso e destinação pelos demais condôminos. É o que se depreende do artigo 1.314:

> Art. 1.314. Cada condômino **pode usar da coisa conforme sua destinação**, sobre ela exercer todos os **direitos compatíveis com a indivisão**, reivindicá-la de terceiro, defender a sua posse e alhear a respectiva parte ideal, ou gravá-la.
> Parágrafo único. Nenhum dos condôminos pode alterar a destinação da coisa comum, nem dar posse, uso ou gozo dela a estranhos, **sem o consenso dos outros**. (destaques nossos)

Tal dispositivo reflete o *jus prohibendi* originário do Direito Romano, que corresponde à prerrogativa que se confere a cada um dos condômi-

---

[82] *Apud* MELO, Marco Aurélio Bezerra de. *op. cit.*, página 218.
[83] MALUF, *op. cit.* p. 142.

2. CONCEITOS FUNDAMENTAIS

nos de se opor aos atos dos demais condôminos. Acerca de tal instituto, vale a transcrição da lição de Carlos Maximiliano[84]:

> Fortíssimo era, em Roma, o direito de resistência por parte do condômino; nada se fazia a respeito da coisa comum, sem o 'placet' de todos os consortes; a prerrogativa de impugnar, vedar, impedir (jus prohibendi) abroquelava o comparte contra os outros, isolados ou em conjunto [...].

Neste ponto, portanto, já se destacam duas características essenciais do condomínio, a saber: (i) o direito de uso da coisa coletiva por cada um dos condôminos e (ii) o direito de oposição que se confere a cada condômino, em relação aos atos dos demais condôminos.

Entretanto, no que diz respeito ao objeto do condomínio, Silvio de Salvo Venosa [85]oferece uma importante ressalva:

> [...]condomínio é modalidade de comunhão específica do direito das coisas. Trata-se de espécie de comunhão. Para que exista condomínio, há necessidade de que o objeto do direito seja uma coisa; caso contrário, a comunhão será de outra natureza.

Este também é o entendimento de Clóvis Beviláqua[86] ao destacar que "a sociedade é figura contratual, pertence ao direito das obrigações, e o condomínio é direito real e, naturalmente, se enquadra no direito das coisas."

Portanto, a figura jurídica do Condomínio, tal como compreendida pelo Direito Civil, diz respeito ao domínio comum, em contraposição às figuras contratuais que tratam de obrigações, como a sociedade e outros arranjos contratuais.

Em vista dos traços característicos da figura jurídica do condomínio, cabe a seguinte indagação: seria o condomínio de produtores rurais, tal como previsto na legislação afeta à matéria tributária, um condomínio no sentido do Direito Civil?

---

[84] MAXIMILIANO, *op. cit.*, p. 53.
[85] VENOSA, Silvio de Salvo. **Direito Civil. Vol. 5: Direitos Reais.** 13ª edição. São Paulo: Atlas, 2013, p. 133.
[86] BEVILÁQUA, Clóvis. **Direito das Coisas.** 1º Volume. 4ª Edição. Rio de Janeiro: Revista Forense, 1956, p. 212.

2.3.2 O Condomínio Rural

O condomínio rural a que faz referência a legislação tributária encontra fundamento legal nos seguintes dispositivos:

[Estatuto da Terra]
Art. 14. O Poder Público facilitará e prestigiará a criação e a expansão de associações de pessoas físicas e jurídicas que tenham por finalidade o racional desenvolvimento extrativo agrícola, pecuário ou agroindustrial, e promoverá a ampliação do sistema cooperativo, bem como de outras modalidades associativas e societárias que objetivem a democratização do capital.

§ 1o Para a implementação dos objetivos referidos neste artigo, os agricultores e trabalhadores rurais **poderão constituir entidades** societárias por cotas, **em forma consorcial ou condominial**, com a denominação de **"consórcio" ou "condomínio"**, nos termos dos arts. 3o e 6o desta Lei.

§ 2o Os atos constitutivos dessas sociedades deverão ser arquivados na Junta Comercial, quando elas praticarem atos de comércio, e no Cartório de Registro das Pessoas Jurídicas, quando não envolver essa atividade. (destaques nossos

[IN SRF nº 83/01]
Art. 14. Os arrendatários, os condôminos, os conviventes, no caso de união estável, e os parceiros, na exploração da atividade rural, devem apurar o resultado, separadamente, na proporção dos rendimentos e despesas que couberem a cada um, devendo essa condição ser comprovada documentalmente.

[Lei nº 8.023/90]
Art. 13. Os arrendatários, os condôminos e os parceiros na exploração da atividade rural, comprovada a situação documentalmente, pagarão o imposto de conformidade com o disposto nesta lei, separadamente, na proporção dos rendimentos que couber a cada um.

[RIR/18]
Art. 52. Os arrendatários, os condôminos e os parceiros na exploração da atividade rural, comprovada a situação documentalmente, pagarão o imposto, separadamente, na proporção dos rendimentos que couberem a cada um.

[Lei nº 8.212/91]
Art. 25-A. Equipara-se ao empregador rural pessoa física o consórcio simplificado de produtores rurais, formado pela união de produtores rurais pessoas físicas, que outorgar a um deles poderes para contratar, gerir e demitir trabalhadores para prestação de serviços, exclusivamente, aos seus integrantes, mediante documento registrado em cartório de títulos e documentos.

§ 1o O documento de que trata o caput deverá conter a identificação de cada produtor, seu endereço pessoal e o de sua propriedade rural, bem como o respectivo registro no Instituto Nacional de Colonização e Reforma Agrária – INCRA ou informações relativas a parceria, arrendamento ou equivalente e a matrícula no Instituto Nacional do Seguro Social – INSS de cada um dos produtores rurais.

§ 2o O consórcio deverá ser matriculado no INSS em nome do empregador a quem hajam sido outorgados os poderes, na forma do regulamento.

§ 3o Os produtores rurais integrantes do consórcio de que trata o caput serão responsáveis solidários em relação às obrigações previdenciárias.

Ademais, o Decreto nº 3.993 de 30 de outubro 2001, que regulamenta o artigo 95-A do Estatuto da Terra, contém uma definição de condomínio. Cumpre ressaltar, entretanto, que tal definição se aplicaria especificamente ao tal Programa de Arrendamento Rural para a Agricultura Familiar, e não à agricultura de uma maneira geral. De qualquer modo, vale a pena a transcrição do conceito legal, uma vez que confere uma definição do condomínio previsto no artigo 14 do Estatuto da Terra:

Art. 2º Para a implementação dos objetivos do Programa, os agricultores e trabalhadores rurais poderão constituir entidades societárias por cotas em forma consorcial ou condominial, com a denominação de "consórcio" ou "condomínio", nos termos do art. 14 da Lei no 4.504, de 30 de novembro de 1964. [...]
§ 1o Para efeitos deste Decreto, adotam-se as seguintes definições:
I – condomínio: **agrupamento de pessoas físicas ou jurídicas constituído em sociedade por cotas, mediante fundo patrimonial pré-existente, com o objetivo de produzir bens, comprar e vender, prestar serviços, que envolvam atividades agropecuárias, extrativistas vegetal, silvi-**

culturais, artesanais, pesqueiras e agroindustrias, cuja duração é por tempo indeterminado; [...] (destaques nossos)

Neste ponto, já podemos traçar uma importante distinção: o condomínio rural previsto na legislação tributária não diz respeito propriamente à figura jurídica do condomínio, tal como compreendida em Direito Civil. Aqui, vale termos em mente as observações de Silvio de Salvo Venosa e Clóvis Beviláqua, transcritas no item 2.3.1 deste trabalho, que ressaltam que a figura do "condomínio" seria típica do direito das coisas, distinta portanto de arranjos contratuais.

O condomínio rural, tal como previsto na legislação tributária transcrita acima, afigura-se como um instituto que se assemelha mais à sociedade do que ao mero exercício do domínio sobre uma *res* comum. Com efeito, tomando-se conceitos de *Corporate Law*, podemos dizer que as corporações se caracterizam pela presença de 5 elementos típicos, a saber:

(1) legal personality, (2) limited liability, (3) transferable shares, (4) centralized management under a board structure, and (5) shared ownership by contributors of capital.[87]

Considerando-se tais elementos característicos das corporações, podemos identificar ao menos 3 (três) presentes, total ou parcialmente, na figura do condomínio rural, tal como previsto na legislação transcrita anteriormente, a saber: (i) propriedade compartilhada entre partes que contribuem com ativos para o desenvolvimento do empreendimento, (ii) regras de gestão centralizadas e (iii) possível alienabilidade de participação. Tratam-se, portanto, de traços que não são típicos da figura do "condomínio" puro, tal como compreendido pelo Direito Civil.

Em vista de tais considerações, nota-se que o condomínio rural, tal como considerado na legislação tributária, não se confunde com o condomínio definido pelo Direito Civil. Trata-se de uma figura *sui generis*, que mais se aproxima de uma sociedade do que propriamente de um

---

[87] KRAAKMAN, Reinier et alii. **The Anatomy of Corporate Law**. 2ª edição. United Kingdom: Oxford University Press, 2009, p. 5. Tradução livre: (1) personalidade jurídica, (2) responsabilidade limitada, (3) ações/quotas transferíveis, (4) gestão empresarial e (5) propriedade compartilhada entre investidores.

condomínio, criada pela legislação com o intuito de se facilitar e prestigiar *"a criação e a expansão de associações de pessoas físicas e jurídicas que tenham por finalidade o racional desenvolvimento extrativo agrícola, pecuário ou agroindustrial, e promoverá a ampliação do sistema cooperativo"*, consoante previsto no artigo 14 do Estatuto da Terra.

No que diz respeito à constituição do Condomínio Rural, observa-se que a legislação é um tanto quanto lacônica, em particular o artigo 14 do Estatuto da Terra, transcrito acima. Valem as seguintes considerações:

(i) o parágrafo 2º do artigo 14 do Estatuto da Terra determina que *"os atos constitutivos dessas sociedades deverão ser arquivados na Junta Comercial, quando elas praticarem atos de comércio, e no Cartório de Registro das Pessoas Jurídicas, quando não envolver essa atividade"*. Tal dispositivo legal apenas reflete a obrigatoriedade de inscrição do Condomínio no correspondente registro público, caso pratique atos em nome próprio (do condomínio), sejam atos de comércio ou não. Observe-se, todavia, que tal disposição não se interpreta como obrigatoriedade de registro do condomínio rural, porquanto este não seja dotado de personalidade jurídica própria.

(ii) caso o condomínio rural envolva a contratação de mão-de-obra pelos condôminos (ou consorciados), deve-se obedecer às regras do artigo 25-A da Lei nº 8.212/90[88], a saber: (a) documento constitutivo deverá conter a identificação de cada um dos condôminos, inclusive de cadastro junto ao Instituto Nacional de Colonização e Reforma Agrária ("INCRA") e Instituto Nacional do Seguro Social ("INSS), (b) o documento constitutivo

---

[88] Art. 25-A. Equipara-se ao empregador rural pessoa física o consórcio simplificado de produtores rurais, formado pela união de produtores rurais pessoas físicas, que outorgar a um deles poderes para contratar, gerir e demitir trabalhadores para prestação de serviços, exclusivamente, aos seus integrantes, mediante documento registrado em cartório de títulos e documentos.
§ 1o O documento de que trata o caput deverá conter a identificação de cada produtor, seu endereço pessoal e o de sua propriedade rural, bem como o respectivo registro no Instituto Nacional de Colonização e Reforma Agrária – INCRA ou informações relativas a parceria, arrendamento ou equivalente e a matrícula no Instituto Nacional do Seguro Social – INSS de cada um dos produtores rurais.
§ 2o O consórcio deverá ser matriculado no INSS em nome do empregador a quem hajam sido outorgados os poderes, na forma do regulamento.
§ 3o Os produtores rurais integrantes do consórcio de que trata o caput serão responsáveis solidários em relação às obrigações previdenciárias

deverá ser registrado em cartório de títulos e documentos, (c) os produtores deverão outorgar poderes de representação a um dos produtores, em nome do qual será obtida a matrícula junto ao INSS.

Interessante notarmos o seguinte: (i) o condomínio rural considerado para fins de tributação da renda (Lei nº 8.023/90), poderá ser composto tanto por produtores pessoas físicas quanto pessoas jurídicas; enquanto (ii) o consórcio/condomínio rural para fins das contribuições previstas na Lei nº 8.212/91, será composto apenas por *"produtores rurais pessoas físicas"*.

Quanto à inscrição do condomínio rural junto ao Cadastro Nacional da Pessoa Jurídica ("CNPJ"), vale dizer que, no que diz respeito ao condomínio para fins da legislação do Imposto de Renda (Lei nº 8.023/90) não haveria a *priori* a obrigatoriedade de inscrição junto ao CNPJ, porquanto tal condomínio não se amolde às hipóteses previstas na Instrução Normativa da Receita Federal do Brasil nº 1.634 de 06 de maio de 2016 ("IN RFB nº 1.634/16"). Todavia, por conveniência de ente conveniado (fazenda estadual), pode ser que se exija sua inscrição junto ao CNPJ. Neste sentido, aliás, nota-se a existência da Solução de Consulta Cosit nº 74 de 24 de maio de 2016, que conclui pela inscrição de condomínio rural junto ao CNPJ apenas por conta de exigência de um ente conveniado (no caso, a Fazenda do Estado de São Paulo):

> CONDOMÍNIO DE PRODUTORES RURAIS. TRIBUTAÇÃO. OBRIGATORIEDADE DE INSCRIÇÃO NO CNPJ.
> Os resultados obtidos pela exploração de atividade rural, sob a forma de condomínio, estão sujeitos à incidência do imposto sobre a renda, de acordo com as regras de tributação fixadas para a pessoa física ou pessoa jurídica, conforme a forma de constituição adotada pelo contribuinte. O condomínio de produtores rurais que esteja obrigado à inscrição no Cadastro Nacional da Pessoa Jurídica (CNPJ) por força de determinação do ente convenente do Cadastro Sincronizado, deve ser titular de apenas uma identificação numérica no CNPJ para o estabelecimento matriz.[89]

---

[89] BRASIL. Coordenação Geral de Tributação da Receita Federal do Brasil. **Solução de Consulta nº 74** de 24 de maio de 2016. Disponível em: http://normas.receita.fazenda.gov.br. Acesso em: 02 set. 2018.

2. CONCEITOS FUNDAMENTAIS

No que diz respeito ao condomínio de produtores que tenha por escopo a contratação de mão-de-obra comum (consórcio de produtores na forma do artigo 25-A da Lei nº 8.212/91), nota-se que a IN RFB nº 1.634/16, em seu artigo 4º, inciso IV, prevê a obrigatoriedade de sua inscrição junto ao CNPJ:

> Art. 4º São também obrigados a se inscrever no CNPJ: [...]
> IV – consórcios de empregadores, constituídos na forma prevista no art. 25-A da Lei nº 8.212, de 24 de julho de 1991 [...]

Neste ponto, há diversas soluções de consulta respondidas pela Receita Federal[90], a corroborar a obrigatoriedade de inscrição do consórcio de empregadores junto ao CNPJ, embora reste desobrigado da entrega da DIPJ (Declaração de Imposto de Renda da Pessoa Jurídica):

> CONSÓRCIOS DE EMPREGADORES RURAIS CONSTITUÍDOS DOS TERMOS DO ART. 25-A DA LEI nº 8.212/91. INSCRIÇÃO NO CNPJ. OBRIGATORIEDADE DE ENTREGA DE DIPJ. As entidades constituídas nos moldes do art. 25-A da Lei nº 8.212, de 1991, incluído pela Lei nº 10.256, de 9 de julho de 2001, regulamentado pelo art. 200-A do Decreto nº 3.048, de 6 de maio de 1999, na alteração promovida pelo Decreto nº 4.036, de 26 de novembro de 2001, denominadas por "consórcio simplificado de produtores rurais", "consórcio de empregadores rurais pessoas físicas" ou "condomínio de empregadores rurais pessoas físicas", **embora não tendo personalidade jurídica**, estão sujeitas a inscrição no CNPJ. **Não estão, porém, obrigadas a entrega da DIPJ, uma vez que não são condomínios ou consórcios constituídos sob forma de sociedade por cotas, aos quais se refere art. 1º da IN SRF nº 257**, de 11 de novembro de 2002.[91] (destaques nossos)

Podemos concluir, portanto, que o condomínio de produtores (que também pode se denominar consórcio), constitui-se em uma figura

---

[90] Também da 8ª Superintendência Regional da Receita Federal: Soluções de Consulta nº 307, 308, 309, 310, 311, 312, 313, 314, 315, 316, 317, 318, 319, 320, 321, 322, 323, 324, 325, 326, 327, 328, 329, 330, 331, 332, 333, 334, 335 e 336, todas de 2007. Disponível em: http://decisoes.fazenda.gov.br. Acesso em: 02 set. 2018.

[91] BRASIL. 8ª Superintendência Regional da Receita Federal. **Solução de Consulta nº 292** de 03/07/07. Disponível em: http://decisoes.fazenda.gov.br. Acesso em: 02 set. 2018.

jurídica mais afeita ao conceito de sociedade do que propriamente de um condomínio, tal como compreendido em Direito Civil. Em termos gerais, há na legislação tributária dois escopos para tal figura, a saber: (i) para fins de apuração de imposto de renda (art. 13 da Lei nº 8.023/90) e (ii) para fins de contratação de mão-de-obra por grupo de produtores (art. 25-A da Lei nº 8.212/91).

Embora esteja sujeito à inscrição junto ao CNPJ, o condomínio ou consórcio de produtores não possui personalidade jurídica e não realiza atos de comércio em nome próprio.

2.3.3 Jurisprudência Relacionada ao Condomínio Rural

Feitas tais distinções, vale relatarmos que no âmbito do CARF, encontramos apenas uma referência ao Condomínio de Produtores Rurais:

> IMPOSTO SOBRE A RENDA DE PESSOA JURÍDICA IRPJ ANO CALENDÁRIO: 2001, 2002, 2003, 2004 CONDOMÍNIO E PARCERIAS DE PRODUTORES RURAIS. DESCARACTERIZAÇÃO DE ATIVIDADE RURAL DAS PESSOAS FÍSICAS. INOCORRÊNCIA. A união de empregadores rurais para a formação de um "Condomínio de Empregadores", à luz da legislação previdenciária, com a finalidade de contratar empregados rurais, bem como desenvolver parcerias para exploração da atividade rural, mantendo-se os riscos e outras características inerentes a essa atividade, não caracteriza a constituição de uma pessoa jurídica, permanecendo aos produtores a opção de tributar individualmente seus resultados na pessoa física. Recurso de ofício negado provimento.[92]

No caso relacionado à ementa transcrita acima, o Fisco buscou caracterizar o condomínio de produtores rurais como uma pessoa jurídica, procedendo ao arbitramento do lucro em virtude da não apresentação de escrituração contábil. O CARF, entretanto, reconheceu a figura *sui generis* do condomínio de produtores, que permitiria a estes a reunião de esforços para a realização de atividade rural, com a contratação conjunta de funcionários e repartição de despesas e lucros, mediante escrituração

---

[92] BRASIL. Conselho Administrativo de Recursos Fiscais, **Acórdão nº 1402-00.567**, Relator Conselheiro Antônio José Praga de Souza, julgado em 26. mai. 2011. Disponível em: http://carf.fazenda.gov.br. Acesso em 02 set. 2018.

2. CONCEITOS FUNDAMENTAIS

individual dos participantes do condomínio. Neste caso, é interessante a transcrição de certos trechos do relatório e do voto do relator, que ilustram de forma bastante prática os mecanismos do consórcio de produtores para contratação de funcionários e a escrituração individual dos resultados:

> [...] a formalização do consórcio será feita através de documento registrado em cartório de títulos e documentos; o documento conterá a identificação de cada produtor, seu endereço pessoal e o de sua propriedade bem como o respectivo registro no INCRA ou informações relativas à parceria, arredamento e a matrícula CEI de cada um dos produtores rurais; cada integrante do consórcio terá uma matrícula específica no Cadastro Específico do INSS CEI; o consórcio será matriculado no Cadastro Específico do INSS CEI em nome do empregador a quem hajam sido outorgados os poderes para contratar e gerir a mão de obra; os produtores rurais integrantes do consórcio serão solidariamente responsáveis em relação às obrigações previdenciárias e trabalhistas; cada produtor terá duas matrículas CEI, uma individual– por meio da qual serão recolhidas as contribuições de seus empregados permanentes e sobre a comercialização de sua produção rural, outra coletiva na qual serão recolhidas as contribuições dos empregados comuns [...] Verifica-se nos autos que os produtores rurais exercem individualmente suas atividades econômicas; também consta dos auto documentos comprobatórios de que as receitas e despesas de cada produtor são contabilizadas no livro caixa de cada empregador, sendo levado a tributação na declaração de ajuste anual. Por fim, registre-se que de acordo com o art. 59 do Regulamento do Imposto de renda, Decreto 3.000/1999, a atividade rural pode ser explorada por meio de condomínio, e nesse caso, deve ser tributada individualmente por cada participante na proporção de seus rendimentos.[93]

A decisão transcrita acima, portanto, reconhece o condomínio rural como uma figura jurídica que permite aos produtores o rateio de certas despesas e receitas auferidas em conjunto na exploração de atividade rural, mormente a contratação de mão-de-obra e a repartição dos frutos da atividade, as quais se submetem à escrituração individual dos participantes do condomínio (ou consórcio).

---

[93] *Idem.*

No âmbito judicial, há discussão acerca da sujeição do consórcio de produtores (art. 25-A da Lei nº 8.212/91) ao recolhimento da contribuição sobre a folha do Salário Educação (Lei nº 9.766 de 18 de dezembro de 1998 e 9.424 de 10 de setembro de 1997, artigo 15). Em resumo, a jurisprudência tem debatido a caracterização do consórcio simplificado de produtores com o conceito de "empresa" contido no parágrafo 3º do artigo 1º da Lei nº 9.766 de 18 de dezembro de 1998[94]. Veja-se:

> PROCESSUAL CIVIL. TRIBUTÁRIO. MANDADO DE SEGURANÇA. ILEGITIMIDADE UNIÃO. SALÁRIO EDUCAÇÃO. EMPREGADOR RURAL. CONSÓRCIO SIMPLIFICADO DE PRODUTORES. EQUIPARADO A PESSOA FÍSICA. INCIDÊNCIA SOBRE A REMUNERAÇÃO DOS EMPREGADOS RURAIS. INEXIGIBILIDADE. PRECEDENTES STJ. COMPENSAÇÃO. [...] 2. Nos termos do art. 25-A, da Lei nº 10.256/2001, o consórcio simplificado de produtores rurais, "Equipara-se ao empregador rural pessoa física o consórcio simplificado de produtores rurais, formado pela união de produtores rurais pessoas físicas, que outorgar a um deles poderes para contratar, gerir e demitir trabalhadores para prestação de serviços, exclusivamente, aos seus integrantes, mediante documento registrado em cartório de títulos e documentos.". 3. Sobre o tema em exame, o egrégio Superior Tribunal de Justiça firmou entendimento de que: "A atividade do produtor rural pessoa física, desprovido de registro no Cadastro Nacional de Pessoa Jurídica (CNPJ), não se considera contida na definição de empresa para fins de incidência da Contribuição para o Salário-Educação prevista no art. 212, § 5º, da Constituição, dada a ausência de previsão específica no art. 15 da Lei 9.424/1996, semelhante ao art. 25 da Lei 8.212/91, que versa sobre a contribuição previdenciária devida pelo empregador rural pessoa física. Precedente: REsp 1.162.307/RJ, Rel. Ministro Luiz Fux, PRIMEIRA SEÇÃO, DJe 3/12/2010, sob o signo do art. 543-C do CPC. Agravo regimental improvido." (AgRg no REsp 1546558/RS; Segunda Turma; DJe 09/10/2015; Relator Ministro Humberto Martins). [...][95]

---

[94] Art. 1º [...]

§ 3o Entende-se por empresa, para fins de incidência da contribuição social do Salário-Educação, qualquer firma individual ou sociedade que assume o risco de atividade econômica, urbana ou rural, com fins lucrativos ou não, bem como as empresas e demais entidades públicas ou privadas, vinculadas à Seguridade Social.

[95] BRASIL. Tribunal Regional Federal da 1ª Região. **Apelação em MS nº 00080381920134013803**, Relator Desembargador Federal Hercules Fajoses, Sétima Turma, e-DJF1 06/10/2017. Disponível em: http://trf1.jus.br. Acesso em: 02 set. 2018.

PROCESSUAL CIVIL. TRIBUTÁRIO. CONTRIBUIÇÃO PREVIDENCIÁRIA DESTINADA A TERCEIROS. SALÁRIO-EDUCAÇÃO. FNDE. LEGITIMIDADE PASSIVA. PRESCRIÇÃO QUINQUENAL. NÃO VERIFICADA. PRODUTOR RURAL PESSOA FÍSICA. CONSÓRCIO. INEXISTÊNCIA DE CNPJ. NÃO CARACTERIZAÇÃO DE EMPRESA. PAGAMENTO INDEVIDO. RESTITUIÇÃO. HONORÁRIOS ADVOCATÍCIOS. APELAÇÕES DESPROVIDAS. [...] 9. O E. Superior Tribunal de Justiça já decidiu que o produtor rural pessoa física, não registrado no Cadastro Nacional de Pessoa Jurídica – CNPJ, não se caracteriza como empresa. 10. Precedentes. 11. Por fim, destaca-se que, conforme bem asseverou o Juiz sentenciante, o consórcio em tela está registrado na Delegacia da Receita Federal como contribuinte individual, possuindo CPF em vez de CNPJ, de modo que efetivamente não é cabida a cobrança da referida contribuição. [...][96]

DIREITO PROCESSUAL CIVIL. DIREITO TRIBUTÁRIO. MANDADO DE SEGURANÇA. SALÁRIO EDUCAÇÃO. CONSÓRCIO DE PRODUTORES RURAIS. EQUIPARAÇÃO À EMPRESA. EXIGIBILIDADE. 1. O consórcio de produtores rurais registrado como pessoa jurídica não se confunde com a pessoa física dos consorciados e, agindo em atividade de natureza empresarial, torna exigível a contribuição ao salário-educação. 2. Apelação desprovida.[97]

Vale dizer, os precedentes do Tribunal Regional Federal da 3ª Região que equiparam o consórcio de produtores rurais ao conceito de empresa para fins de incidência do "salário-educação", fundamentam-se no entendimento de que mesmo os produtores rurais pessoas físicas restariam sujeitos a tal contribuição, caso exerçam a atividade em "caráter empresarial". Tal entendimento parece ir de encontro aos precedentes do Superior Tribunal de Justiça:

---

[96] BRASIL. Tribunal Regional Federal da 3ª Região. **Apelação nº 00031862720144036109**, Relator Desembargador Federal Antonio Cedenho, Terceira Turma, e-DJF3 09/05/2018. Disponível em: http://trf3.jus.br. Acesso em: 02 set. 2018.

[97] BRASIL. Tribunal Regional Federal da 3ª Região. **Apelação em MS nº 00031464020144036143**, Relator Desembargador Federal Carlos Muta, Terceira Turma, e-DJF3 20/10/2016. Disponível em: http://trf3.jus.br. Acesso em: 02 set. 2018.

TRIBUTÁRIO. AGRAVO INTERNO NO RECURSO ESPECIAL. EXECUÇÃO FISCAL.
TRIBUTÁRIO. CONTRIBUIÇÃO PARA O SALÁRIO-EDUCAÇÃO. PRODUTOR RURAL PESSOA FÍSICA. DESPROVIDO DE CNPJ. INEXIGIBILIDADE DA EXAÇÃO. 1. A jurisprudência do Superior Tribunal de Justiça, com o julgamento do REsp 1.162.307/RJ, submetido ao rito dos recursos repetitivos, firmou-se no sentido de que a contribuição para o salário-educação tem como sujeito passivo as empresas, assim entendidas as firmas individuais ou sociedades que assumam o risco de atividade econômica, urbana ou rural, com fins lucrativos ou não, em consonância com o art. 15 da Lei 9.424/1996, regulamentado pelo Decreto 3.142/1999, sucedido pelo Decreto 6.003/2006. O produtor rural pessoa física desprovido de registro no Cadastro Nacional de Pessoa Jurídica (CNPJ) não se enquadra no conceito de empresa (firma individual ou sociedade), de forma que não é devida a incidência da contribuição para o salário educação. Nesse sentido: AgRg no REsp 1.467.649/PR, Rel. Ministro Og Fernandes, Segunda Turma, DJe 29/6/2015; AgRg no REsp 1.546.558/RS, Rel. Ministro Humberto Martins, Segunda Turma, DJe 9/10/2015; REsp 842.781/RS, Rel. Ministra Denise Arruda, Primeira Turma, DJ 10/12/2007. 2. Agravo interno não provido.[98]

Com efeito, a mera circunstância de haver um registro junto ao CNPJ, não deveria configurar-se como elemento de descaracterização do caráter de pessoa física do produtor rural, seja ele membro de consórcio ou não. Veja-se que no Estado de São Paulo, por exemplo, a obtenção de inscrição junto à Secretaria da Fazenda implica em inscrição do produtor rural junto ao CNPJ (vide portaria CAT nº 14 de 10 de março de 2006), o que obviamente não descaracteriza sua qualidade de produtor rural pessoa física.

Finalmente, ainda quanto às referências da jurisprudência ao consórcio de produtores, diga-se que há precedente do Superior Tribunal de Justiça no sentido de se autorizar a adesão do consórcio ao Programa de Recuperação Fiscal – REFIS:

---

[98] BRASIL. Superior Tribunal de Justiça. **AgInt no REsp 1580902/SP**, Relator Ministro Benedito Gonçalves, Primeira Turma, julgado em 14/03/2017, DJe 23/03/2017. Disponível em: http://stj.jus.br. Acesso em: 02 set. 2018.

PROCESSO CIVIL E TRIBUTÁRIO – ANTECIPAÇÃO DA TUTELA – PROGRAMA DE RECUPERAÇÃO FISCAL – REFIS – CONSÓRCIO DE EMPREGADORES RURAIS – ADESÃO – POSSIBILIDADE – [...] INTERPRETAÇÃO E INTEGRAÇÃO DA LEGISLAÇÃO TRIBUTÁRIA – CTN, ART. 108.
1. Consórcio de Produtores Rurais criado e reconhecido pelo Ministério do Trabalho como instrumento de otimização das relações com os trabalhadores rurais. [...]. Obtenção de CEI junto ao INSS como grupo de produtores rurais pessoas físicas. A Responsabilidade do Consórcio para com as contribuições previdenciárias, implica em reconhecer-lhe aptidão para beneficiar-se do programa REFIS, muito embora não seja pessoa jurídica. Na era da "desconsideração da pessoa jurídica" e do reconhecimento da legitimatio ad causam às entidades representativas de interesses difusos, representaria excesso de formalismo negar ao Consórcio reconhecido pelo Ministério do Trabalho a assemelhação às pessoas jurídicas para fins de admissão no REFIS, maxime porque, essa opção encerra promessa de cumprimento das obrigações tributárias. [...]
3. Possibilidade de interpretação extensiva da legislação que dispõe sobre o ingresso junto ao REFIS, permitindo aos consórcios equiparação às pessoas jurídicas. [...][99]

---

[99] BRASIL. Superior Tribunal de Justiça. **REsp 413.865/PR**, Relator Ministro Luis Fux, Primeira Turma, julgado em 26/11/2002, DJ 19/12/2002, p. 338. Disponível em: http://stj.jus.br. Acesso em: 02 set. 2018.

3. Tributação do Produtor Rural Pessoa Física

Traçadas as definições de certos conceitos básicos afeitos à tributação da atividade agrícola, passamos a analisar especificamente a tributação incidente sobre as 3 (três) formas mais corriqueiras de organização da produção rural, a saber: o produtor rural pessoa física, a pessoa jurídica ou a forma de condomínio rural.

Tal assertiva, funda-se em dados divulgados pelo IBGE – Instituto Brasileiro de Geografia e Estatística, por meio do Censo Agropecuário de 2006[100] (o último da série até o momento). De acordo com o IBGE, haveria em 2006 um total de 5.175.489 estabelecimentos rurais, com área total de 329.941.393 hectares, mormente ocupados pelas 3 (três) formas de organização abordas neste trabalho. Tomando-se os conceitos do IBGE:

(i) Produtor individual: *"quando o produtor fosse uma pessoa física e o único responsável pelo estabelecimento"* 4.952.139 estabelecimentos rurais, com área total de 278.232.824 hectares;[101]

(ii) Condomínio, consórcio ou sociedade de pessoas: *"quando o produtor fosse um condomínio, um consórcio ou uma sociedade de pessoas, como marido e mulher, pais e filhos, amigos ou outros"* 115.699 estabelecimentos rurais, com área total de 18.201.668 hectares;[102]

---

[100] INSTITUTO BRASILEIRO DE GEOGRAFIA E ESTATÍSTICA. **Censo Agropecuário 2006.** Rio de Janeiro, 2006, páginas 47, 175, 187. Disponível em: https://biblioteca.ibge.gov.br/visualizacao/periodicos/51/agro_2006.pdf. Acesso em: 02 set. 2018.
[101] *Idem.*
[102] *Idem.*

(iii) Sociedade anônima ou por quotas de responsabilidade limitada: *"quando o produtor fosse uma sociedade anônima ou sociedade por cotas de responsabilidade limitada ou entidades de economia mista"* 53.638 estabelecimentos, com área total de 27.865.979 hectares.[103]

Neste capítulo, analisa-se a tributação do produtor rural pessoa física, que se trata, de longe, da forma de organização da atividade rural mais adotada no Brasil, consoante os dados do Censo Agropecuário de 2006, indicados acima.

Aproveitando o ensejo, vale dizer que o Censo Agropecuário 2006 revela alguns dados interessantes acerca do perfil do produtor rural brasileiro[104], que certamente nos ajudam a compreender os desafios que se colocam em matéria jurídica e, especialmente, tributária. De um total de 5.175.486 estabelecimentos rurais, 1.746.595 ou 33,75% do total de estabelecimentos, são dirigidos por pessoas que se declararam analfabetas ou que não tiveram qualquer instrução, mas dizem saber ler e escrever. Entre os estabelecimentos rurais geridos por mulheres, este índice alcança o notável percentual de 40,16%. Os estabelecimentos geridos por pessoas com formação superior completa resumem-se a apenas 145.593, ou 2,81% do total de estabelecimentos rurais.

É possível que os baixos índices de instrução do produtor rural tenham alguma relação com a relevante incidência de autuações relacionadas aos assuntos "omissão de receitas", "escrituração inadequada" e "depreciação e despesas", que em nossa pesquisa junto ao CARF (Tabela 1) corresponderam em conjunto a 223 ocorrências, de um total de 421 ocorrências identificadas, ou seja, 52,97% do total.

Considerando-se que a compreensão de nossa legislação tributária não é singela nem mesmo para aqueles que tenham formação superior em Direito ou Ciências Contábeis, que dirá para a esmagadora maioria dos produtores rurais, que se organizam majoritariamente como produtores individuais e possuem baixo nível de instrução formal.

Feitas tais considerações, passamos à análise da tributação das atividades do produtor rural pessoa física.

---

[103] *Idem.*
[104] *Idem*, páginas 178 a 181.

3. TRIBUTAÇÃO DO PRODUTOR RURAL PESSOA FÍSICA

3.1 Tributação da Renda

A tributação da renda do produtor rural pessoa física encontra boa parte de seu fundamento nas Leis nº 8.023/90 e 9.250/95, e tem no RIR/18 e na IN SRF nº 83/01 as principais normas infralegais a tratarem do assunto.

Para iniciarmos a análise, vale indicarmos os pontos de maior destaque ou que importem em distinção da tributação do produtor rural pessoa física em relação às outras atividades econômicas:

(i) o resultado da atividade rural é apurado anualmente, considerando-se a *"diferença entre os valores das receitas recebidas e das despesas pagas no ano-base"* (Lei nº 8.023/90, artigo 4º).

(ii) os investimentos na atividade rural são considerados despesas no mês em que sejam pagos (Lei nº 8.023/1990, artigo 4º, parágrafo 2º).

(iii) as vendas de benfeitorias ou investimentos (exceto terra nua), consideram-se como despesas da atividade rural (Lei nº 8.023/90, artigo 4º, parágrafo 3º e IN SRF nº 83/01, artigo 5º, parágrafo 2º, inciso III).

(iv) os resultados da atividade rural são reconhecidos mediante os recebimentos e pagamentos efetuados pelo produtor rural (ou entrega do produto na hipótese de venda para entrega futura). Vigora, portanto, o regime de caixa (artigo 4º da Lei nº 8.023/90 e artigos 11 e 22 da IN SRF nº 83/01).

(v) os resultados da atividade rural poderão ser compensados com os prejuízos acumulados em anos anteriores, desde que o produtor mantenha a devida escrituração do Livro Caixa (artigo 19 da Lei nº 9.250/95) e opte pela tributação pelo regime de apuração do lucro real (artigo 16, parágrafo único, da Lei nº 8.023/90).

(vi) à opção do produtor rural, a base de cálculo do imposto de renda poderá ser limitada a 20% sobre a receita bruta da atividade no ano-base, desde que a escrituração obedeça às regras legais (Lei nº 8.023/90, artigo 5º).

(vii) no que diz respeito à escrituração, deverá ser efetuada mediante lançamentos no livro-caixa da atividade rural, restando dispensado da escrituração do livro-caixa o produtor que tenha receita bruta de até R$ 56.000,00 no ano-base (artigo 18 da Lei nº 9.250/95).

(viii) na hipótese de "falta da escrituração", a base de cálculo será arbitrada à razão de 20% da receita bruta do ano-base (artigo 18, parágrafo 2º, da Lei nº 9.250/95).

Do ponto de vista prático, apurado o resultado da atividade rural, nos termos das Leis nº 8.023/90 e nº 9.250/95, o eventual resultado positivo integrará a declaração anual de rendimentos[105] da pessoa física, sujeitando-se então à alíquota progressiva[106] de até 27,5%:

Base de Cálculo (R$)	Alíquota (%)	Parcela a Deduzir do IR (R$)
Até 1.903,98	-	-
De 1.903,99 até 2.826,65	7,5	142,80
De 2.826,66 até 3.751,05	15	354,80
De 3.751,06 até 4.664,68	22,5	636,13
Acima de 4.664,68	27,5	869,36

A seguir, analisaremos as questões que parecem ser mais relevantes no que diz respeito à tributação do produtor rural pessoa física, considerando-se também os precedentes judiciais e administrativos encontrados.

3.1.1 Resultado da Atividade Rural: Receitas, Despesas de Custeio e Investimentos

De acordo com o artigo 7º da Lei nº 8.023/90, a base de cálculo da tributação incidente sobre a renda da atividade rural da pessoa física corresponde ao *"resultado da atividade rural apurada no ano-base"* o qual, de acordo com o artigo 9º da Lei nº 9.250/1995, integrará a base de cálculo da apuração anual de rendimentos da pessoa física. Veja-se:

[Lei nº 8.023/90]
Art. 7º A base de cálculo do imposto da pessoa física será constituída pelo resultado da atividade rural apurada no ano-base, [...]
[Lei nº 9.250/95]
Art. 9º O resultado da atividade rural, apurado na forma da Lei nº 8.023, de 12 de abril de 1990, com as alterações posteriores, quando positivo, integrará a base de cálculo do imposto definida no artigo anterior.

---

[105] Consoante o artigo 9º da Lei nº 9.250/1995: "*Art. 9º O resultado da atividade rural, apurado na forma da Lei nº 8.023, de 12 de abril de 1990, com as alterações posteriores, quando positivo, integrará a base de cálculo do imposto definida no artigo anterior.*"
[106] Lei nº 11.482/2007, artigo 1º, IX, e parágrafo único.

3. TRIBUTAÇÃO DO PRODUTOR RURAL PESSOA FÍSICA

O resultado da atividade rural, portanto, expressa o *"aspecto quantitativo da hipótese de incidência"*[107] da tributação da renda do produtor rural. E os critérios legais para apuração do resultado da atividade rural se encontram nos artigos 4º e 5º da Lei nº 8.023/90.

No artigo 4º da Lei nº 8.023/90, encontramos os critérios para a efetiva apuração do resultado da atividade rural, delineando-se os elementos que o compõem:

> "Art. 4º Considera-se resultado da atividade rural a **diferença** entre os valores das **receitas recebidas** e das **despesas pagas** no ano-base.
> § 1º É indedutível o valor da correção monetária dos empréstimos contraídos para financiamento da atividade rural.
> § 2º **Os investimentos são considerados despesas no mês do efetivo pagamento.**
> § 3º Na alienação de bens utilizados na produção, **o valor da terra nua não constitui receita da atividade agrícola** e será tributado de acordo com o disposto no art. 3º, combinado com os arts. 18 e 22 da Lei nº 7.713, de 22 de dezembro de 1988.
> (destaques nossos)

No artigo 5º da Lei nº 8.023/90, resta estabelecida uma alternativa para apuração do resultado da atividade rural (que corresponde à base de cálculo da tributação da renda do produtor rural, repita-se), mediante a aplicação do percentual de 20% (vinte por cento) sobre a "receita bruta" da atividade rural:

> Art. 5º A opção do contribuinte, pessoa física, na composição da base de cálculo, o resultado da atividade rural, quando positivo, limitar-se-á a vinte por cento da receita bruta no ano-base.

Note-se que a base de cálculo será o resultado da atividade rural, apurado consoante os dispositivos legais transcritos acima, que não se confunde com o conceito de mera "receita" da atividade rural. Acerca da distinção entre renda e receita, vale a lição de Hugo de Brito Machado

---

[107] SCHOUERI, Luis Eduardo. **Direito Tributário**. 6ª edição. São Paulo: Saraiva, 2016, p. 550.

Segundo[108], ao analisar os conceitos de renda e proventos dos artigos 143, inciso III da CF/88 e o artigo 43 do Código Tributário Nacional:

> [...] o art. 43 do CTN define renda como acréscimo patrimonial. Não se confunde, pois, com receita, pois somente pode ser considerado renda o ingresso de riqueza nova que, à luz das despesas e custos havidos dentro do período, implique em acréscimo do patrimônio.

A renda tributável do produtor rural, que a Lei define como o resultado da atividade rural, é composto pelos seguintes elementos:

(i) *"receitas recebidas"* (excetuadas as vendas de terra nua, que não compõem a receita da atividade rural), deduzidas das *"despesas pagas"* e *"investimentos"*; ou

(ii) *"receita bruta"* (excetuadas as vendas de terra nua, que não compõem a receita da atividade rural), multiplicada por vinte por cento;

A seguir, passamos à análise dos elementos que compõem a base de cálculo da tributação da renda do produtor rural pessoa física.

3.1.1.1 As Receitas que Compõem o Resultado da Atividade Rural

Em primeiro lugar, diga-se que o RIR/18 e a IN SRF nº 83/01, ao tratarem das receitas que compõem o resultado da atividade rural, buscam uma ampliação do conceito definido na Lei nº 8.023/90. Para a devida análise da questão, portanto, vale uma breve reflexão acerca dos papéis da Lei Ordinária, do Decreto e da norma infralegal em matéria tributária.

Acerca da Lei Ordinária, sua atribuição em matéria tributária encontra fundamento no artigo 150, inciso I, da Constituição Federal de 1988, e no artigo 97 do Código Tributário Nacional:

> *[Constituição Federal de 1988]*
> Art. 150. Sem prejuízo de outras garantias asseguradas ao contribuinte, é vedado à União, aos Estados, ao Distrito Federal e aos Municípios:
> I – exigir ou aumentar tributo sem lei que o estabeleça; [...]

---

[108] MACHADO SEGUNDO, Hugo de Brito Machado. **Código Tributário Nacional**. 5ª edição. São Paulo: atlas, 2015, p. 73.

3. TRIBUTAÇÃO DO PRODUTOR RURAL PESSOA FÍSICA

[Código Tributário Nacional]
Art. 97. Somente a lei pode estabelecer:
I – a instituição de tributos, ou a sua extinção;
II – a majoração de tributos, ou sua redução, ressalvado o disposto nos artigos 21, 26, 39, 57 e 65;
III – a definição do fato gerador da obrigação tributária principal, ressalvado o disposto no inciso I do § 3º do artigo 52, e do seu sujeito passivo;
IV – a fixação de alíquota do tributo e da sua base de cálculo, ressalvado o disposto nos artigos 21, 26, 39, 57 e 65;
V – a cominação de penalidades para as ações ou omissões contrárias a seus dispositivos, ou para outras infrações nela definidas;
VI – as hipóteses de exclusão, suspensão e extinção de créditos tributários, ou de dispensa ou redução de penalidades.
§ 1º Equipara-se à majoração do tributo a modificação da sua base de cálculo, que importe em torná-lo mais oneroso.
§ 2º Não constitui majoração de tributo, para os fins do disposto no inciso II deste artigo, a atualização do valor monetário da respectiva base de cálculo.

Acerca da competência atribuída à Lei Ordinária, a doutrina é unânime ao reconhecê-la, em regra, como o veículo legal adequado para a criação de tributos, definição de sua base de cálculo e demais elementos da espécie tributária descritos no artigo 97 do Código Tributário Nacional. Neste sentido, note-se a lição de Luis Eduardo Schoueri[109], que afirma que a competência atribuída pela Constituição Federal de 1988 à lei ordinária consubstancia-se na essência do princípio da legalidade:

> A lei ordinária é fonte por excelência para a instituição de tributos. É a ela que se refere a Constituição, no artigo 150, I, ao vedar qualquer das pessoas jurídicas de direito público a 'exigir ou aumentar tributo sem lei que o estabeleça'. Positiva-se, assim, o Princípio da Legalidade [...]

Na mesma esteira, Hugo de Brito Machado[110] indica que "o princípio da legalidade diz respeito ao instrumento jurídico utilizado para a criação ou aumento dos tributos. Esse instrumento há de ser a lei. Não outro ato normativo".

---

[109] SCHOUERI, *op. cit.*, p. 100.
[110] MACHADO, op. cit., p. 83.

Portanto, considerando-se a tributação da renda do produtor rural pessoa física, seriam, por excelência, as Leis nº 8.023/90 e nº 9.250/95 as normas jurídicas responsáveis pela imposição do tributo, definição de seu fato gerador e base de cálculo, além dos demais caracteres enumerados no artigo 97 do Código Tributário Nacional.

Quanto às figuras jurídicas do decreto e da instrução normativa, é interessante notarmos a lição de Paulo de Barros Carvalho[111], que separa as fontes do Direito Tributário entre Primárias (Constituição Federal, Lei Complementar, Lei Ordinária, Lei Delegada, Medida Provisória e Decreto Legislativo), e Secundárias ("instrumentos secundários ou derivados – os atos de hierarquia inferior à lei, como os decretos regulamentadores, as instruções ministeriais, as portarias, circulares, ordens de serviço, etc").

De acordo com Paulo de Barros Carvalho[112], os instrumentos secundários (entre os quais entendemos que estariam o Decreto e a Instrução Normativa), "têm sua juridicidade condicionada às disposições legais", de tal modo que não apresentariam "por si só, a força vinculante que é capaz de alterar as estruturas do mundo jurídico positivo".

Neste sentido, ainda com esteio na lição de Paulo de Barros Carvalho[113], o "ato normativo infralegal, que extrapasse os limites fixados pela lei que lhe dá sentido jurídico de existência, padece da coima de ilegalidade, que o sistema procura repelir."

Idêntica, aliás, é a conclusão de Luis Eduardo Schoueri, ao indicar a existência de uma característica do sistema jurídico tributário brasileiro, a qual denomina de "reserva de lei", que encerraria a seguinte lógica:

> [...] nas questões tributárias, tem-se a exigência de a obrigação estar prevista na própria lei. Não há espaço para delegação. Será a lei o fundamento imediato da exigência. Ao legislador cumpre definir o antecedente e o consequente da norma tributária.[114]

---

[111] CARVALHO, Paulo de Barros. **Curso de Direito Tributário**. 17ª edição. São Paulo: Saraiva, 2005, p. 58.
[112] *Idem*, página 57.
[113] *Idem*, página 58.
[114] SCHOUERI, *op. cit.*, p. 305.

3. TRIBUTAÇÃO DO PRODUTOR RURAL PESSOA FÍSICA

Schoueri[115] faz, ainda, uma importante ressalva à existência de hipóteses em que a lei preveja *"a existência de atos administrativos como condição para o surgimento da obrigação tributária"*. Tais hipóteses, entretanto, não importariam em supressão da reserva legal em matéria tributária, pois *"uma coisa é o papel do Poder Executivo na criação do tributo (ou na definição de sua hipótese), que é reservado ao legislador, sem qualquer delegação. Outra situação é o legislador, ao descrever a hipótese tributária, incluir atos da Administração"*.

Feita tal digressão, vale transcrevermos o dispositivo legal que trata da composição da receita da atividade rural, definida no artigo 4º da Lei nº 8.023/90:

> Art. 4º Considera-se resultado da atividade rural a diferença entre os valores das receitas recebidas e das despesas pagas no ano-base [...]

Por sua vez, o RIR/18 e a IN SRF nº 83/01, ao descreverem os elementos que compõem a renda do produtor rural pessoa física, fazem mais do que simplesmente repetir os termos legais. Vale a transcrição do artigo 54 do RIR/18 e do artigo 5º a IN SRF nº 83/01:

> *[IN SRF nº 83/01]*
> Art. 5º A receita bruta da atividade rural é constituída pelo montante das vendas dos produtos oriundos das atividades definidas no art. 2º exploradas pelo próprio vendedor.
> § 1º A receita bruta da atividade rural é computada sem a exclusão do Imposto sobre Operações Relativas à Circulação de Mercadorias e sobre Prestações de Serviços de Transporte Interestadual e Intermunicipal e de Comunicação (ICMS) e do Fundo de Assistência ao Trabalhador Rural (Funrural).
> § 2º Integram também a receita bruta da atividade rural:
> I – os valores recebidos de órgãos públicos, tais como auxílios, subvenções, subsídios, Aquisições do Governo Federal (AGF) e as indenizações recebidas do Programa de Garantia da Atividade Agropecuária (Pro-Agro);
> II – o montante ressarcido ao produtor agrícola pela implantação e manutenção da cultura fumageira;

---

[115] *Idem.*

III – o valor de alienação de investimentos utilizados exclusivamente na exploração da atividade rural, ainda que adquiridos pelas modalidades de arrendamento mercantil e consórcio;
IV – o valor da entrega de produtos agrícolas, pela permuta com outros bens ou pela dação em pagamento;
V – o valor pelo qual o subscritor transfere os bens e direitos utilizados na exploração da atividade rural e os produtos e os animais dela decorrentes, a título de integralização de capital, nos termos previstos no art. 23 da Lei Nº 9.249, de 1995;
VI – as sobras líquidas decorrentes da comercialização de produtos agropecuários, apuradas na demonstração de resultado do exercício e distribuídas pelas sociedades cooperativas de produção aos associados produtores rurais.

[RIR/18]
Art. 54. A receita bruta da atividade rural será constituída pelo montante das vendas dos produtos oriundos das atividades definidas no art. 51, exploradas pelo próprio produtor-vendedor.
§ 1º Integram também a receita bruta da atividade rural:
I – os valores recebidos de órgãos públicos, tais como auxílios, subvenções, subsídios, aquisições do Governo federal e as indenizações recebidas do Programa de Garantia da Atividade Agropecuária – Proagro;
II – o montante ressarcido ao produtor pela implantação e pela manutenção da cultura fumageira;
III – o valor da alienação de bens utilizados exclusivamente na exploração da atividade rural, exceto o valor da terra nua, ainda que adquiridos pelas modalidades de arrendamento mercantil e de consórcio;
IV – o valor dos produtos rurais entregues em permuta com outros bens ou pela dação em pagamento;
V – o valor pelo qual o subscritor transferir, a título da integralização do capital, os bens utilizados na atividade rural, os produtos e os animais dela decorrentes; e
VI – as sobras líquidas decorrentes da comercialização de produtos agropecuários, apuradas na demonstração de resultado do exercício e distribuídas pelas sociedades cooperativas de produção aos associados produtores rurais.

Acerca de tais dispositivos, vale a transcrição do entendimento de Leonardo Furtado Loubet[116], que traça duras críticas à legalidade do artigo 61, parágrafo 1º do RIR/99 (que antecedeu o artigo 54 do RIR/18, praticamente com a mesma redação), veja-se:

> A primeira observação a ser feita é que o art. 61, §1º, do Decreto Federal nº 3.000/99 não encontra suporte legal que lhe sirva de esteio. Com efeito, não há na legislação de regência – Leis federais nº 8.023/90, 8.383/91, 9.250/95 e 9.430/96 – qualquer comando normativo que possa conferir fundamento de validade a essa previsão trazida no RIR. Se lei não há sobre o assunto, a toda evidência referido decreto, nessa parte, não é regulamentador, caracterizando, com isso, usurpação de competência [...] razão por que as rubricas previstas no art. 61, §1º, I a V, do RIR não podem compor a receita bruta da atividade rural.

Na opinião daquele autor, portanto, seriam ilegais a tributação da renda decorrente: (i) de verbas de caráter indenizatório descritas, (ii) da transação de permuta de produtos, *"dado que o patrimônio permanece exatamente o mesmo"*, e (iii) da integralização de capital mediante transferência de bens, produtos e animais.

A respeito de tais considerações acerca da legalidade dos incisos do artigo 54 do RIR/18, parece-nos que – afora a questão das verbas de caráter indenizatório – o cerne da aferição da existência de renda tributável seriam as premissas delineadas no artigo 43 do Código Tributário Nacional. Ou seja, consoante descrito no item 3.1.1, a existência de "acréscimo patrimonial" decorrente de tais transações.

Aliás, no que diz respeito às verbas de caráter indenizatório (PROAGRO-Programa de Garantia da Atividade Agropecuária[117]), interessante mencionar que há precedente do CARF (calcado em normativo anterior à IN SRF nº 83/01), que aborda a questão da seguinte maneira:

---

[116] LOUBET, *op.cit.*, páginas 139 a 146.
[117] Acerca do Proagro, trata-se de programa criado por força da Lei nº 5.969/73 e atualmente previsto no artigo 59 da Lei nº 8.171/90, cujo escopo é a indenização dos recursos próprios dispendidos pelo produtor rural e *"a exoneração de obrigações financeiras relativas a operação de crédito rural de custeio"* nas hipóteses de ocorrência de *"fenômenos naturais, pragas e doenças que atinjam rebanhos e plantações"*.

Aceitar a tese do contribuinte, que tem outras receitas da atividade rural, oriunda de outras propriedades ou atividades não sinistradas (como exemplo, veja-se o anexo da atividade rural do ano-calendário 1993 – fl. 57), seria permitir a plena dedutibilidade de todas as despesas obtidas com o financiamento da atividade sinistrada, sem colacionar a receita da indenização que objetiva, exatamente, cobrir esse financiamento. Assim, além da indenização, que objetivou cobrir exatamente os montantes financiados, o contribuinte ficaria com todo o crédito fiscal da despesa sinistrada. Ora, na atividade rural, tributa-se o resultado positivo obtido. As despesas (custeio e investimento) são confrontadas com todas as receitas (obtidas da venda dos produtos rurais e decorrentes da própria atividade, como os seguros e outros repasses governamentais). Aqui, insista-se, não se está tributando as indenizações do Proagro, mas o resultado positivo da atividade rural, já que as indenizações do Proagro tiveram uma correspondente despesa de investimento/custeio.[118]

A "saída" adotada por este julgamento, portanto, seria que a indenização do Proagro consistiria em receita da atividade rural, na medida que esta buscaria justamente recompor uma receita que se frustrou em decorrência de certos eventos previstos em lei (quebras por clima e ocorrência de pragas, por exemplo). Receita esta que (de acordo com o julgado) faria frente às despesas da atividade rural consideradas pelo produtor no ano-base. Entretanto, o pressuposto adotado pelo julgado não parece acertado, porquanto o escopo e o montante da indenização do Proagro sejam limitados, não se configurando em indenização suficiente a recompor a perda efetivamente experimentada pelo produtor rural em tais hipóteses, mas apenas e tão somente (art. 65 da Lei nº 8.171/90[119]) o montante total ou parcial para (i) exoneração da obrigação financeira do empréstimo bancário garantido pelo Proagro e (ii)

---

[118] BRASIL. Conselho Administrativo de Recursos Fiscais. **Acórdão nº 3401-00.118**, Relator Conselheiro Giovanni Christian Nunes Campos, julgado em 16 jun. 2005. Disponível em: http://carf.fazenda.gov.br. Acesso em 02 set. 2018.
[119] Art. 65. O Programa de Garantia da Atividade Agropecuária (Proagro) cobrirá integral ou parcialmente:
I – os financiamentos de custeio rural;
II – os recursos próprios aplicados pelo produtor em custeio rural, vinculados ou não a financiamentos rurais.

3. TRIBUTAÇÃO DO PRODUTOR RURAL PESSOA FÍSICA

recomposição de recursos próprios dispendidos pelo produtor rural na condução da atividade garantida. Portanto, o eventual excedente que seria apurado pelo produtor rural, que efetivamente se consubstanciaria em "renda", não é indenizado pelo Proagro. Neste sentido – afora o pertinente questionamento da legalidade da regra insculpida no artigo 5º, §2º, inciso I, da IN SRF nº 83/01 – a premissa adotada por tal julgado implicaria em tributação de elemento (indenização do Proagro) que não constitui renda e, portanto, não poderia compor o resultado da atividade rural.

Tanto é que, ao analisarmos precedente judicial afeito ao Proagro, resta evidente o caráter efetivamente indenizatório, visto que o valor eventualmente direcionado ao produtor geralmente se consubstancia em montante parcamente necessário ao pagamento da operação financeira de custeio, excluídos os montantes de eventuais colheitas parciais, veja-se:

> [...]. 1. Trata-se de pedido de indenização devida a título do seguro rural previsto no PROAGRO, nos termos da Lei nº 5.969/73. 2. Restou **comprovado o evento danoso, no caso, uma forte seca**, que atingiu a lavoura financiada pelo autor, frustrando a colheita por completo, ainda que tenha observado todas as orientações técnicas a que estava sujeito por força do financiamento contraído. 3. De outro tanto o BACEN esclareceu que o requerimento foi negado administrativamente em virtude da superioridade das deduções sobre a cobertura do PROAGRO, o que se apura mediante a seguinte equação: limite de cobertura igual a base de cálculo menos perdas não amparadas somadas às receitas consideradas, que **no caso do autor, resultou em valor negativo, a implicar em não existência de valores a serem indenizados. [...]**[120]

Parece interessante, ademais, o tratamento conferido pelo artigo 5º, inciso V, da IN SRF nº 83/01 ao eventual acréscimo patrimonial decorrente da integralização de capital mediante a conferência de *"bens e direitos utilizados na exploração da atividade rural e os produtos e os animais dela decorrentes [...], nos termos previstos no art. 23 da Lei nº 9.249, de 1995"*.

---

[120] BRASIL. Tribunal Regional Federal da 3ª Região, **AC 2002.60.02.000168-6**, Relator Juiz Convocado Roberto Jeuken, 2ª Turma, julgado em 01/12/2009. Disponível em http://trf3.jus.br. Acesso em: 02 set. 2018.

Ao fazer referência ao artigo 23 da Lei nº 9.249/95, não faria sentido que tal dispositivo pretenda submeter eventual receita da atividade rural à tributação de ganho de capital, o que claramente corresponderia a uma inovação em vista dos conceitos da Lei nº 8.023/1990. A única interpretação possível deste dispositivo, seria de que a eventual conferência de bens, por valor superior ao reconhecido pelo produtor rural, implicaria em reconhecimento da diferença positiva como receita da atividade rural e, no caso da transferência de terra nua à pessoa jurídica, esta restaria sujeita às regras de tributação do ganho de capital aplicáveis ao imóvel rural (inclusive conforme dispõe o artigo 54, §7º do RIR/18).

Em conclusão, podemos observar que a compreensão da receita que compõe o resultado da atividade rural, seja para apuração nos termos do artigo 4º (lucro real) ou do 5º (base presumida) da Lei nº 8.023/90, resta sujeita a certas discussões decorrentes das grandezas descritas nos artigos 54 do RIR/18 e do artigo 5º da IN SRF nº 83/01, que potencialmente implicam em ampliação do conceito definido pela Lei Ordinária.

3.1.1.2 Dedutibilidade de Investimentos na Apuração do Resultado da Atividade Rural

No que diz respeito à atividade rural do produtor pessoa física, os dispêndios em investimentos destinados à atividade configuram-se como despesas dedutíveis para a apuração do resultado da atividade rural. O fundamento para tal entendimento se encontra nos artigos 4º, parágrafo 2º, da Lei nº 8.023/90, e 11 da IN SRF nº 83/01:

[Lei nº 8.023/90]
Art. 4º [...]
§ 2º Os investimentos são considerados despesas no mês do efetivo pagamento.

[IN SRF nº 83/01]
Art. 11. Considera-se resultado da atividade rural a diferença entre os valores das receitas recebidas e das despesas de custeio e dos investimentos pagos no ano-calendário, correspondentes a todas as unidades rurais exploradas pela pessoa física.

3. TRIBUTAÇÃO DO PRODUTOR RURAL PESSOA FÍSICA

No que diz respeito ao conceito de "investimentos" para fins dos dispositivos transcritos acima, a Lei nº 8.023/90, em seu artigo 6º, traz o seguinte conceito:

Art. 6º **Considera-se investimento na atividade rural**, para os propósitos do art. 4º, **a aplicação de recursos financeiros**, exceto a parcela que corresponder ao valor da terra nua, **com vistas ao desenvolvimento da atividade para expansão da produção ou melhoria da produtividade agrícola**. (destaques nossos)

Por sua vez, o RIR/18 (artigo 55, parágrafo 2º) e a IN SRF nº 83/01 (artigo 8) contêm o rol dos investimentos dedutíveis na apuração do resultado da atividade rural. Vale a transcrição do artigo 8º da mencionada Instrução Normativa:

Art. 8º Considera-se investimento a aplicação de recursos financeiros, durante o ano-calendário, que visem ao desenvolvimento da atividade rural, à expansão da produção e da melhoria da produtividade, realizados com:
I – benfeitorias resultantes de construção, instalações, melhoramentos, reparos, bem assim de limpeza de diques, comportas e canais;
II – culturas permanentes, essências florestais e pastagens artificiais;
III – aquisição de tratores, implementos e equipamentos, máquinas, motores, veículos de cargas e utilitários rurais, utensílios e bens de duração superior a um ano, bem assim de botes de pesca ou caíques, frigoríficos para conservação da pesca, cordas, anzóis, bóias, guinchos e reformas de embarcações;
IV – animais de trabalho, de produção e engorda;
V – serviços técnicos especializados, devidamente contratados, visando elevar a eficiência do uso dos recursos da propriedade ou exploração rural;
VI – insumos que contribuam destacadamente para elevação da produtividade, tais como reprodutores, aquisições de matrizes, alevinos e girinos, sementes e mudas selecionadas, corretivos de solo, fertilizantes, vacinas e defensivos vegetais e animais;
VII – atividades que visem especificamente à elevação sócio-econômica do trabalhador rural, tais como casas de trabalhadores, prédios e galpões para atividades recreativas, educacionais e de saúde;
VIII – estradas que facilitem o acesso ou a circulação na propriedade;

IX – instalação de aparelhagem de comunicação, bússola, sonda, radares e de energia elétrica;
X – bolsas para a formação de técnicos em atividades rurais, inclusive gerentes de estabelecimentos e contabilistas.

Nota-se que o artigo 6º da Lei nº 8.023/90 contém um conceito abrangente de "investimentos" que corresponderiam à "aplicação de recursos financeiros (...) com vistas ao desenvolvimento da atividade para expansão da produção ou melhoria da produtividade agrícola", excetuada a aquisição de terra nua.

A norma infralegal, por seu turno, adota um rol de "investimentos" restritivo, que mais se assemelha ao conceito aplicável aos bens que comporiam o ativo imobilizado de uma entidade, especialmente ao considerarmos os incisos I, II, III, IV, VI, VII, VIII e IX do artigo 8º da IN SRF nº 83/01 e do artigo 55, parágrafo 2º, do RIR/18.

Veja-se a definição da doutrina quanto aos bens classificados como ativos imobilizados:

> O Pronunciamento Técnico CPC 27 – Ativo Imobilizado, aprovado pela Deliberação CVM nº 583/09 e tornado obrigatório pela Resolução CFC nº 1.177/09 para os profissionais de contabilidade das entidades não sujeitas a alguma regulação contábil, define o Imobilizado como um ativo tangível que: (i) é mantido para uso na produção ou fornecimento de mercadorias ou serviços, para aluguel a outros, ou para fins administrativos; e que (ii) se espera utilizar por mais de um ano. Dessas definições, subentende-se que nesse grupo de contas do balanço são incluídos todos os ativos tangíveis ou corpóreos de permanência duradoura, destinados ao funcionamento normal da sociedade e de seu empreendimento, assim como os direitos exercidos com essa finalidade.[121]

> Um ativo não circulante é aquele que tem uma vida relativamente longa. Um tipo de ativo não circulante é o imobilizado, que é tangível, como um caminhão ou um computador [...][122]

---

[121] IUDÍCIBUS, Sergio de, et ali. **Manual de Contabilidade Societária**. 1ª edição. São Paulo: Atlas, 2010, p. 222.
[122] Ross, A. Stephen et a. **Fundamentos de Administração Financeira**. 9ª edição. Porto Alegre: AMGH, 2013, p. 25.

E, ainda, tomando-se o conceito de "Ativo Imobilizado" do item 6 do Pronunciamento nº 27 do Comitê de Pronunciamentos Contábeis[123]:

> Ativo imobilizado é o item tangível que: (a) é mantido para uso na produção ou fornecimento de mercadorias ou serviços, para aluguel a outros, ou para fins administrativos; e (b) se espera utilizar por mais de um período. Correspondem aos direitos que tenham por objeto bens corpóreos destinados à manutenção das atividades da entidade ou exercidos com essa finalidade, inclusive os decorrentes de operações que transfiram a ela os benefícios, os riscos e o controle desses bens.

Quanto aos "investimentos" descritos nos incisos V e X do artigo 8º da IN SRF nº 83/01, por sua vez, estes parecem se amoldar mais aos conceitos propriamente de despesas ou custos da atividade rural, consubstanciados basicamente em despesas com treinamento de funcionários e contratação de assistência técnica.

Podemos afirmar, portanto, que as normas infralegais impõem certa restrição ao conceito de "investimentos" definido no artigo 6º da Lei nº 8.023/1990, identificando-os em geral como os valores dispendidos pelo produtor rural na aquisição de bens destinados ao ativo imobilizado do empreendimento.

Consoante se delineou à exaustão no item 3.1.1.1 deste trabalho, o sistema tributário brasileiro não admite que a norma infralegal contrarie o quanto disposto em lei (característica que Luis Eduardo Schoueri[124] denomina como "*reserva legal*"). Neste sentido, a toda a evidência, a restrição conceitual imposta pelas normas infralegais, potencialmente implicariam em ilegal supressão da dedutibilidade de investimentos na apuração do resultado da atividade rural.

A este respeito, Leonardo Furtado Loubet[125] sugere que o rol de investimentos dedutíveis definido nas normas infralegais, seja considerado como meramente exemplificativo:

---

[123] COMITÊ DE PRONUNCIAMENTOS CONTÁBEIS. **Pronunciamento Técnico CPC 27 – Ativo imobilizado.** Disponível em: http://static.cpc.aatb.com.br/Documentos/316_CPC_27_rev%2012.pdf. Acesso em: 03 set. 2018.
[124] SCHOUERI, *op. cit.*, p. 305.
[125] LOUBET, op. cit., p. 151.

[...] o rol do art. 62, §2º, do RIR é, necessariamente, exemplificativo, o que significa dizer que havendo aplicação de recursos financeiros com vistas ao desenvolvimento ad atividade para expansão da produção ou melhoria da produtividade ter-se-á um investimento, apto a ser deduzido da receita bruta da atividade rural, para fins de composição da base de cálculo do IRPF [...]

Feitas tais considerações, vale destacar que, no caso do produtor rural pessoa física, consideram-se como despesas (no mês em que efetuado o pagamento), os investimentos que – para as empresas de uma maneira geral – se consubstanciariam em despesas apenas na medida de quotas de depreciação ou exaustão do bem (a depender de sua natureza). Trata-se, portanto, de um considerável benefício tributário ao produtor rural.

No que diz respeito à questão da dedução de investimentos pelo produtor rural pessoa física, encontramos certas soluções de consultas e decisões que merecem a transcrição.

ATIVIDADE RURAL – Aquisição de Bens APURAÇÃO DE RESULTADO O bem adquirido por meio de financiamento rural deve ser considerado como despesa, pelo valor total da nota, no mês de aquisição. Os encargos financeiros pagos em decorrência do empréstimo contraído podem ser considerados despesas no mês do efetivo pagamento. ESCRITURAÇÃO DO LIVRO-CAIXA Para fins de escrituração do Livro-Caixa, o bem adquirido por meio de financiamento, deve ser também registrado pelo valor total da nota fiscal, no mês de aquisição. Já, o valor do financiamento deve ser declarado como dívida vinculada à atividade rural no quadro próprio do Demonstrativo da Atividade Rural.[126]

A ementa da consulta transcrita acima, reflete a interpretação do disposto nos artigos 16 e 17, parágrafo 1º da IN SRF nº 83/01:

Art. 16. Os encargos financeiros efetivamente pagos em decorrência de empréstimos contraídos para o financiamento de custeio e de investimentos da atividade rural podem ser dedutíveis na apuração do resultado.

---

[126] BRASIL. 8ª Superintendência Regional da Receita Federal. **Solução de Consulta nº 25** de 14/02/2003. Disponível em: http://decisoes.fazenda.gov.br. Acesso em: 02 set. 2018.

Art. 17. As despesas relativas à aquisição a prazo de bens são dedutíveis nas datas dos pagamentos.

§ 1º No caso de bens adquiridos mediante financiamento rural, a dedução ocorre na data do pagamento do bem e não na data do empréstimo. [...]

Neste sentido, supondo-se a aquisição de um trator mediante financiamento, o produtor deverá: (i) lançar o valor do trator como despesa dedutível, pelo valor total da nota, no mês da aquisição; e (ii) lançar como despesas os encargos financeiros do financiamento, nos meses do efetivo pagamento de tais encargos.

Um requisito essencial à dedutibilidade de investimentos, obviamente, é que sejam efetuados *"com vistas ao desenvolvimento da atividade para expansão da produção ou melhoria da produtividade agrícola"*, consoante dispõe o artigo 6º da Lei nº 8.023/90. Neste sentido, encontramos decisões do CARF que impõem a glosa de despesas com investimentos estranhos à atividade rural. Por exemplo:

> ATIVIDADE RURAL. DESPESAS DE INVESTIMENTO. AUTOMÓVEL DE PASSEIO. A dedutibilidade de despesas na aquisição de veículos, limita-se a tratores, veículos de cargas e utilitários rurais. Despesas na aquisição de automóveis de passeio, ainda que possam ser utilizados eventualmente na atividade rural, não podem ser deduzidas da receita obtida.[127]

A ementa transcrita acima deve ser interpretada com cuidado. No caso em tela, analisando-se o quanto descrito no relatório do caso, de fato resta a impressão que o automóvel em questão teria sido empregado em finalidade estranha à atividade rural. Entretanto, não é de se desqualificar *a priori* a dedutibilidade de todo e qualquer despesa incorrida com a aquisição de veículo de passeio. Com efeito, é perfeitamente factível que um veículo de passeio seja empregado na atividade rural, como por exemplo, em funções comerciais, administrativas ou mesmo de transporte de funcionários e do próprio produtor.

Mais adequada seria a conclusão da ementa transcrita a seguir, que condiciona a dedutibilidade do investimento ao emprego do bem na

---

[127] BRASIL. Conselho Administrativo de Recursos Fiscais. **Acórdão nº 2301-004.543**, Relator João Bellini Junior, julgado em 08 mar. 2016. Disponível em: http://carf.fazenda.gov.br. Acesso em: 02 set. 2018.

atividade rural. O nosso ver, mais alinhado ao conceito do artigo 6º da Lei nº 8.023/90, embora seja questionável a locução *"uso exclusivo na atividade rural"*, não prevista em Lei:

> DESPESA DE INVESTIMENTO DA ATIVIDADE RURAL – CARACTERIZAÇÃO – DEDUÇÕES – Considera-se despesa de investimento na atividade rural para fins de dedução a aplicação de recursos financeiros voltada ao desenvolvimento da atividade, expansão da produção ou melhoria da produtividade. Assim, não são dedutíveis como investimento da atividade rural os gastos que não tenham esse objetivo, gasto com a aquisição de veículo que não seja comprovadamente de uso exclusivo na atividade rural ou que estejam comprovados com documentos hábeis e idôneos.[128]

Vale repetir, ademais, que a Lei condiciona a dedutibilidade de investimentos apenas a que os recursos financeiros sejam dirigidos *"ao desenvolvimento da atividade para expansão da produção ou melhoria da produtividade agrícola"*. A este respeito, é interessante o teor da seguinte Solução de Consulta:

> **Os dispêndios em benfeitorias de imóvel localizado fora da área rural, destinadas à seleção, secagem e armazenamento dos produtos oriundos das propriedades rurais das quais é participante seu proprietário, poderão ser deduzidas da receita da atividade rural como despesa de investimento**. Contudo, a receita porventura obtida na utilização desse imóvel para prestação de serviços a terceiros, bem como eventual resultado positivo na alienação de bem cuja utilização não seja exclusiva da atividade rural, não constituem receita dessa atividade.[129] (destaques nossos)

Note-se que, neste caso, as benfeitorias realizadas por produtor rural em imóvel localizado em zona urbana foram reconhecidas como investimentos dedutíveis, porquanto tal instalação viesse a ser empregada no desenvolvimento da atividade rural, mais especificamente em atividades

---

[128] BRASIL. Conselho Administrativo de Recursos Fiscais. **Acórdão nº 3402-00148**, Relator Pedro Paulo Pereira Barbosa, julgado em 02 jun. 2009. Disponível em: http://carf.fazenda.gov.br. Acesso em: 02 set. 2018.

[129] BRASIL. 9ª Superintendência Regional da Receita Federal. **Solução de Consulta nº 277** de 13/10/2004. Disponível em: http://decisoes.fazenda.gov.br. Acesso em: 02 set. 2018.

conexas (vide item 2.1.1 deste trabalho) de seleção, secagem e armazenamento.

Enfim, a título de conclusão, podemos traçar as seguintes considerações:

(i) consoante a Lei nº 8.023/90, são dedutíveis os investimentos que representem o empenho de recursos financeiros no *"[...] desenvolvimento da atividade para expansão da produção ou melhoria da produtividade agrícola"*.

(ii) o rol de investimentos dedutíveis previsto no artigo 55, parágrafo 2º, do RIR/18 e no artigo 8º da IN SRF nº 83/01, parece identificar os conceitos de investimentos e de bens que compõem o ativo imobilizado, consoante os conceitos emprestados das ciências contábeis. Portanto, embora se trate de um rol extenso, há na norma infralegal uma potencial supressão do conceito de investimento previsto em lei.

(iii) observa-se que o critério determinante para a dedutibilidade de investimentos na atividade rural se relaciona ao efetivo emprego dos recursos no desenvolvimento da atividade, inobstante se tratem de bens empregados fora do meio rural.

3.1.1.3 Despesas de Custeio Dedutíveis do Resultado da Atividade Rural

O artigo 18 da Lei nº 9.250/95, que dispõe acerca da escrituração da atividade rural, determina que sejam abrangidas as *"receitas, as despesas de custeio, os investimentos e demais valores que integram a atividade"*.

Por sua vez, o artigo 4º da Lei nº 8.023/90, que trata da composição do resultado da atividade rural, apenas determina que sua apuração se dará mediante a obtenção da *"diferença entre os valores das receitas recebidas e das despesas pagas no ano-base"*.

E, acerca da caracterização das despesas, o RIR/18 dispõe o seguinte em seu artigo 55, parágrafo 1º:

Art. 55 [...]
§ 1º As despesas de custeio e os investimentos são aqueles **necessários à percepção dos rendimentos e à manutenção da fonte produtora, relacionados com a natureza da atividade exercida.** (destaque nosso)

Acerca deste dispositivo, em primeiro lugar, parece-nos imprópria a inclusão dos "investimentos" em conjunto com as "despesas de custeio", porquanto conforme analisado no item 3.1.1.2 deste trabalho, os investimentos na atividade rural serão considerados despesas simplesmente quando aplicados no *"desenvolvimento da atividade para expansão da produção ou melhoria da produtividade agrícola"* (artigo 6º. da Lei nº 8.023/90). A mesma observação, aliás, é feita por Leonardo Furtado Loubet[130].

Feita tal observação, note-se que o RIR/18 caracteriza as despesas de custeio como aquelas *"necessárias à percepção dos rendimentos e à manutenção da fonte produtora, relacionados com a natureza da atividade exercida."*

A toda evidência, a locução empregada pelo RIR/18 encontra inspiração no artigo 47 da Lei nº 4.506 de 30 de novembro de 1964, que dispõe o seguinte:

> Art. 47. São operacionais as despesas não computadas nos custos, necessárias à atividade da emprêsa e a manutenção da respectiva fonte produtora.

Portanto, parece fazer sentido que as despesas a serem consideradas na obtenção do resultado da atividade rural sejam apuradas consoante os critérios usualmente exigidos para as despesas das atividades comerciais de uma maneira geral, exceção feita, obviamente, à equiparação dos investimentos às despesas, estudada acima.

Nada obstante, no que diz respeito às despesas relativas ao resultado da atividade rural do produtor pessoa física, há caracteres específicos que já foram abordados pela jurisprudência ou alvos de pronunciamentos do Fisco e que são dignos de nota.

Assim, por exemplo, no que diz respeito às despesas incorridas com aeronaves:

> IRPF. ATIVIDADE RURAL. DESPESAS COM MANUTENÇÃO E USO DE AERONAVE. Comprovado nos autos que o Recorrente utilizava a aeronave para a locomoção de funcionários, engenheiros agrônomos e veterinários, bem como no transporte de insumos, deve-se afastar a glosa, pois as despesas, no caso, podem ser consideradas como de custeio, já que são necessárias à percepção dos rendimentos e à manutenção da fonte produtora. Recurso provido.[131]

---

[130] LOUBET, *op. cit.*, p. 149.
[131] BRASIL. Conselho Administrativo de Recursos Fiscais. **Acórdão nº 102-49.382**, Relator Alexandre Naoki Ishioka, julgado em 05 nov. 2008. Disponível em: http://carf.fazenda.gov.br. Acesso em: 02 set. 2018.

3. TRIBUTAÇÃO DO PRODUTOR RURAL PESSOA FÍSICA

ATIVIDADE RURAL – DESPESAS – VEÍCULO – AERONAVE – USO EXCLUSIVO – COMPROVAÇÃO – NECESSIDADE. Havendo prova em contrário de que aeronave era utilizada para outros fins que não a atividade rural, impossível a sua dedução, por inteligência do art. 62, § 2º, III, do RIR/99.[132]

Como se percebe, a jurisprudência administrativa já se manifestou no sentido de que seriam computáveis as despesas com aeronaves, desde que estas sejam empregadas no desenvolvimento da atividade rural.

Por outro lado, na publicação de "Perguntas & Respostas" da Receita Federal do Brasil referente ao Imposto de Renda da Pessoa Física 2018[133], constam as seguintes recomendações:

> 525 — Os gastos com aluguel ou arrendamento de avião somente para deslocamento do contribuinte visando à compra de animais, insumos etc., podem ser considerados como despesa de custeio?
> Não. Essas despesas são indedutíveis por não estarem diretamente relacionadas com a atividade rural, não sendo necessárias, assim, à manutenção da fonte produtora dos rendimentos (imóvel rural), nem à percepção do rendimento tributável. Para a dedutibilidade das despesas devem ser observados alguns princípios, tais como: o da autorização, o da consumação, o da correlação, o da efetividade, o da necessidade. (Decreto nº 3.000, de 26 de março de 1999 – Regulamento do Imposto sobre a Renda – RIR/1999, arts. 49 e 62; Instrução Normativa SRF nº 83, de 11 de outubro de 2001, art. 7º)
> 526 — Podem ser deduzidos os gastos com aeronaves? Somente podem ser deduzidos os gastos com: 1 – aquisição de aeronaves próprias para uso agrícola, desde que a utilização seja exclusiva para a atividade rural, bem assim os gastos realizados com peças de reposição, manutenção e uso da aeronave, combustíveis, óleos lubrificantes, serviços de mecânico, salários do piloto etc.; 2 – aluguel das aeronaves descritas no item "1" ou a contratação de serviço com o uso delas (pulverização, semeadura etc.)

---

[132] BRASIL. Conselho Administrativo de Recursos Fiscais. **Acórdão nº 2202-002.943**, Relator Rafael Pandolfo, julgado em 20 jan. 2015. Disponível em: http://carf.fazenda.gov.br. Acesso em: 02 set. 2018.

[133] RECEITA FEDERAL DO BRASIL. **Imposto Sobre a Renda Pessoa Física – Perguntas e Respostas – Exercício 2018 ano-calendário 2017.** Disponível em: http://idg.receita.fazenda.gov.br/interface/cidadao/irpf/2018/perguntao/perguntas-e-respostas-irpf-2018--v-1-0.pdf. Acesso em: 18 jun. 2018.

(Decreto nº 3.000, de 26 de março de 1999 – Regulamento do Imposto sobre a Renda – RIR/1999, art. 62, § 1º e § 2º, inciso III; Instrução Normativa SRF nº 83, de 11 de outubro de 2001, arts. 7º e 8º, inciso III)

Portanto, acerca das despesas havidas com aeronaves, o entendimento proposto pela Receita Federal na publicação "Perguntas & Respostas" é um tanto mais restritivo quanto aquele já adotado em sede de contencioso administrativo, porquanto entenda como despesas apenas aquelas incorridas com aeronaves de uso agrícola para pulverização, semeadura, etc. Para o Fisco, em princípio, não seriam "necessárias" as despesas com aeronaves para transporte do contribuinte no exercício da atividade.

Outro assunto interessante: no que diz respeito à dedutibilidade de contribuições pagas pelo produtor rural, há manifestação em sede de Solução de Consulta:

> ATIVIDADE RURAL. DESPESAS DEDUTÍVEIS As contribuições para o INSS-SENAR, contribuições para associações de classe e para sindicatos, quando obrigatórias, efetivamente pagas e devidamente comprovadas, registradas no Livro Caixa, caracterizam despesas de custeio necessárias à percepção dos rendimentos e à manutenção da fonte produtora e são dedutíveis para o contribuinte no exercício da atividade rural. Os encargos financeiros efetivamente pagos em decorrência de empréstimos contraídos para o financiamento de custeio e de investimentos da atividade rural, devidamente comprovados e registrados no Livro Caixa, podem ser deduzidos na apuração do resultado dessa atividade.[134]

Outro tópico de especial interesse é relativo à dedutibilidade de encargos incorridos pelo produtor rural no financiamento de suas atividades. A este respeito, há disposições na Lei nº 8.023/90 (artigo 4, parágrafo 1º), na IN SRF nº 83/01 (artigo 16) e no RIR/18 (artigo 55, parágrafo 11):

---

[134] BRASIL. 6ª Superintendência Regional da Receita Federal. **Solução de Consulta nº 30** de 21/03/2007. Disponível em: http://decisoes.fazenda.gov.br. Acesso em: 02 set. 2018.

3. TRIBUTAÇÃO DO PRODUTOR RURAL PESSOA FÍSICA

[Lei nº 8.023/90]
Art. 4º [...]
§ 1º É indedutível o valor da correção monetária dos empréstimos contraídos para financiamento da atividade rural.

[RIR/18]
Art. 55 [...]
§ 11. Os encargos financeiros, exceto a atualização monetária, pagos em decorrência de empréstimos contraídos para financiamento da atividade rural, poderão ser deduzidos no mês do pagamento

[IN SRF nº 83/01]
Art. 16. Os encargos financeiros efetivamente pagos em decorrência de empréstimos contraídos para o financiamento de custeio e de investimentos da atividade rural podem ser dedutíveis na apuração do resultado.

Neste ponto, os parâmetros traçados pelas normas infralegais parecem atender ao comando da Lei nº 8.023/90, estabelecendo-se que os encargos financeiros incorridos pelo produtor rural no financiamento de suas atividades sejam dedutíveis, exceto a correção monetária, cuja dedução encontra óbice no artigo 4º, parágrafo 1º da Lei nº 8.023/90. Note-se, neste sentido, a ementa transcrita abaixo:

> ATIVIDADE RURAL. DESPESAS – Os pagamentos feitos com despesas e investimentos da atividade rural, deverão ser apropriados no mês do efetivo desembolso. [...]. Comprovados os valores pagos com despesas financeiras, se restabelece o valor glosado pela autoridade fiscal.[135]

3.1.1.4 Opção pela Base de Cálculo "Presumida"

Consoante disposto nos artigos 5º, *caput*, da Lei nº 8.023/90, faculta-se ao produtor rural pessoa física a limitação do resultado da atividade rural a 20% (vinte por cento) da receita bruta do ano-base:

> Art. 5º A opção do contribuinte, pessoa física, na composição da base de cálculo, o resultado da atividade rural, quando positivo, limitar-se-á a vinte por cento da receita bruta no ano-base.

---

[135] BRASIL. Conselho Administrativo de Recursos Fiscais. **Acórdão nº 106-13896**, Relatora Conselheira Sueli Efigênia Mendes de Britto, julgado em 19 mar. 2004. Disponível em: http://carf.fazenda.gov.br. Acesso em: 02 set. 2018.

Embora a Lei faça referência a "limite", tal alternativa de apuração do resultado da atividade rural é geralmente tratada como apuração de uma espécie de "lucro presumido". Veja-se, neste sentido, a abordagem conferida pela doutrina:

> [...] ao legislador pareceu prudente permitir a tributação presumida, como, aliás, vem ocorrendo não é de hoje com diversos tributos [...][136]
>
> [...] trata-se de verdadeira espécie de arbitramento presumido, na qual se aplica sobre esse percentual tributável a alíquota progressiva cabível [...][137]

Quanto ao momento do exercício de tal opção pelo contribuinte, não há exigência para que se opte de antemão pela apuração "presumida", ou seja, o contribuinte poderá exercer a opção no momento da apuração anual do resultado. Veja-se a ementa abaixo:

> RESULTADO DA ATIVIDADE RURAL. MÉTODO DE APURAÇÃO. OPÇÃO PELO ARBITRAMENTO. Apura-se o resultado da atividade rural mediante confronto entre receitas e despesas e compensação de prejuízos. À opção do contribuinte ou na falta de escrituração, o resultado da atividade rural pode ser arbitrado, na proporção de 20% da receita. Tal opção pode ser exercida em qualquer momento, de sorte que o método de apuração do resultado pode ser alterado.[138]

Significa dizer, portanto, que o produtor rural não se sujeita à escolha de antemão do regime de apuração do resultado da atividade rural. Não há necessidade de se projetar receitas, despesas e investimentos a fim de se optar pelo melhor regime de apuração, uma vez que, apurado o resultado no Livro-Caixa do ano-calendário, poderá o produtor optar pela opção menos gravosa entre as seguintes: (i) tributação do efetivo resultado da atividade rural, resultante do cotejo de receitas recebidas e despesas dedutíveis (inclusive investimentos); ou (ii) apuração do resul-

---

[136] LOUBET, *op. cit.*, p. 160.
[137] TAMARINDO, Ubirajara Garcia Ferreira, PIGATTO, Gessuir. **Tributação no agronegócio: uma análise geral dos principais tributos incidentes**. Leme: JH Mizuno, 2018, p. 153.
[138] BRASIL. Conselho Administrativo de Recursos Fiscais. **Acórdão nº 2102-001.357**, Relatora Conselheira Nubia Matos Moura, julgado em 10 jun. 2011. Disponível em: http://carf.fazenda.gov.br. Acesso em: 02 set. 2018.

3. TRIBUTAÇÃO DO PRODUTOR RURAL PESSOA FÍSICA

tado mediante a sistemática presumida equivalente a 20% (vinte por cento) da receita bruta do ano-base.

Destaque-se, finalmente, que a escolha pelo regime de apuração "presumida" do resultado da atividade rural, não desincumbe o produtor rural do dever acessório de escrituração do Livro-Caixa (consoante será descrito pormenorizadamente mais adiante, ao tratarmos da escrituração da atividade rural do produtor pessoa física).

3.1.1.5 Compensação de Prejuízos

Consoante indicado acima, um elemento distintivo relevante da tributação da atividade rural é a faculdade que se confere ao contribuinte, na apuração do resultado, de se deduzir integralmente o saldo de prejuízos acumulados em exercícios anteriores do resultado positivo eventualmente apurado no ano-base. O arcabouço legal desta prerrogativa se encontra nos artigos 14 e 16, parágrafo único da Lei nº 8.023/90 e artigo 19 da Lei nº 9.250/95:

> *[Lei nº 8.023/90]*
> Art. 14. O prejuízo apurado pela pessoa física e pela pessoa jurídica poderá ser compensado com o resultado positivo obtido nos anos-base posteriores.
>
> Art. 16. Os valores das compensações a serem efetuadas pela pessoa física, nos termos dos arts. 14 e 15, deverão ser expressos: [...]
> Parágrafo único. A pessoa física que, na apuração da base de cálculo do imposto, optar pela aplicação do disposto no art. 5º perderá o direito à compensação do total dos prejuízos ou excessos de redução por investimentos correspondente a anos-base anteriores ao da opção.
>
> *[Lei nº 9.250/95]*
> Art. 19. O resultado positivo obtido na exploração da atividade rural pela pessoa física poderá ser compensado com prejuízos apurados em anos-calendário anteriores.
> Parágrafo único. A pessoa física fica obrigada à conservação e guarda do Livro Caixa e dos documentos fiscais que demonstram a apuração do prejuízo a compensar."

Neste tópico, é boa a síntese traçada por Ubirajara Tamarindo e Gessuir Pigatto[139], que assim descrevem: "se o resultado da atividade rural for negativo (prejuízo), poderá ser compensado nos anos-calendário posteriores. Da mesma forma, do resultado da atividade rural poderá ser excluído o montante de prejuízos compensáveis de exercícios anteriores."

De acordo com Lucas Issa Halah[140], a faculdade que se confere ao produtor rural pessoa física de compensar prejuízos em exercícios posteriores guarda semelhança com os mecanismos de tributação das transações do mercado de renda variável. De acordo com este autor, tal característica comum se justificaria pelas dificuldades de "previsão e controle" que seriam intrínsecas ao mercado financeiro de renda variável e às atividades rurais.

Em vista dos dispositivos legais transcritos acima, percebe-se que a compensação dos prejuízos acumulados com o resultado positivo apurado no ano-base é permitido apenas e tão somente na hipótese que o produtor rural opte pela apuração do resultado da atividade rural mediante a apuração de receitas e despesas confrontáveis, de tal modo que não poderão ser compensados os prejuízos acumulados frente ao resultado da atividade rural apurado consoante a sistemática de apuração de resultado presumido (ou limitado), prevista no artigo 5º da Lei nº 8.023/90.

Ademais, importante que se atente ao teor do parágrafo único do artigo 19 da Lei nº 9.250/95, que impõe ao contribuinte o dever de conservação e guarda do Livro-Caixa e documentos fiscais que comprovem a apuração do prejuízo a compensar. A este respeito, vejam-se as ementas dos seguintes acórdãos do CARF:

ATIVIDADE RURAL – COMPENSAÇÃO DE PREJUÍZOS – ESCRITURAÇÃO – O contribuinte que aufere rendimentos da atividade rural deve manter controle de suas receitas e despesas na forma do preceituado no art. 3º e incisos da Lei nº 8.023 de 12 de abril de 1990. A compensação de prejuízos da atividade rural é admitida mediante a comprovação de sua exis-

---

[139] TAMARINDO, Ubirajara Garcia Ferreira, PIGATTO, Gessuir, *op. cit.*, p. 148.
[140] HALAH, Lucas Issa. **Tributação da Renda no Agronegócio** – Série Doutrina Tributária Vol. XXV. São Paulo: Quartier Latin, 2018, p. 207-208.

3. TRIBUTAÇÃO DO PRODUTOR RURAL PESSOA FÍSICA

tência através de prova documental, escritural, ainda que rudimentar e contábil, mediante escrituração regular em livros devidamente registrados.[141]

IRPF – RENDIMENTOS TRIBUTÁVEIS – RESULTADO DA ATIVIDADE RURAL – Comprovado em criterioso trabalho fiscal que o contribuinte omitiu à tributação rendimentos da atividade rural, correto o procedimento da Fiscalização em lançá-los de ofício e não considerar o direito à compensação de possível prejuízo acumulado, apurado após o arbitramento.[142]

Ainda acerca da conservação e comprovação de documentos que lastreiam o prejuízo acumulado, levando-se em conta a inexistência de lapso temporal definido em lei para a compensação, é fundamental que o contribuinte mantenha em ordem tal documentação, antes e mesmo após efetuada a compensação (em vista de eventual questionamento futuro do Fisco acerca de sua legalidade). A respeito do alcance da decadência, note-se que há julgados administrativos em dois sentidos:

IRPF – ANOS-CALENDÁRIO DE 1996 E 1999 – ATIVIDADE RURAL – COMPENSAÇÃO DE PREJUÍZOS – DECADÊNCIA – ABRANGÊNCIA – O prazo decadencial vincula-se direta e exclusivamente aos fatos geradores objeto do lançamento tributário, não se aplicando a elementos advindos de ano-calendário anterior, ainda que este já tenha sido atingido pela decadência. Assim, constatando-se que o ano-calendário fiscalizado encontra-se passível de revisão, é perfeitamente cabível o lançamento resultante da retificação do valor apropriado, a título de prejuízo da atividade rural a compensar, mesmo que este tenha origem em ano-calendário abarcado pela decadência.[143]

---

[141] BRASIL. Conselho Administrativo de Recursos Fiscais. **Acórdão nº 102-45583**, Relator Conselheiro Amaury Maciel, julgado em 09 jul. 2002. Disponível em: http://carf.fazenda.gov.br. Acesso em: 02 set. 2018.
[142] BRASIL. Conselho Administrativo de Recursos Fiscais. **Acórdão nº 102-44662**, Relator Conselheiro Luiz Fernando Oliveira de Moraes, julgado em 21 mar. 2001. Disponível em: http://carf.fazenda.gov.br. Acesso em: 02 set. 2018.
[143] BRASIL. Conselho Administrativo de Recursos Fiscais. **Acórdão nº CSRF/04-00.054**, Relatora Conselheira Maria Helena Cotta Cardozo, julgado em 21 jun. 2005. Disponível em: http://carf.fazenda.gov.br. Acesso em: 02 set. 2018. No mesmo sentido, veja-se o acórdão nº 104-19.219, Relator Conselheiro roberto William Gonçalves, julgado em 27 fev. 2003: "IRPF – RESULTADO DA ATIVIDADE AGRÍCOLA – REVISÃO DE PREJUÍZO COMPENSÁVEL – DECADÊNCIA – ABRANGÊNCIA – O conceito decadencial, quer do artigo

Muito embora o saldo de prejuízos da atividade rural e do excesso de redução por investimento, sejam utilizados para reduzir o resultado tributável em períodos-base ainda não alcançados pela decadência (anos-calendário de 1995, 1996, 1997 e 1998), o fisco não poderia reconstituir os valores apurados e escriturados pelo Recorrente em períodos-base já alcançados pela decadência, até porque não mais possui a faculdade de examinar os livros e documentos do contribuinte de períodos em que a DECADÊNCIA já ocorreu (Art. 29 da Lei n°2.862, de 1956). Considerando o acima exposto, concluo que decai no prazo de cinco anos, o direito da Fazenda Nacional examinar os livros e documentos do contribuinte, com o fito de revisar o saldo de prejuizos e do excesso de redução por investimento a serem compensados em períodos-base não alcançados pela decadência.[144]

Finalmente, cabem as seguintes indagações:

(i) Os prejuízos apurados na atividade rural no ano-base, podem ser compensados frente aos resultados positivos eventualmente apurados pelo contribuinte em outras atividades?

(ii) Os prejuízos acumulados da atividade rural em anos-base anteriores podem sem compensados frente aos resultados positivos eventualmente apurados pelo contribuinte em outras atividades?

Acerca da primeira questão, ou seja, compensação de prejuízos da atividade rural no ano-base frente aos resultados positivos de outras atividades do contribuinte, vale a referência ao artigo 9º da Lei nº 9.250/95:

> Art. 9º O resultado da atividade rural, apurado na forma da Lei nº 8.023, de 12 de abril de 1990, com as alterações posteriores, quando positivo, integrará a base de cálculo do imposto definida no artigo anterior.

150, § 4º, quer do artigo 173, ambos do CTN, vincula-se direta e exclusivamente ao lançamento tributário a que se referencia; não abrange a revisão de valores advindos de período anterior, já abrangido pela decadência, que influem na apuração do resultado de ano calendário não decadente, restrita a revisão a essa circunscrita e especifica influência, respeitadas as apropriações efetuadas, ainda que incorretamente, em períodos já decadentes."
[144] Trecho de voto: BRASIL. Conselho Administrativo de Recursos Fiscais. **Acórdão nº 102--45961**, Relator Conselheiro Cesar Benedito Santa Rita Pitanga, julgado em 28 fev. 2003. Disponível em: http://carf.fazenda.gov.br. Acesso em: 02 set. 2018.

3. TRIBUTAÇÃO DO PRODUTOR RURAL PESSOA FÍSICA

Ou seja, de acordo com a Lei, apenas *"quando positivo"* o resultado da atividade rural será considerado na apuração anual do imposto de renda da pessoa física. Tomando-se "ao pé da letra", portanto, os eventuais prejuízos apurados no ano-base não seriam compensáveis com os resultados positivos de outras atividades, constituindo-se em prejuízos acumulados da atividade rural, que poderão ser compensados no futuro frente a eventuais resultados positivos da atividade rural, desde que observadas as condições definidas em Lei. Vale destacarmos que a legalidade deste dispositivo parece um tanto questionável, porquanto implique em tributação que em certa medida foge ao conceito constitucional de "renda" e aos princípios da capacidade contributiva e da universalidade da tributação da renda, temas entretanto alheios ao objeto deste estudo.

Entendimento diverso, diga-se desde já, é aplicável à apuração da base de cálculo do Imposto de Renda e da Contribuição Social sobre o Lucro Líquido das pessoas jurídicas dedicadas à atividade rural. Como se verá adiante no tópico 3.1.1.5 deste trabalho, para estas se admite a dedução de prejuízos apurados no ano-base, bem como a compensação (sujeita a "trava") de prejuízos acumulados na atividade rural.

E, acerca do eventual aproveitamento de prejuízos acumulados da atividade rural em anos-base anteriores, frente a resultados provenientes de outras atividades, a mesma lógica tem se aplicado. Veja-se, neste sentido, a seguinte ementa de decisão proferida pelo CARF:

> Constitui receita da atividade rural o valor correspondente à alienação de produtos oriundos da atividade ou, ainda, de bens utilizados na produção, assim considerados os investimentos resultantes da aplicação de recursos financeiros, tais como os maquinários e insumos adquiridos **não há previsão legal para a compensação de prejuízos acumulados da atividade rural com rendimentos de outra natureza**.[145] (destaque nosso)

Diante das considerações acima, podemos traçar as seguintes linhas acerca da compensação de prejuízos apurados na atividade rural:

(i) O produtor rural poderá compensar os prejuízos apurados em anos-base anteriores, sem qualquer trava, desde tais prejuízos acumulados sejam

---

[145] BRASIL. Conselho Administrativo de Recursos Fiscais. **Acórdão nº 2202-003.876**, Relator Conselheiro Martin da Silva Gesto, julgado em 11 mai. 2017. Disponível em: http://carf.fazenda.gov.br. Acesso em: 02 set. 2018.

lastreados por escrituração elaborada consoante os termos do artigo 18 da Lei nº 9.250/95.

(ii) A Lei impõe a guarda da escrituração e higidez dos documentos que comprovam a apuração dos prejuízos acumulados, havendo potencial para discussão acerca do prazo decadencial, visto que a Lei não estabelece lapso temporal para aproveitamento de prejuízos acumulados. Há julgados administrativos favoráveis ao Fisco e ao Contribuinte.

(iii) Tomando-se a literalidade do artigo 9º da Lei nº 9.250/95, o resultado da atividade rural apenas integrará a base de cálculo do imposto de renda da pessoa física "quando positivo". Então, os prejuízos apurados no ano base não seriam dedutíveis dos resultados positivos apurados em outras atividades do contribuinte no mesmo ano base. O mesmo raciocínio tem se aplicado aos prejuízos acumulados em anos-base anteriores.

3.1.2 Escrituração da Atividade Rural do Produtor Pessoa Física

A escrituração das atividades do produtor rural pessoa física é um tema que, como se verá abaixo, não implica em complexidade técnica ou jurídica. Com efeito, o legislador confere verdadeiro "benefício" ao produtor rural, ao estabelecer regras de escrituração um tanto mais simplificadas do que as atividades comerciais em gerais, embora certa complexidade tenha sido adicionada à matéria a partir da edição da Instrução Normativa RFB nº 1.848 de 28 de novembro de 2018 ("IN RFB nº 1.848/18").

Neste sentido, aliás, é também a leitura de Leonardo Furtado Loubet[146], que vislumbra neste ponto uma adaptação à *"realidade rurícola"*:

> É bem verdade, porém, que a realidade rurícola ainda é diferente, o que motivou o legislador a admitir um processo mais simplificado para atender aos interesses fazendários [...]

Ao analisarmos a lição de Malta Cardozo, encontramos uma justificativa bastante romantizada, atribuída a Guido Mondim[147], para o cabimento de regras contábeis mais simplificadas para a atividade rural:

---

[146] LOUBET, *op. cit.*, p. 180.
[147] Apud CARDOZO, Malta. **Tratado de Direito Rural Brasileiro**. 2º Volume. São Paulo: Saraiva, 1954, p. 149.

3. TRIBUTAÇÃO DO PRODUTOR RURAL PESSOA FÍSICA

O ruralista é sempre um abnegado e é sempre um grande patriota, mesmo se os seus esforços ficarem sem recompensa e êle, involuntariamente, devido às surpresas encontradas, não tenha podido auxiliar à economia geral. Oferecendo e facilitado a esse lutador a ciência agrária e veterinária, o crédito agrícola, seguro agrícola e contabilidade rural, amenizaremos as incógnitas que o perseguem.

Aliás, a partir da doutrina de Malta Cardozo[148], percebe-se que o esforço legislativo de "simplificação" da escrituração agrícola é antiquíssimo, assim como a "missão" de se trazer aos produtores rurais a compreensão do *modus operandi* desta escrituração facilitada:

> É preciso realçar o fato de que, desconhecida embora de muitos, a obrigatoriedade da escrituração agrícola, sem os rigores da escrituração mercantil, existe, no país, desde 27 de março de 1907 [...] por força do decreto-federal n. 6437 que deu regulamento às leis 1.150 de 5 de janeiro de 1904 e b. 4607 de 29 de dezembro de 1906[...]
>
> Pode a primeira vista, parecer difícil e dispendioso manter uma escrituração nestas condições. Mas, é facílimo. Não é preciso ter um guarda-livros efetivo, na fazenda, para este fim. Basta que haja uma pessoa ativa, simples escrivão ou o próprio administrador, que tome notas certas, completas, no fim de cada dia, nos livros próprios dos apontamentos [...]

Como se vê, não é de hoje o esforço da legislação e dos especialistas em conciliar a realidade rural com as regras contábeis modernas e aplicáveis às atividades comerciais e industriais em geral. Entretanto, como se viu no início do tópico 3 deste trabalho, ainda hoje os empreendimentos rurais são em boa parte comandados por pessoas analfabetas ou parcamente alfabetizadas.

Quase um século após o relato de Malta Cardozo, parece ainda desafiador encontrarmos no estabelecimento rural *"uma pessoa ativa, simples escrivão ou o próprio administrador, que tome notas certas, completas"*. Não por acaso, em nossa pesquisa junto ao CARF (Tabela 1) as referências a falhas de escrituração corresponderam em conjunto a 223 ocorrências, de um total de 421 ocorrências identificadas, ou seja, 52,97% do total.

---

[148] *Idem*, p. 150-153.

O principal dispositivo legal a tratar da escrituração das atividades rurais é o artigo 18 da Lei nº 9.250/95:

> Art. 18. O resultado da exploração da atividade rural apurado pelas pessoas físicas, a partir do ano-calendário de 1996, será apurado mediante escrituração do Livro Caixa, que deverá abranger as receitas, as despesas de custeio, os investimentos e demais valores que integram a atividade.
>
> § 1º O contribuinte deverá comprovar a veracidade das receitas e das despesas escrituradas no Livro Caixa, mediante documentação idônea que identifique o adquirente ou beneficiário, o valor e a data da operação, a qual será mantida em seu poder à disposição da fiscalização, enquanto não ocorrer a decadência ou prescrição.
>
> § 2º A falta da escrituração prevista neste artigo implicará arbitramento da base de cálculo à razão de vinte por cento da receita bruta do ano-calendário.
>
> § 3º Aos contribuintes que tenham auferido receitas anuais até o valor de R$ 56.000,00 (cinqüenta e seis mil reais) faculta-se apurar o resultado da exploração da atividade rural, mediante prova documental, dispensado o registro do Livro Caixa.

Em primeiro lugar, nota-se que a escrituração das atividades rurais (i) sujeita-se ao regime de caixa, (ii) poderá ter seus lançamentos comprovados por uma ampla gama de documentos, desde que sejam identificadas as partes da transação, o valor e a data; e (iii) é dispensada aos produtores que tenham receitas anuais de até R$ 56.000,00, dos quais se exige mera prova documental da atividade.

O artigo 53 do RIR/18, por sua vez, além de replicar o disposto no artigo 18 da Lei nº 9.250/95, traz ainda maiores detalhes acerca da formalização do Livro-Caixa:

> Art. 53. [...]
> [...]
> § 4º É permitida a escrituração do Livro Caixa pelo sistema de processamento eletrônico, com subdivisões numeradas, em ordem seqüencial ou tipograficamente.
> § 5º O Livro Caixa deve ser numerado seqüencialmente e conter, no início e no encerramento, anotações em forma de "Termo" que identifique o contribuinte e a finalidade do Livro.

§ 6º A escrituração do Livro Caixa deve ser realizada até a data prevista para a entrega tempestiva da declaração de rendimentos do correspondente ano-calendário.

§ 7º O Livro Caixa de que trata este artigo independe de registro.

Finalmente, no que diz respeito à Instrução Normativa SRF nº 83/01, além das regras transcritas acima, foram estabelecidas ainda certas diretrizes que tratam da documentação necessária para a comprovação das receitas e despesas da atividade rural:

Art. 10. As despesas de custeio e os investimentos são comprovados mediante documentos idôneos, tais como nota fiscal, fatura, recibo, contrato de prestação de serviços, laudo de vistoria de órgão financiador e folha de pagamento de empregados, identificando adequadamente a destinação dos recursos.
Parágrafo único. A Nota Fiscal Simplificada e o Cupom de Máquina Registradora, quando identificarem o destinatário das mercadorias ou produtos, são documentos hábeis para comprovar despesas efetuadas pelas pessoas físicas na apuração do resultado da atividade rural. [...]

Art. 22 [...]
§ 1º O contribuinte deve comprovar a veracidade das receitas e das despesas escrituradas no livro Caixa, mediante documentação idônea que identifique o adquirente ou o beneficiário, o valor e a data da operação, a qual é mantida em seu poder à disposição da fiscalização, enquanto não ocorrer a decadência ou prescrição.
[...]
§ 5º Considera-se prova documental aquela que se estrutura por documentos nos quais fiquem comprovados e demonstrados os valores das receitas recebidas, das despesas de custeio e os investimentos pagos no ano-calendário."

Recentemente, mediante a edição da IN RFB nº 1.848/18, foram inseridos os artigos 23-A e 23-B à IN SRF nº 83/01, estabelecendo-se a obrigatoriedade de escrituração digital do livro-caixa, a partir do ano-calendário 2019, para os produtores que obtenham receita bruta superior a R$ 3.600.000,00 no período. A principal inovação, neste ponto, advém do parágrafo 3º do artigo 23-A, vez que se estabeleceu a obrigatoriedade de entrega do livro-caixa pelo contribuinte à RFB, juntamente com a declaração do IRPF a cada ano. Tal imposição é contraditória com o parágrafo 7º do artigo 53 do RIR/18, que estabelece que o livro-caixa independe de registro.

Acerca da escrituração das atividades do produtor rural, portanto, nota-se que a legislação permite procedimentos mais simplificados do que as atividades comerciais em geral. No caso do produtor rural, basta a escrituração mediante lançamentos no livro-caixa, suportados por uma considerável amplitude de provas documentais.

Assim, por exemplo, admite-se (artigo 10 da IN SRF nº 83/01) que a mera fatura ou recibo sejam suficientes à comprovação de despesas e investimentos, desde que se prestem à devida identificação das partes da transação, data e valor.

Finalmente, diga-se que, na hipótese de insuficiência ou falta dos adequados lançamentos contábeis do produtor rural, impõe-se a tributação pelo regime arbitrado à base de *"20% da receita bruta no ano-calendário"*, consoante dispõe o artigo 18, parágrafo 2º, da Lei nº 9.250/95.

A este respeito, aliás, há uma série de julgados em sede administrativa:

OMISSÃO DE RENDIMENTOS. ATIVIDADE RURAL. FALTA DE ESCRITURAÇÃO.
A falta da escrituração do Livro Caixa, abrangendo as receitas, as despesas de custeio, os investimentos e demais valores que integram a atividade rural, implicará no arbitramento da base de cálculo à razão de vinte por cento da receita bruta do ano-calendário.[149]

ATIVIDADE RURAL. LIVRO CAIXA. ESCRITURAÇÃO DEFICIENTE. DESCONSIDERAÇÃO. ARBITRAMENTO DOS RENDIMENTOS TRIBUTÁVEIS. LIMITE LEGAL DE 20% DA RECEITA BRUTA.
Uma vez fundamentado o lançamento com a demonstração de que a escrituração contábil não retrata o movimento econômico-financeiro real, a apuração da base de cálculo do imposto por omissão de rendimentos prove-

---

[149] BRASIL. Conselho Administrativo de Recursos Fiscais. **Acórdão nº 2301-005.055**, Relatora Conselheira Andrea Brose Adolfo, julgado em 07 jun. 2017. Disponível em: http://carf.fazenda.gov.br. Acesso em: 02 set. 2018.

3. TRIBUTAÇÃO DO PRODUTOR RURAL PESSOA FÍSICA

nientes da atividade rural se dá por arbitramento no percentual de 20% da receita bruta.[150]

Neste sentido, insuficiente ou inexistente a devida escrituração do livro-caixa, a base de cálculo da tributação da renda o produtor rural será arbitrada em 20% (vinte por cento) da receita bruta do ano-base.

Ainda sobre da hipótese de arbitramento, são interessantes as observações de Lucas Issa Halah[151], que indica que se trata de uma vantagem conferida ao produtor rural pessoa física e não propriamente à atividade rural, porquanto tal prerrogativa não se estenda ao produtor rural pessoa jurídica, que em tais hipóteses restaria sujeito a tributação menos favorecida.

Vale destacar, ademais, que os julgados que tratam desta hipótese, geralmente se relacionam com supostas ocorrências de omissão de receita. Em tais casos, inclusive, o Fisco busca descaracterizar o exercício da atividade rural, geralmente incumbindo ao contribuinte a prova de exercício da atividade. Neste sentido, por exemplo:

> OMISSÃO DE RENDIMENTOS. DEPÓSITOS BANCÁRIOS. INAPLICABILIDADE DAS NORMAS ATINENTES À TRIBUTAÇÃO DA ATIVIDADE RURAL. Para se beneficiar da tributação favorecida a lei exige a escrituração do Livro Caixa, abrangendo todas as receitas e despesas com a atividade rural. Além do mais, todos os valores escriturados deverão ser comprovados mediante documentação hábil e idônea, conforme dispõe o art. 60 da Lei nº 9.250/1995.[152]

Finalmente, de acordo com a interpretação conferida pelas normas infralegais, ainda que o produtor rural opte pela tributação "presumida" (consoante a sistemática do artigo 5º da Lei nº 8.023/90[153], analisada

---

[150] BRASIL. Conselho Administrativo de Recursos Fiscais. **Acórdão nº 2301-004.969**, Relator Conselheiro Julo Cesar Vieira Gomes, julgado em 13 mar. 2017. Disponível em: http://carf.fazenda.gov.br. Acesso em: 02 set. 2018.
[151] *Op. cit.*, p. 210-211.
[152] BRASIL. Conselho Administrativo de Recursos Fiscais. **Acórdão nº 2201-002.620**, Relator Conselheiro Eduardo Tadeu Farah, julgado em 03 dez. 2014. Disponível em: http://carf.fazenda.gov.br. Acesso em: 02 set. 2018.
[153] Art. 5º A opção do contribuinte, pessoa física, na composição da base de cálculo, o resultado da atividade rural, quando positivo, limitar-se-á a vinte por cento da receita bruta no ano-base.

anteriormente) não restará desobrigado da escrituração do livro-caixa imposta pelo artigo 18 da Lei nº 9.250/95. É o que se depreende do artigo 63, parágrafo 1º do RIR/18:

> Art. 63. À opção do contribuinte, o resultado da atividade rural ficará limitada a vinte por cento da receita bruta do ano-calendário, observado o disposto no art. 59.
>
> § 1º A opção de que trata o *caput* não dispensa o contribuinte da comprovação das receitas e das despesas, independentemente da forma de apuração do resultado.

Portanto, podemos traçar as seguintes considerações acerca da escrituração a que se submetem as atividades do produtor rural pessoa física:

(i) A atividade se submete ao regime de caixa e incumbe ao produtor a elaboração de livro-caixa, em atenção ao quanto disposto na legislação pertinente, em especial o artigo 18 da Lei nº 9.250/95, artigo 53 do RIR/18 e a IN SRF nº 83/01.

(ii) Ficam dispensados da escrituração do livro-caixa os contribuintes que tenham renda de até R$56.000,00 no ano base, restando apenas o dever de obtenção de prova documental, consoante determina o artigo 18, parágrafo 3º da Lei nº 9.250/95.

(iii) Consoante os artigos 23-A e 23-B da IN SRF nº 83/01, os produtores que auferiram renda superior a R$ 3.600.000,00 no ano-calendário devem efetuar a escrituração digital do livro-caixa, que deverá ser entregue pelo contribuinte a cada ano juntamente com a declaração do IRPF;

(iv) A comprovação dos lançamentos de receitas, despesas e investimentos pode se efetuar por uma ampla gama de documentos, desde que se identifiquem a data, o valor e as partes envolvidas na transação, servindo a este propósito não apenas a nota fiscal, mas também os recibos e faturas.

(v) A falta de escrituração ou escrituração insuficiente, implicam no arbitramento da base de cálculo em 20% vinte por cento da receita bruta do ano-base.

(vi) De acordo com o artigo 63 do RIR/18, ainda que o contribuinte opte pela base de cálculo "limitada" de 20% sobre a receita bruta do ano-base, não restará desobrigado do dever de escrituração do Livro-Caixa.

3. TRIBUTAÇÃO DO PRODUTOR RURAL PESSOA FÍSICA

3.1.3 Período de Apuração – Ano Calendário

Consoante o disposto nos artigos 7º e 9º, da Lei nº 9.250/95, o resultado da atividade rural apurado no ano-calendário, quando positivo, integrará a base de cálculo do imposto de renda da pessoa física:

> Art. 7º A pessoa física deverá apurar o saldo em Reais do imposto a pagar ou o valor a ser restituído, relativamente aos rendimentos percebidos no ano--calendário, e apresentar anualmente, até o último dia útil do mês de abril do ano-calendário subseqüente, declaração de rendimentos em modelo aprovado pela Secretaria da Receita Federal.
> [...]
> Art. 9º O resultado da atividade rural, apurado na forma da Lei nº 8.023, de 12 de abril de 1990, com as alterações posteriores, quando positivo, integrará a base de cálculo do imposto definida no artigo anterior.

Uma vez integrado à base de cálculo da apuração de rendimentos da pessoa física, o resultado da atividade rural se sujeitará às alíquotas progressivas de até 27,5%, estabelecidas pelo artigo 1º, parágrafo único, da Lei nº 11.482/07. A este respeito, é elucidativa a lição de Leonardo Furtado Loubet[154]:

> o sujeito passivo deve apurar o resultado tributável da atividade rural e levá--lo à tributação juntamente com seus outros rendimentos, para, aí sim, chegar à base de cálculo final do imposto

Interessante notarmos, ademais, que a apuração se dá obrigatoriamente em vista do resultado percebido no "ano-calendário", que em regra não coincide com o "ano-safra" das atividades rurais.

3.1.4 Operações de Recebimento Antecipado – Cédula de Produto Rural

Finalmente, parece-nos válido destacarmos o entendimento que se confere por lei e pela jurisprudência às transações de adiantamento de recursos para entrega futura de produtos rurais, que são bastante

---

[154] LOUBET, *op. cit.*, p. 159.

comuns no meio rural, geralmente representadas pela emissão de Cédula de Produto Rural, comumente conhecida simplesmente como CPR. Por meio de tais transações, o produtor rural geralmente recebe um valor antecipado (adiantamento), comprometendo-se à entrega futura de certos produtos ao credor da CPR ou do contrato de compra e venda, liquidando-se a transação, normalmente, mediante a entrega dos produtos. A transação pode ser ilustrada da seguinte maneira:

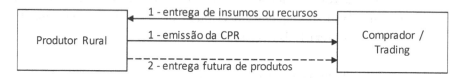

Há, também, a Cédula de Produto Rural de liquidação financeira (conhecida como CPR Financeira), por meio da qual o produtor rural se compromete a pagar determinada quantia em pecúnia até a data da liquidação do título.

Quanto à CPR física (promessa de entrega de produto), observando-se a Lei e a norma infralegal, o tratamento a ser conferido à transação seria aquele definido no artigo 54, parágrafo 2º do RIR/18 e no artigo 19 da IN SRF nº 83/01:

[RIR/18]
Art. 54. [...]
§ 2º Os adiantamentos de recursos financeiros, recebidos em decorrência de contrato de compra e venda de produtos rurais para entrega futura, serão computados como receita no mês da entrega efetiva do produto.

[IN SRF nº 83/01]
Art. 19. Os adiantamentos de recursos financeiros, recebidos por conta de contrato de compra e venda de produtos agrícolas para entrega futura, são computados como receita no mês da efetiva entrega do produto.

Portanto, cumpre ao produtor rural reconhecer a receita no momento da efetiva entrega dos produtos ao comprador, ou seja, geralmente no momento de liquidação da cédula de produto rural ou contrato de compra e venda com entrega futura.

3. TRIBUTAÇÃO DO PRODUTOR RURAL PESSOA FÍSICA

Mediante análise de decisões do CARF[155], nota-se que houve hipóteses que o Fisco, ao se deparar com Cédulas de Produto Rural, lavrou autos de infração com fundamento em omissão de receita, assumindo que teria ocorrido a efetiva entrega de produtos agrícolas na data de liquidação pactuada na Cédula de Produto Rural, sem a correspondente emissão de nota fiscal e reconhecimento de receita pelo contribuinte. Note-se um trecho de "Relatório de Fiscalização" transcrito no relatório que acompanha o Acórdão 2801-002.647[156]:

[...] não houve a comprovação de que as liquidações se deram de forma diversa da que constava nos contratos (entrega dos grãos), conclui-se pela omissão dos rendimentos auferidos nas datas de liquidação das CPR [...]

E também um trecho do voto proferido no âmbito do Acórdão 2401-005.407[157]:

[...] a fiscalização, diante da falta de documentação que comprovasse a liquidação ou não das CPRs, objeto de discussão, concluiu que os referidos títulos foram liquidados nas datas previstas como data de vencimento das cédulas (todas com vencimento em 2005), fazendo prova, portanto, da entrega do produto.

Nos casos julgados pelo CARF, os contribuintes lograram em parte demonstrar que certas cédulas de produto rural foram liquidadas de outra maneira, que não a entrega de bens, mediante a devolução de montantes antecipados pelo credor.

Em um dos casos (Acórdão 2101-01.565[158]), nota-se que o contribuinte teria apresentado cópias de notas fiscais de saída de produto

---

[155] Além dos casos citados no texto, todos decorrentes da mesma fiscalização, vide acórdãos: 2101-001.565, 2102-002.381 e 2201-003.030.
[156] BRASIL. Conselho Administrativo de Recursos Fiscais. **Acórdão nº 2801-002.647**, Relator Conselheiro Antonio de Padua Athayde Magalhães, julgado em 15 ago. 2012. Disponível em: http://carf.fazenda.gov.br. Acesso em: 02 set. 2018.
[157] BRASIL. Conselho Administrativo de Recursos Fiscais. **Acórdão nº 2401-005.407**, Relator Conselheiro Rayd Santana Ferreira, julgado em 04 abr. 2018. Disponível em: http://carf.fazenda.gov.br. Acesso em: 02 set. 2018.
[158] BRASIL. Conselho Administrativo de Recursos Fiscais. **Acórdão nº 2101-01.565**, Relator Conselheiro Alexanre Naoki Nishioka, julgado em 14 mar. 2012. Disponível em: http://carf.fazenda.gov.br. Acesso em: 02 set. 2018.

rural, que em teoria comprovariam a liquidação de cédula de produto rural, mas tal alegação foi rejeitada pelo relator do caso sob o argumento de que *"as notas fiscais acostadas não fazem menção às CPRs que o Recorrente defende terem sido liquidadas mediante a entrega de grãos, comprovada pelos referidos documentos. Portanto, entendo que os documentos acostados não são suficientes para comprovar a operação, motivo pelo qual mantenho a glosa correlata."*

Considerando-se a prática do uso da cédula de produto rural, os precedentes descritos acima merecem algumas considerações:

(i) É muito comum (embora não seja tecnicamente adequado) que as cédulas de produto rural sejam emitidas em montante ou quantidade superiores ao efetivamente devido ao credor, de modo a se estabelecer um certo "índice de cobertura" da transação garantida pela cédula de produto rural, ou mesmo para cobrir eventuais encargos moratórios e despesas de cobrança. Ademais, nada impede que uma CPR seja emitida sem qualquer contraprestação do credor, constituindo-se apenas em garantia de performance de futura operação de venda. Neste sentido, considerando-se que o montante cartular ou nominal da CPR nem sempre corresponderá ao valor antecipado pelo credor ou devido pelo produtor, os precedentes revelariam uma abordagem um tanto quanto preocupante do Fisco, porquanto potencialmente desatenta à realidade dos negócios.

(ii) Os casos revelam a importância de se formalizar as transações de forma elucidativa, por exemplo, mediante confirmação de baixa dos títulos junto ao credor, quando do cumprimento da obrigação assumida pelo produtor rural sob a cédula de produto rural, mediante a entrega de produtos (com a devida emissão de nota fiscal) ou de outra maneira (por exemplo, distrato da transação ou reembolso de montantes eventualmente adiantados ao produtor).

3.2 Contribuições Incidentes sobre a Atividade Rural do Produtor Pessoa Física

Acerca das contribuições incidentes sobre as atividades do Produtor Rural Pessoa Física, podemos resumir às seguintes: Contribuição Previdenciária (FUNRURAL), contribuição ao Serviço Nacional de Aprendizagem Rural (SENAR) e contribuições sobre a folha.

3.2.1 O Funrural

Denomina-se FUNRURAL a contribuição social devida pelo produtor rural (e pelo segurado especial, conforme definido no artigo 12, inciso VII, da Lei nº 8.212/91) sobre a receita de comercialização de produtos de sua atividade ou, como se verá adiante, sobre as remunerações pagas aos seus empregados e trabalhadores avulsos. Trata-se de tributo instituído com fulcro no artigo 195, inciso I, da Constituição Federal de 1988.

Acerca desta contribuição, é válida a transcrição a lição de José Eduardo Soares de Melo[159], embora diga respeito ao arcabouço jurídico superado pela edição da Lei nº 13.606 de 9 de janeiro de 2018 ("Lei nº 13.606/18"):

> A contribuição do produtor rural pessoa física e do segurado especial referidos, incidentes sobre a receita bruta da comercialização da produção rural, é de [...].
> Para o cálculo da contribuição (art. 200, §4º), será considerada a receita bruta (valor recebido ou creditado pela comercialização da produção, assim entendida a operação de venda ou consignação)[...]

O comando legal infraconstitucional que estabelece a contribuição que se costuma denominar Funrural encontra seu principal fundamento no artigo 25 da Lei nº 8.212/91:

> Art. 25. A contribuição do empregador rural pessoa física, em substituição à contribuição de que tratam os incisos I e II do art. 22, e a do segurado especial, referidos, respectivamente, na alínea a do inciso V e no inciso VII do art. 12 desta Lei, destinada à Seguridade Social, é de:
> I – 1,2% (um inteiro e dois décimos por cento) da receita bruta proveniente da comercialização da sua produção;
> II – 0,1% da receita bruta proveniente da comercialização da sua produção para financiamento das prestações por acidente do trabalho.
> § 1º O segurado especial de que trata este artigo, além da contribuição obrigatória referida no caput, poderá contribuir, facultativamente, na forma do art. 21 desta Lei.

---

[159] MELO, José Eduardo Soares de. **Contribuições Sociais no Sistema Tributário.** 6ª edição. São Paulo: Malheiros, 2010, p. 358.

§ 2º A pessoa física de que trata a alínea "a" do inciso V do art. 12 contribui, também, obrigatoriamente, na forma do art. 21 desta Lei.

A redação legal é um tanto intrincada e repleta de referências cruzadas. Neste sentido, para melhor compreensão, vale a pena recorrermos a uma tabela:

	Produtor Rural Pessoa Física	Segurado Especial (art. 12, VII)
Funrural (art. 25)	Obrigatório	Obrigatório
Contribuição Individual (art. 21)	Obrigatório (art. 12, V, a)	Facultativo

Fonte: o autor (2018)

Apenas a título de breve descrição histórica[160], vale dizer que a origem do termo FUNRURAL remete ao Decreto-Lei nº 582 de 15 de maio de 1969, que impôs a destinação parcial de certas contribuições instituídas pela Lei nº 2.613/1955 ao Fundo de Assistência ao Trabalhador Rural (FUNRURAL). Posteriormente, um importante marco legal desta contribuição foi a instituição do Programa de Assistência o Trabalhador Rural (PRORURAL), por força da Lei Complementar nº 11 de 25 de maio de 1971, que em seu artigo 1, parágrafo 1º estabeleceu que o Fundo de Assistência ao Trabalhador Rural (FUNRURAL)teria por escopo a concessão de benefícios de seguridade social ao trabalhador rural e ao produtor rural familiar. Consoante tal programa, os recursos destinados ao FUNRURAL teriam sua origem:

[Lei Complementar nº 11 de 25 de maio de 1971]
Art. 15. [...]
[...]
– da contribuição de 2% (dois por cento) devida pelo produtor sôbre o valor comercial dos produtos rurais, e recolhida:
a) pelo adquírente, consignatário ou cooperativa que ficam sub-rogados, para êsse fim, em tôdas as obrigações do produtor;
b) pelo produtor, quando ele próprio industrializar seus produtos vendê-los ao consumidor, no varejo, ou a adquirente domiciliado no exterior

---

[160] Conforme CALCINI, Fabio Pallaretti. Funrural: Tributação sobre Receitas da Agroindústria. Inconstitucionalidade da Lei nº 10.266/2001. **Revista Dialética de Direito Tributário**, São Paulo: Dialética, nº 180, p. 41-55, 2010.

3. TRIBUTAÇÃO DO PRODUTOR RURAL PESSOA FÍSICA

II – da contribuição de que trata o art. 3º do Decreto-lei nº 1.146, de 31 de dezembro de 1970, a qual fica elevada para 2,6% (dois e seis décimos por cento), cabendo 2,4% (dois e quatro décimos por cento) ao FUNRURAL.

Resumidamente, com o advento da Constituição Federal de 1988 e da Lei nº 8.212/1991, estabeleceu-se um novo regime de contribuição incidente sobre a receita percebida pelo produtor rural, em substituição à contribuição de 20% sobre a remuneração do assalariado definida no artigo 22 da Lei nº 8.212/91.

A constitucionalidade da contribuição foi desafiada, tendo como principal argumento que a redação original do artigo 195 da Constituição Federal de 1988 (anterior à Emenda Constitucional nº 20 de 15 de dezembro de 1998 ("EC nº 20/98"), não permitiria a instituição de contribuição sobre mais de uma hipótese de incidência, considerando-se a folha de pagamentos, o faturamento e a receita. A tese foi acatada pelo Supremo Tribunal Federal, em sede do Recurso Extraordinário 363.852/MG[161]:

RECURSO EXTRAORDINÁRIO – PRESSUPOSTO ESPECÍFICO – VIOLÊNCIA À CONSTITUIÇÃO – ANÁLISE – CONCLUSÃO. Porque o Supremo, na análise da violência à Constituição, adota entendimento quanto à matéria de fundo do extraordinário, a conclusão a que chega deságua, conforme sempre sustentou a melhor doutrina – José Carlos Barbosa Moreira –, em provimento ou desprovimento do recurso, sendo impróprias as nomenclaturas conhecimento e não conhecimento. CONTRIBUIÇÃO SOCIAL – COMERCIALIZAÇÃO DE BOVINOS – PRODUTORES RURAIS PESSOAS NATURAIS – SUB-ROGAÇÃO – LEI Nº 8.212/91 – ARTIGO 195, INCISO I, DA CARTA FEDERAL – PERÍODO ANTERIOR À EMENDA CONSTITUCIONAL Nº 20/98 – UNICIDADE DE INCIDÊNCIA – EXCEÇÕES – COFINS E CONTRIBUIÇÃO SOCIAL – PRECEDENTE – INEXISTÊNCIA DE LEI COMPLEMENTAR. Ante o texto constitucional, não subsiste a obrigação tributária sub-rogada do adquirente, presente a venda de bovinos por produtores rurais, pessoas naturais, prevista nos

---

[161] BRASIL. Supremo Tribunal Federal. **RE 363.852/MG**, Relator Ministro Marco Aurélio, Tribunal Pleno, julgado em 03/02/2010. Disponível em: http://stf.jus.br. Acesso em: 02 set. 2018.

artigos 12, incisos V e VII, 25, incisos I e II, e 30, inciso IV, da Lei nº 8.212/91, com as redações decorrentes das Leis nº 8.540/92 e nº 9.528/97. Aplicação de leis no tempo – considerações.

O voto condutor do Ministro Marco Aurélio proferido naquele caso, é elucidativo: "Na redação primitiva, anterior à Emenda Constitucional nº 20/1998, tratando-se de empregador, a contribuição decorreria da folha de salários, do faturamento ou do lucro, não surgindo a possibilidade de se ter cumulação em virtude de ato normativo ordinário".

Pois bem, diante da decisão proferida pelo Supremo, reconheceu-se a inconstitucionalidade do Funrural, tal como estabelecido anteriormente à EC nº 20/98. Todavia, por meio da edição da Lei nº 10.256 de 9 de julho de 2001 ("Lei nº 10.256/01"), o legislador restabeleceu o artigo 25 da Lei nº 8.212/91, desta feita já sob a égide da EC nº 20/98 e, portanto, da nova redação conferida ao artigo 195 da Constituição Federal de 1988[162].

Novamente, desafiou-se a constitucionalidade do Funrural, questão debelada pelo Supremo Tribunal Federal em sede do RE 718.874/RS, ao qual se conferiu efeito de repercussão geral, e desta feita a favor da constitucionalidade da exação[163]:

TRIBUTÁRIO. EC 20/98. NOVA REDAÇÃO AO ARTIGO 195, I DA CF. POSSIBILIDADE DE EDIÇÃO DE LEI ORDINÁRIA PARA INSTITUIÇÃO DE CONTRIBUIÇÃO DE EMPREGADORES RURAIS PESSOAS FÍSICAS INCIDENTE SOBRE A COMERCIALIZAÇÃO DA PRODUÇÃO RURAL. CONSTITUCIONALIDADE DA LEI 10.256/2001. 1.A declaração incidental de inconstitucionalidade no julgamento do RE 596.177 aplica-se, por força do regime de repercussão geral, a todos os casos idênticos para

---

[162] Acerca do cenário jurídico do Funrural devido pelo produtor pessoa física após o julgamento do RE 363.852 MG, vale a referência ao parecer de Humberto Ávila: ÁVILA, Humberto. Contribuição do Produtor Rural Pessoa Física Sobre a Receita Bruta Proveniente da Comercialização da sua Produção. Subsistência da Inconstitucionalidade após a Lei nº 10.256/01. **Revista Dialética de Direito Tributário**, São Paulo: Dialética, nº 185, p. 128-141, 2011.
[163] BRASIL. Supremo Tribunal Federal. **RE 718.874/RS**, Relator Ministro Edson Fachin, Relator para o acórdão Ministro Alexandre de Moraes, Tribunal Pleno, julgado em 30/03/2017. Disponível em: http://stf.jus.br. Acesso em: 02 set. 2018.

3. TRIBUTAÇÃO DO PRODUTOR RURAL PESSOA FÍSICA

aquela determinada situação, não retirando do ordenamento jurídico, entretanto, o texto legal do artigo 25, que, manteve vigência e eficácia para as demais hipóteses. 2.A Lei 10.256, de 9 de julho de 2001 alterou o artigo 25 da Lei 8.212/91, reintroduziu o empregador rural como sujeito passivo da contribuição, com a alíquota de 2% da receita bruta proveniente da comercialização da sua produção; espécie da base de cálculo receita, autorizada pelo novo texto da EC 20/98. 3. Recurso extraordinário provido, com afirmação de tese segundo a qual é constitucional formal e materialmente a contribuição social do empregador rural pessoa física, instituída pela Lei 10.256/01, incidente sobre a receita bruta obtida com a comercialização de sua produção.

Portanto, o Supremo Tribunal Federal decidiu pela constitucionalidade da instituição do Funrural por meio da edição da Lei nº 10.256/01, posterior à EC nº 20/98, que conferiu nova redação ao artigo 195 da Constituição Federal de 1988.

Proferida a decisão do STF no âmbito do RE 718.874/RS, seguiram-se uma série de debates acerca do passivo acumulado por produtores que haviam deixado de recolher o Funrural nos últimos anos (com ou sem o amparo de medidas judiciais). O debate culminou na edição da Lei nº 13.606/18, que estabeleceu novas alíquotas e base de cálculo para o Funrural, além de um programa de regularização de débitos, denominado "PRR".

Atualmente, em linhas gerais, este é o quadro aplicável ao Funrural devido pelo produtor rural pessoa física e pelo segurado especial, consoante determinado pelo artigo 25 da Lei nº 8.212/91:

Regime Optativo	Desde janeiro de 2019, o contribuinte pode optar pelo recolhimento da contribuição sob a sistemática do artigo 22, incisos I e II da Lei nº 8.212/91 (sobre a remuneração paga ou creditada aos seus funcionários), ou pela contribuição incidente sobre comercialização de sua produção conforme o artigo 25 do mesmo diploma; A opção deverá ser exercida mediante o recolhimento sobre a folha, ou não, em janeiro de cada ano, ou no mês subsequente ao início das atividades rurais – art. 25, §13º da Lei nº 8.212/1991;

Base de Cálculo (caso opte pela contribuição sobre a receita da comercialização)	*"receita bruta proveniente da comercialização da sua produção"* – art. 25, I e II da Lei nº 8.212/91. Acerca das exclusões da base, veja-se o artigo 200, §6º do Regulamento da Previdência Social. Não compõem a base de cálculo a *"produção rural destinada ao plantio ou reflorestamento, nem o produto animal destinado à reprodução ou criação pecuária ou granjeira e à utilização como cobaia para fins de pesquisas científicas, quando vendido pelo próprio produtor e por quem a utilize diretamente com essas finalidades e, no caso de produto vegetal, por pessoa ou entidade registrada no Ministério da Agricultura, Pecuária e Abastecimento que se dedique ao comércio de sementes e mudas no País."* art. 25, §12º da Lei nº 8.212/1991;
Base de Cálculo (caso opte pela contribuição sobre a folha)	*"remunerações pagas, devidas ou creditadas a qualquer título, durante o mês, aos segurados empregados e trabalhadores avulsos [...]"* – art. 22, incisos I e II da Lei nº 8.212/91.
Alíquotas	No caso de opção pelo regime do artigo 25 da Lei nº 8.212/91, sobre a base de cálculo incidirão as alíquotas de 1,2% e 0,1% (risco de acidente de trabalho), totalizando 1,3%; No caso de opção pelo regime do artigo 22 da Lei nº 8.212/91, sobre a base de cálculo incidirão as alíquotas de 20% e do adicional de 1 a 3% referente ao RAT.
Recolhimento	O recolhimento das contribuições deverá ser efetuado de acordo com as regras do artigo 30 da Lei nº 8.212/91: – quando optar pela incidência sobre as remunerações aos seus empregados e trabalhadores avulsos, o recolhimento deverá ser efetuado mensalmente pelo próprio produtor rural; ou – quando optar pela incidência sobre a receita da comercialização de seus produtos, o recolhimento será efetuado pela empresa adquirente da produção rural, cabendo entretanto ao produtor o dever de recolhimento nas hipóteses previstas no artigo 30, inciso X.

Finalmente, vale ainda destacarmos que houve questionamento judicial acerca dos efeitos da Resolução do Senado Federal nº 15 de 30 de 12 de setembro de 2017, que estipula o seguinte em seu artigo 1º:

Art. 1º É suspensa, nos termos do art. 52, inciso X, da Constituição Federal, a execução do inciso VII do art. 12 da Lei nº 8.212, de 24 de julho de 1991, e a execução do art. 1º da Lei nº 8.540, de 22 de dezembro de 1992, que deu nova redação ao art. 12, inciso V, ao art. 25, incisos I e II, e ao art. 30, inciso IV, da Lei nº 8.212, de 24 de julho de 1991, todos com a redação atualizada até a Lei nº 9.528, de 10 de dezembro de 1997, declarados inconstitucionais

3. TRIBUTAÇÃO DO PRODUTOR RURAL PESSOA FÍSICA

por decisão definitiva proferida pelo Supremo Tribunal Federal nos autos do Recurso Extraordinário nº 363.852.

Tal norma exarada pelo Senado Federal é antecedente ao julgamento do RE 718.874/RS e, em vista de sua extensão a determinados dispositivos da Lei nº 8.212/91, há quem defenda a tese que restariam suspensos os dispositivos legais que impõem o FUNRURAL ao produtor rural pessoa física. Entretanto, em nossa pesquisa, observamos que tal tese não tem logrado êxito no Judiciário, ao nosso ver acertadamente, veja-se:

> PROCESSUAL CIVIL. CONTRIBUIÇÃO SOBRE COMERCIALIZAÇÃO DA PRODUÇÃO RURAL. CONSTITUCIONALIDADE DA EXIGÊNCIA APÓS EDIÇÃO DA LEI 10.256/2001. RESOLUÇÃO 15/2017. [...] 2. O impetrante opõe embargos de declaração, sustentando, em síntese, que, o acordão embargado foi omisso quanto a declaração de inexigibilidade da contribuição ao FUNRURAL, ante inaplicabilidade da Resolução do Senado Federal nº 15/2017, que suspendeu a execução dos dispositivos legais atinentes à referida contribuição, a qual deveria ser levada em conta pelo julgador, de ofício, quando do julgamento em que exerceu o juízo positivo de retratação. 3. **Deve a suspensão promovida pela Resolução nº 15/2017 se dar nos limites da declaração de inconstitucionalidade, manifestada pelo Supremo Tribunal Federal, no julgamento do RE 363.852/MG**, sendo certo que a suspensão **não influencia a contribuição do empregador rural pessoa física restabelecida pela Lei nº 10.256/2001.** [...][164] (destaques nossos)
>
> *TRIBUTÁRIO. FUNRURAL. EMPREGADOR RURAL PESSOA FÍSICA. ART. 25 DA LEI 8.212/1991, NA REDAÇÃO DADA PELA LEI 10.256/2001. STF (RE Nº 718.874). REPERCUSSÃO GERAL. CONSTITUCIONALIDADE. RESOLUÇÃO SENADO FEDERAL 15/2017. INAPLICABILIDADE. 1. Relativamente à exigibilidade da exação prevista pelo art. 25 da Lei nº 8.212/91, com a redação dada pelo art. 1º da Lei nº 10.256/2001, o Supremo Tribunal Federal, no julgamento do RE nº 718.874, julgado sob o regime da repercussão geral, em*

---

[164] BRASIL. Tribunal Regional Federal da 3ª Região. **Apelação nº 00107922120094036000 MS**, Relator Desembargador Federal José Lunardelli, Décima Primeira Turma, julgado em 05/06/2018, e-DJF3 Judicial 1 14/06/2018. Disponível em: http://trf3.jus.br. Acesso em: 03 set. 2018.

30-03-2017, fixou a seguinte tese: É constitucional formal e materialmente a contribuição social do empregador rural pessoa física, instituída pela Lei 10.256/2001, incidente sobre a receita bruta obtida com a comercialização de sua produção. [...] 3. **A suspensão promovida pela Resolução nº 15/2017 do Senado Federal não alcança a contribuição do empregador rural pessoa física, restabelecida a partir da Lei nº 10.256/2001, com arrimo no art. 195, I, b, da Constituição Federal**, *porquanto* **a vigente tributação ampara-se em contexto normativo distinto daquele submetido ao STF quando do julgamento do RE nº 363.852//MG, ao qual a Resolução do Senado se refere.** *Ademais, interpretação diversa desconsideraria a tese firmada pelo STF ao apreciar o Tema nº 669 (RE nº 718.874).*[165] *(destaques nossos)*

3.2.2 Contribuição ao SENAR

A contribuição ao Serviço Nacional de Aprendizagem Rural, instituída pela Lei nº 8.315 de 23 de dezembro de 1991, incide para o produtor rural pessoa física à alíquota de 0,2% sobre a receita de comercialização (mesma base de cálculo do Funrural). O fundamento legal se encontra no artigo 6º da Lei nº 9.528 de 10 de dezembro de 1997:

> Art. 6º A contribuição do empregador rural pessoa física e a do segurado especial, referidos, respectivamente, na alínea a do inciso V e no inciso VII do art. 12 da Lei nº 8.212, de 24 de julho de 1991, para o Serviço Nacional de Aprendizagem Rural (SENAR), criado pela Lei nº 8.315, de 23 de dezembro de 1991, é de zero vírgula dois por cento, incidente sobre a receita bruta proveniente da comercialização de sua produção rural.
> Parágrafo único. A contribuição de que trata o caput deste artigo será recolhida:
> I – pelo adquirente, consignatário ou cooperativa, que ficam sub-rogados, para esse fim, nas obrigações do produtor rural pessoa física e do segurado especial, independentemente das operações de venda e consignação terem sido realizadas diretamente com produtor ou com intermediário pessoa física;

---

[165] BRASIL. Tribunal Regional Federal da 4ª Região. **Apelação nº 5010168--07.2013.4.04.7102**, Relatora Luciane Amaral Corrêa Münch, Seguna Turma, julgado em 31/07/2018. Disponível em: http://trf4.jus.br. Acesso em: 03 set. 2018.

3. TRIBUTAÇÃO DO PRODUTOR RURAL PESSOA FÍSICA

II – pelo próprio produtor pessoa física e pelo segurado especial, quando comercializarem sua produção com adquirente no exterior, com outro produtor pessoa física, ou diretamente no varejo, com o consumidor pessoa física.

O que parece notável, em primeiro lugar, é que nada obstante as alterações promovidas no regime do Funrural por força da Lei nº 13.606/18, analisada no tópico anterior deste trabalho, prevalece o dever de pagamento da contribuição ao SENAR sobre a receita da comercialização de produtos. Neste sentido, ainda que o produtor rural opte (a partir de janeiro de 2019) pelo recolhimento do Funrural sobre as remunerações de seus funcionários e trabalhadores avulsos, subsistirá ainda o dever de pagamento da contribuição ao SENAR sobre a receita da comercialização.

Neste sentido, inclusive, vale a transcrição de decisão recente do CARF que, embora trate de tributação de pessoa jurídica, presta-se ao tema ora analisado:

> A contribuição do empregador rural pessoa física e do segurado especial referidos, respectivamente, na alínea "a" do inciso V e no inciso VII do art. 12 desta Lei, destinada à Seguridade Social e ao financiamento das prestações por acidente do trabalho, é de 2% e 0,1% da receita bruta proveniente da comercialização da sua produção, respectivamente, nos termos do art. 25 da Lei nº 8.212/91, com a redação dada pela Lei nº 10.256/2001.
> A não apreciação no RE 363.852/MG dos aspectos relacionados a inconstitucionalidade do art. 30, IV da Lei 8212/2001; sendo que o fato de constar no resultado do julgamento "inconstitucionalidade do artigo 1º da Lei nº 8.540/92, que deu nova redação aos artigos 12, incisos V e VII, 25, incisos I e II, e 30, inciso IV, da Lei nº 8.212/91, com redação atualizada até a Lei nº 9.528/97" não pode levar a interpretação extensiva de que fora declarada também a inconstitucionalidade do art. 30, IV, considerando a ausência de fundamentos jurídicos no próprio voto condutor. As contribuições destinadas ao SENAR não foram objeto de reconhecimento de inconstitucionalidade no Recurso Extraordinário n 363.852. Desse modo, permanece a exação tributária.[166]

---

[166] BRASIL. Conselho Administrativo de Recursos Fiscais. **Acórdão nº 9202-006.991**, Relatora Conselheira Elaine Cristina Monteiro e Silva Vieira, julgado em 19 jun. 2018. Disponível em: http://carf.fazenda.gov.br. Acesso em: 02 set. 2018.

Outro aspecto relevante é que as disposições do artigo 25, parágrafo 12, da Lei nº 8.212/91, inseridas pela Lei nº 13.606/18 não se aplicam expressamente à contribuição do SENAR. Vale a transcrição deste dispositivo que se aplica portanto apenas ao Funrural:

[Lei nº 8.212/91]
Art. 25 [...]
[...]
§ 12. Não integra a base de cálculo da contribuição de que trata o caput deste artigo a produção rural destinada ao plantio ou reflorestamento, nem o produto animal destinado à reprodução ou criação pecuária ou granjeira e à utilização como cobaia para fins de pesquisas científicas, quando vendido pelo próprio produtor e por quem a utilize diretamente com essas finalidades e, no caso de produto vegetal, por pessoa ou entidade registrada no Ministério da Agricultura, Pecuária e Abastecimento que se dedique ao comércio de sementes e mudas no País.

Portanto, como ponto de relevante atenção, vale dizer que se considerando o arcabouço legal vigente, a contribuição ao SENAR incidirá inclusive em transações sobre as quais já não incide o Funrural, por exemplo, nas operações de compra e venda de gado magro entre produtores rurais pessoas físicas.

3.2.3 Demais Contribuições

Vale dizer, ao produtor rural incumbe ainda o recolhimento de encargos incidentes sobre a folha de salários e remunerações pagas a trabalhadores avulsos, tais como o Fundo de Garantia por Tempo de Serviço ("FGTS"), Instituto Nacional do Seguro Social ("INSS") do empregado e INCRA, geralmente devidas pelas demais categorias econômicas. Neste tópico, portanto, não adentraremos em questões específicas de tais exações, porquanto não sejam particularmente especiais para a atividade rural. Nada obstante, abaixo, destacamos os pontos que nos parecem de maior interesse.

Acerca da contribuição a INCRA, incidente sobre a folha de salários à alíquota de 0,2%, José Eduardo Soares de Melo[167] destaca a discussão

---

[167] MELO, *op. cit.*, p. 163.

3. TRIBUTAÇÃO DO PRODUTOR RURAL PESSOA FÍSICA

havida no âmbito do Judiciário, que ao fim resultou no reconhecimento (pelo menos por ora) da legalidade da exação, que teria sido decepcionada pela Constituição Federal de 1988 sob a categoria de contribuição de intervenção no domínio econômico. Neste sentido, o Superior Tribunal de Justiça editou a Súmula de nº 516[168]:

> A contribuição de intervenção no domínio econômico para o Incra (Decreto-Lei n. 1.110/1970), devida por empregadores rurais e urbanos, não foi extinta pelas Leis ns. 7.787/1989, 8.212/1991 e 8.213/1991, não podendo ser compensada com a contribuição ao INSS.

O assunto, entretanto, ainda é objeto de discussão, especificamente no que diz respeito à tese de que a contribuição ao INCRA não seria compatível com o regime constitucional estabelecido após a edição da Emenda Constitucional nº 33 de de 11 de dezembro de 2001, que não prevê a folha se salários como possível base de cálculo das contribuições de intervenção no domínio econômico. A matéria é objeto do RE nº 630.898/RS, pendente de julgamento, ao qual o Supremo Tribunal Federal conferiu efeito de repercussão geral.

Quanto ao Salário-Educação, trata-se de contribuição instituída nos termos do artigo 15 da Lei nº 9.424 de 24 de dezembro de 1996, que seria devida pelas *"empresas"* e incidiria à alíquota de 2,5% sobre as remunerações pagas aos *"segurados empregados"*:

> Art. 15. O Salário-Educação, previsto no art. 212, § 5º, da Constituição Federal e devido pelas empresas, na forma em que vier a ser disposto em regulamento, é calculado com base na alíquota de 2,5% (dois e meio por cento) sobre o total de remunerações pagas ou creditadas, a qualquer título, aos segurados empregados, assim definidos no art. 12, inciso I, da Lei nº 8.212, de 24 de julho de 1991.

Vale mencionar, houve discussão acerca do enquadramento do produtor rural "pessoa física" no conceito de "empresa" do dispositivo legal transcrito acima. A jurisprudência do Superior Tribunal de Justiça, entretanto, tem debelado este entendimento:

---

[168] BRASIL. Superior Tribunal de Justiça. **Súmulas**, página 679. Disponível em: http://www.stj.jus.br/docs_internet/SumulasSTJ.pdf. Acesso em: 02 set. 2018.

[AgInt no REsp 1599926/SC]
[...] III – No mérito, verifica-se que a Jurisprudência do Superior Tribunal de Justiça tem entendimento pacífico no sentido da vedação da cobrança da contribuição do salário-educação ao produtor rural pessoa física, desprovido de registro no CNPJ. Nesse sentido: AgInt no REsp 1580902/SP, Rel. Ministro BENEDITO GONÇALVES, PRIMEIRA TURMA, julgado em 14/03/2017, DJe 23/03/2017; REsp 711.166/PR, Rel. Ministra ELIANA CALMON, SEGUNDA TURMA, julgado em 04/04/2006, DJ 16/05/2006, p. 205. [...][169]

[AgInt no REsp 1580902/SP]
TRIBUTÁRIO. AGRAVO INTERNO NO RECURSO ESPECIAL. EXECUÇÃO FISCAL.
TRIBUTÁRIO. CONTRIBUIÇÃO PARA O SALÁRIO-EDUCAÇÃO. PRODUTOR RURAL PESSOA FÍSICA. DESPROVIDO DE CNPJ. INEXIGIBILIDADE DA EXAÇÃO. 1. A jurisprudência do Superior Tribunal de Justiça, com o julgamento do REsp 1.162.307/RJ, submetido ao rito dos recursos repetitivos, firmou-se no sentido de que a contribuição para o salário-educação tem como sujeito passivo as empresas, assim entendidas as firmas individuais ou sociedades que assumam o risco de atividade econômica, urbana ou rural, com fins lucrativos ou não, em consonância com o art. 15 da Lei 9.424/1996, regulamentado pelo Decreto 3.142/1999, sucedido pelo Decreto 6.003/2006. O produtor rural pessoa física desprovido de registro no Cadastro Nacional de Pessoa Jurídica (CNPJ) não se enquadra no conceito de empresa (firma individual ou sociedade), de forma que não é devida a incidência da contribuição para o salário educação. Nesse sentido: AgRg no REsp 1.467.649/PR, Rel. Ministro Og Fernandes, Segunda Turma, DJe 29/6/2015; AgRg no REsp 1.546.558/RS, Rel. Ministro Humberto Martins, Segunda Turma, DJe 9/10/2015; REsp 842.781/RS, Rel. Ministra Denise Arruda, Primeira Turma, DJ 10/12/2007.[170]

---

[169] BRASIL. Superior Tribunal de Justiça. **AgInt no REsp 1599926/SC**, Relator Ministro Francisco Falcão, Segunda Turma, julgado em 17/05/2018, DJe 28/05/2018. Disponível em: http://stj.jus.br. Acesso em: 02 set. 2018.

[170] BRASIL. Superior Tribunal de Justiça. **AgInt no REsp 1580902/SP**, Relator Ministro Benedito Gonçalves, Primeira Turma, julgado em 14/03/2017, DJe 23/03/2017. Disponível em: http://stj.jus.br. Acesso em: 02 set. 2018

3. TRIBUTAÇÃO DO PRODUTOR RURAL PESSOA FÍSICA

Nada obstante o posicionamento do Superior Tribunal de Justiça, a questão não se encontra resolvida, porquanto existam decisões de instâncias inferiores que reconhecem a equiparação do produtor rural pessoa física ao conceito de pessoa jurídica ou empresa, apenas e tão somente por conta da eventual existência de inscrição no CNPJ ou do mero exercício de atividade rural. Neste ponto, é essencial que se atente ao fato de que, (i) por vezes, a inscrição junto a CNPJ decorre de obrigatoriedade imposta pelos estados para o exercício da atividade rural, não tendo o condão de descaracterizar a natureza de pessoa física do produtor rural; e (ii) o pleno exercício de atividade rural na qualidade de produtor pessoa física encontra indiscutível amparo na legislação, tratando-se a inscrição no registro público de empresas mercantis uma faculdade (artigo 971 do Código Civil). Ao nosso ver, portanto, as decisões que impõem ao produtor rural pessoa física a sujeição ao salário-educação, distanciam-se da realidade e do arcabouço jurídico aplicável ao exercício da atividade rural, porquanto seja absolutamente legal o exercício da atividade rural pelo produtor pessoa física (inclusive com emprego intensivo de capital e tecnologia), nem mesmo existindo discussões em outras searas acerca de sua equiparação à pessoa jurídica.

Neste ponto, destaque-se que nada obstante a discussão judicial em torno do tema, a IN RFB nº 971/09 determina que o produtor rural pessoa física (optante ou não pelo recolhimento do Funrural sobre a folha), deve recolher o salário-educação à alíquota de 2,5% sobre a folha.

3.3 O Produtor Rural e o ICMS

No que diz respeito ao Imposto sobre Circulação de Mercadorias e Serviços ("ICMS"), para fins do presente estudo, traçaremos alguns cortes necessários, em vista da vastidão de tópicos particulares a este tributo. Neste sentido, a abordagem adotada é a seguinte: (i) será considerado o ICMS consoante estipulado no Estado de São Paulo; e (ii) a tributação sobre a atividade rural será abordada em termos gerais, conferindo-se enfoque em questões de particular interesse na jurisprudência.

3.3.1 O ICMS no Estado de São Paulo

O ICMS, vale dizer, é o tributo de competência dos Estados e que se encontra tipificado na Constituição Federal de 1988, em seu artigo 155, inciso II:

Art. 155. Compete aos Estados e ao Distrito Federal instituir impostos sobre: [..]
II – operações relativas à circulação de mercadorias e sobre prestações de serviços de transporte interestadual e intermunicipal e de comunicação, ainda que as operações e as prestações se iniciem no exterior; [...]
§ 2º O imposto previsto no inciso II atenderá ao seguinte:
I – será não-cumulativo, compensando-se o que for devido em cada operação relativa à circulação de mercadorias ou prestação de serviços com o montante cobrado nas anteriores pelo mesmo ou outro Estado ou pelo Distrito Federal; [...]"

Acerca da hipótese de incidência do ICMS, tanto a doutrina quanto a jurisprudência já se debruçaram em diversas oportunidades, a elucidar os conceitos de "circulação", "mercadorias" e "operações". Nesse sentido, é elucidativa a lição de Hugo de Brito Machado Segundo[171]:

> Mercadorias são bens móveis e corpóreos destinados ao comércio, vale dizer, 'coisas que produzem para vender ou se compram para revender com lucro' (Aliomar Baleeiro, Direito Tributário Brasileiro, 11. Ed, rio de Janeiro: Forense, 1999, p. 407). Operações, por sua vez, são negócios que, transferindo sua posse ou propriedade, as impulsionam em seu ciclo econômico, da produção ao consumo. Por isso mesmo, 'não constitui fato gerador do imposto de circulação de mercadorias a saída física de máquinas, utensílios e implementos a título de comodato' (Súmula nº 573/STF)

Ademais, consoante o disposto no artigo 155, parágrafo 2º, da Constituição Federal de 1988, o ICMS é um tributo de caráter não-cumulativo. Acerca desta característica, veja-se a lição de Paulo de Barros Carvalho[172]:

> O princípio da não-cumulatividade é do tipo limite objetivo: impõe técnica segundo a qual o valor de tributo devido e cada operação será compensado com a quantia incidente sobre as anteriores [...]

---

[171] MACHADO SEGUNDO, Hugo de Brito Machado. **Código Tributário Nacional: anotações à Constituição, ao Código Tributário Nacional e às Leis Complementares 87/1996 e 116/2003.** 5ª edição. São Paulo: Atlas, 2015, p. 93.
[172] CARVALHO, Paulo de Barros. *op. cit.*, p. 168.

3. TRIBUTAÇÃO DO PRODUTOR RURAL PESSOA FÍSICA

O ICMS, portanto, mesmo sob a ótica do produtor rural, consubstancia-se em tributo que incide sobre as transações de circulação de mercadorias (tais como compreendidas pela doutrina e pela jurisprudência), em regime de não cumulatividade.

No âmbito do Estado de São Paulo, considerando-se o Decreto nº 45.490 de 30 de novembro de 2000 ("RICMS/SP"), vale dizer que o produtor rural resta obrigado à obtenção de inscrição para seus estabelecimentos, consoante determina seu artigo 32:

> Artigo 32 – Observadas, no que couber, as demais disposições deste capítulo, o produtor de que trata o inciso VI do artigo 4º deverá inscrever seu estabelecimento rural no Cadastro de Contribuintes do ICMS antes do início de suas atividades, conforme disciplina estabelecida pela Secretaria da Fazenda.
>
> § 1º – Para fins do disposto neste artigo considera-se produtor rural, o empresário rural, pessoa natural, não equiparado a comerciante ou industrial, que realize profissionalmente atividade agropecuária, de extração e exploração vegetal ou animal, de pesca ou de armador de pesca. [...]

O produtor rural fará jus ao crédito de ICMS em relação às mercadorias e serviços adquiridos ou tomados pelo estabelecimento, os quais deverão ser devidamente lançados em seus livros. Os artigos 70 e seguintes, bem como o artigo 115, parágrafo 1º, do RICMS/SP tratam das hipóteses de compensação ou transferência dos créditos acumulados por produtor rural, por meio de transferência, incorporação, compensação ou dedução.

Vale dizer, no âmbito o RICMS/SP há uma série de hipóteses de diferimento do tributo, que se aplicam a diversas transações de interesse do produtores rurais, em especial as hipóteses definidas nos artigos 328 e seguintes deste diploma legal.

Finalmente, vale destacarmos as hipóteses de isenção do ICMS, previstas no Anexo I ao RICMS/SP, que são de especial interesse ao produtor rural:

[Anexo I ao RICMS/SP]
(i) Devolução de embalagens vazias de agrotóxicos (art. 89);
(ii) Transações com reprodutores ou matrizes de gado *"vacum, ovino, suíno e bufalino, puro de origem, puro por cruza ou de livro aberto de vacum"* (art. 73);

(iii) Importação de matriz ou reprodutor de gado caprino (art. 72)
(iv) Transações com certos hortifrutigranjeiros (art. 36);
(v) Transações com "*oócito, embrião ou sêmen congelado ou resfriado de bovinos, de ovinos, de caprinos ou de suínos*" (art. 28);
(vi) Saídas de coelho ou aves para abate (art. 101);
(vii) Saídas de gado para abate (art. 102);
(viii) Saída interna de leite cru, pasteurizado ou hidratado (art. 103);
(ix) Consumo de Energia elétrica (art. 29)

3.3.2 Questões Relevantes na Jurisprudência do TJ/SP

Em busca de jurisprudência do Tribunal de Justiça do Estado de São Paulo ("TJ/SP"), identificamos determinadas questões que parecem ser de especial interesse em relação ao ICMS e as atividades rurais desenvolvidas neste estado.

Neste sentido, veja-se abaixo a ementa de julgado que trata da apuração de créditos por produtor rural, decorrentes da aquisição de óleo diesel:

> APELAÇÃO. AÇÃO DE NULIDADE DE AUTO DE INFRAÇÃO. ICMS. Alegação de creditamento indevido de ICMS por produtor rural que armazena em sua propriedade rural mercadorias adquiridas (óleo diesel) para posterior distribuição a outros estabelecimentos com titularidade diversa. Impossibilidade. Infringência aos artigos 38 e 66, V, da Lei Estadual nº 6.374/89 e do Decreto Estadual 45.490/00, respectivamente, bem como do artigo 20, §1º, da Lei Complementar nº 87/96. Direito de se apropriar dos créditos de ICMS que só é conferido ao contribuinte produtor rural que efetivamente empregou a mercadoria adquirida para integração no produto ou para consumo no respectivo processo de industrialização ou produção rural. Precedente do E. STJ. Em razão da impossibilidade de creditamento reconhecida, também não há direito à transferência dos créditos irregularmente escriturados. Exigibilidade do auto de infração e imposição de multa relativamente aos itens objeto da insurgência recursal (itens 1 e 4). Inversão dos ônus de sucumbência. Sentença reformada. Recurso voluntário e reexame necessário providos.[173]

---

[173] BRASIL. Tribunal de Justiça do Estado de São Paulo. **Apelação 1003716--10.2016.8.26.0664**; Relator Bandeira Lins; 8ª Câmara de Direito Público; julgado em 25/10/2017. Disponível em: http://tjsp.jus.br; Acesso em: 02 set. 2018.

3. TRIBUTAÇÃO DO PRODUTOR RURAL PESSOA FÍSICA

PROCESSUAL CIVIL E TRITUTÁRIO – EXECUÇÃO FISCAL – EMBARGOS – ICMS – AIIM – CREDITAMENTO – COMBUSTÍVEL – PRESSUPOSTOS LEGAIS – CONCORRÊNCIA. 1. A LC nº 87/96 e a Decisão Normativa CAT nº 01/2001 autorizam o creditamento de ICMS decorrente da aquisição de combustível empregado na produção rural. Dois laudos periciais que atestam que o óleo diesel que gerou os créditos impugnados foi empregado no processo agroindustrial. Regularidade na utilização do crédito constatada. 2. Exigência de titularidade do veículo movido pelo combustível que não encontra amparo na lei ou na Decisão Normativa CAT nº 01/2001. Presunção meramente relativa de que veículos de transporte de pessoas são alheios à atividade do estabelecimento. Existência de prova em contrário. Pedido procedente, em parte. Reexame necessário, considerado interposto, desacolhido. Recurso da embargada desprovido. Recurso da embargante provido, em parte.[174]

Como se denota a partir dos julgados transcritos, o Fisco paulista tem exigido do produtor rural a prova de efetivo emprego do óleo diesel em suas atividades, impondo-se tal condição ao creditamento. Como é cediço, a atividade rural é intensiva em uso de óleo diesel, que é o combustível por excelência empregado em máquinas agrícolas, caminhões e tratores.

Ademais, consoante o primeiro aresto transcrito, o Fisco tem vedado o creditamento quando o combustível se destina a outros estabelecimentos (áreas de produção), do mesmo contribuinte. Esta exigência é especialmente cruel ao produtor rural, porquanto destacada da realidade de suas atividades. Com efeito, é muito comum que o produtor centralize máquinas e estruturas (tais como tanques de armazenamento de combustíveis), em um determinado estabelecimento, utilizando-o nas lavouras de outros estabelecimentos próprios, conforme o fluxo de seu serviço. Neste ponto, portanto, a jurisprudência citada parece fugir um pouco ao razoável, configurando-se em verdadeiro atentado ao princípio constitucional da não-cumulatividade do ICMS.

---

[174] BRASIL. Tribunal de Justiça do Estado de São Paulo. **Apelação 10162878520158260037**; Relator Decio Notarangeli; 9ª Câmara de Direito Público; julgado em 20/06/2018. Disponível em: http://tjsp.jus.br; Acesso em: 02 set. 2018.

Aliás, a questão dos estabelecimentos do produtor rural remete a outro tópico de interesse na jurisprudência, a saber, a inexistência de fato gerador do ICMS, quando da transferência de bens entre estabelecimentos de um mesmo contribuinte. Com efeito, trata-se de matéria consolidada na súmula 166 do Superior Tribunal de Justiça[175]:

> Súmula 166. Não constitui fato gerador do ICMS o simples deslocamento de mercadoria de um para outro estabelecimento do mesmo contribuinte.

Tal entendimento, consolidado pela jurisprudência, tem por efeito afastar a hipótese de incidência do ICMS prevista no artigo 12, inciso I, da Lei Complementar nº 87 de 13 de setembro de 1996:

> Art. 12. Considera-se ocorrido o fato gerador do imposto no momento:
> I – da saída de mercadoria de estabelecimento de contribuinte, ainda que para outro estabelecimento do mesmo titular; [...]

Como não poderia deixar de ser, a mesma premissa se aplica ao produtor rural, afastando-se a incidência do ICMS nas hipóteses de transferência de bens entre estabelecimentos do contribuinte. Neste sentido, a jurisprudência do TJ/SP[176]:

> MANDADO DE SEGURANÇA – ICMS – Transferência de gado bovino entre estabelecimentos de mesma titularidade – Não incidência de imposto – Não há circulação de mercadorias no sentido econômico – Inteligência da Súmula 166, do STJ – Há precedente do STJ, julgado pelo sistema dos recursos repetitivos, segundo o qual "O deslocamento de bens ou mercadorias entre estabelecimentos de uma mesma empresa, por si só, não se subsume à hipótese de incidência do ICMS" (REsp nº 1.125.133-SP, j. 25/08/2010, Min. Luiz Fux) – Concessão da segurança mantida – Precedente desta C. 9ª Câmara de Direito Público – Recursos oficial e voluntário não providos.

---

[175] BRASIL. Superior Tribunal de Justiça. **Súmulas**, página 206. Disponível em: http://www.stj.jus.br/docs_internet/SumulasSTJ.pdf. Acesso em: 02 set. 2018.
[176] BRASIL. Tribunal de Justiça do Estado de São Paulo. **Apelação nº 10011602720168260311**, Relator Rebouças de Carvalho, julgado em 27/09/2017, 9ª Câmara de Direito Público. Disponível em: http://tjsp.jus.br. Acesso em: 02 set. 2018.

3. TRIBUTAÇÃO DO PRODUTOR RURAL PESSOA FÍSICA

Finalmente, interessante mencionarmos o aresto abaixo, que esclarece que as transferências de produtos entre partes de contrato de parceria rural não se sujeitam à incidência do ICMS[177]:

TRIBUTOS ICMS – Parceria agrícola – Cana-de-açúcar – Circulação fática de mercadoria – Incidência de ICMS – Impossibilidade: – No âmbito dos contratos de parceria agrícola, a circulação de mercadoria entre o proprietário do imóvel e o parceiro arrendatário é meramente física, não configurando fato gerador do ICMS. ICMS – Parcelamento – Juros – Inconstitucionalidade reconhecida pelo Órgão Especial – Retificação – Possibilidade: – Urge retificar o título executivo para limitar os juros à Taxa Selic, diante da declaração de inconstitucionalidade havida no órgão especial.

---

[177] BRASIL. Tribunal de Justiça do Estado de São Paulo. **Apelação nº 0000286--64.2013.8.26.0311**; Relatora Teresa Ramos Marques; 10ª Câmara de Direito Público; julgado em 04/06/2018. Disponível em: http://tjsp.jus.br . Acesso em: 02 set. 2018.

4. Tributação do Produtor Rural Pessoa Jurídica

A exploração da atividade rural sob o regime da pessoa jurídica pode se dar mediante a efetiva constituição de uma sociedade, consoante os tipos societários existentes, ou mediante a inscrição do produtor rural pessoa física junto ao Registro Público de Empresas Mercantis, com fulcro no artigo 971 do Código Civil de 2002.

> Art. 971. O empresário, cuja atividade rural constitua sua principal profissão, pode, observadas as formalidades de que tratam o art. 968 e seus parágrafos, requerer inscrição no Registro Público de Empresas Mercantis da respectiva sede, caso em que, depois de inscrito, ficará equiparado, para todos os efeitos, ao empresário sujeito a registro.

Acerca deste dispositivo, Ricardo Fiuza e Newton de Lucca[178] indicam que, uma vez efetuada a inscrição do produtor rural, ocorreria a equiparação *"para todos os efeitos legais"* entre o *"exercício de atividade rural por intermédio do empresário rural ou da sociedade empresária rural"*.

Importante que se ressalte que a inscrição do produtor rural junto ao registro de comércio afigura-se como uma mera faculdade conferida pela Lei ao produtor, sendo absolutamente legal o exercício da atividade rural na qualidade de pessoa física, de tal modo que não tem relevante cabimento a discussão em torno da equiparação do produtor pessoa

---

[178] FIUZA, Ricardo, et alii. Coordenação de Beatriz Tavares da Silva. **Código Civil Comentado**. 6ª edição. São Paulo: Saraiva, 2008, p. 962.

física à pessoa jurídica por conta do exercício de atividade empresarial. Neste sentido, vale a transcrição da lição de Ricardo Fiuza e Newton de Lucca[179]:

> O produtor rural que, mesmo desempenhando atividade econômica agrícola ou pecuária, preferir não adotar a forma de empresa rural permanecerá vinculado a regime jurídico próprio, como pessoa física, também para os efeitos das legislações tributária, trabalhista e previdenciária, com responsabilidade ilimitada e com comprometimento direto de seu patrimônio pessoal nas obrigações contraídas em razão do exercício de sua atividade.

Ainda a este respeito, o entendimento indicado acima é corroborado pelo Enunciado nº 202, aprovado na III Jornada de Direito Civil do Conselho da Justiça Federal[180]:

> O registro do empresário ou sociedade rural na Junta Comercial é facultativo e de natureza constitutiva, sujeitando-o ao regime jurídico empresarial. É inaplicável esse regime ao empresário ou sociedade rural que não exercer tal opção.

Podemos concluir, portanto, que para fins de análise da tributação da atividade rural, consideram-se como pessoas jurídicas: (i) as sociedades que se dediquem à atividade rural; e (ii) o produtor rural que exerça a faculdade prevista no artigo 971 do Código Civil de 2002.

Feitas tais distinções preliminares, cabe a seguinte indagação: qual é a relevância da pessoa jurídica na produção rural Brasileira? A este respeito, encontramos dados interessantes no Censo Agropecuário de 2006[181] (o último da série até o momento), elaborado pelo IBGE – Instituto Brasileiro de Geografia e Estatística.

De acordo com o IBGE (dados de 2006), de um total de 5.175.489 estabelecimentos rurais existentes no Brasil, responsáveis pela explo-

---

[179] *Idem*, p. 963.
[180] CONSELHO DA JUSTIÇA FEDERAL. CJF-Enunciados, **Enunciado nº 202**, III Jornada de Direito Civil. Disponível em http://www.cjf.jus.br/enunciados/enunciado/391 . Acesso em: 24 jun. 2018.
[181] INSTITUTO BRASILEIRO DE GEOGRAFIA E ESTATÍSTICA. *op. cit.*, páginas 47, 175, 187. Disponível em: https://biblioteca.ibge.gov.br/visualizacao/periodicos/51/agro_2006.pdf. Acesso em: 02 set. 2018.

4. TRIBUTAÇÃO DO PRODUTOR RURAL PESSOA JURÍDICA

ração de uma área total de 329.941.393 hectares, as pessoas jurídicas constituídas na forma de *"sociedade anônima ou por quotas de responsabilidade limitada"*, corresponderiam a 53.638 estabelecimentos, com área total de 27.865.979 hectares.

Portanto, a atividade rural organizada nas formas societárias mais usuais, corresponderia a apenas 1,04% dos estabelecimentos rurais, que seriam estes responsáveis pela exploração de 8,45% da área total dos estabelecimentos rurais. Portanto, percebe-se que a exploração da atividade rural por pessoa jurídica, relaciona-se (de uma maneira geral), com a atividades de maior porte, quando comparado à exploração pela pessoa física. A conclusão extraída do Censo Agropecuário faz todo o sentido lógico, uma vez que a pessoa jurídica geralmente representará a união de esforços de diversos produtores para o exercício da atividade rural.

Acerca da exploração de atividade rural por pessoa jurídica, parece-nos muito interessante a abordagem que se confere ao assunto nos Estados Unidos da América. Com efeito, naquele país, o arcabouço jurídico relacionado à atividade rural é fortemente voltado à preservação e proteção do produtor rural individual ou familiar, por questões econômicas, mas também culturais[182]. Assim, por exemplo, há relatos de estados americanos que impõem restrições ao exercício de atividade rural por pessoa jurídica que possua um caráter de "corporação".

Neste sentido, Roger A. Mceowen e Neil A. Harl [183]apontam que as primeiras restrições norte-americanas à constituição de corporações agrícolas datam da década de 1920, quando se acreditava que a crescente mecanização implicaria no surgimento de verdadeiras "fábricas nos campos". Tais autores indicam que a "Grande Depressão" ocorrida no fim dos anos 20 do século XX veio a gerar uma certa repulsa à exploração corporativa da atividade rural, visto que certas corporações rurais então existentes experimentaram graves dificuldades financeiras. Assim, indicam os autores, o estado americano do Kansas teria sido o primeiro a impor duras restrições à forma corporativa de exploração rural, as quais embora ainda persistam, foram paulatinamente abrandadas nas décadas seguintes.

---

[182] Neste sentido, vide os apontamentos em SCHNEIDER, Susan A. **Food, Farming and Sustainability: readings in Agricultural Law**. Durham: Carolina Academic Press, 2011, p. 15.
[183] MCEOWEN, Roger A., HARL, Neil E. **Principles of Agricultural Law**. Brownsville: Agricultural Law Press, 2009, capítulo 9.09.

No Brasil, entretanto, consoante revelam os dados do Censo Agropecuário[184], não se observa um movimento relevante no sentido de exploração corporativa das atividades rurais, tampouco qualquer preocupação legislativa relacionada a este fenômeno. Feitas tais considerações iniciais, partimos à análise da tributação do produtor rural pessoa jurídica.

4.1 Tributação da Renda

Acerca da tributação da renda da pessoa jurídica dedicada à atividade rural, a primeira observação que se faz é que, de uma maneira geral, as regras serão as mesmas aplicáveis às pessoas jurídicas em geral. Com efeito, não há para a pessoa jurídica um arcabouço jurídico de tributação da renda tão particular quanto aquele do produtor rural pessoa física.

Acerca deste aspecto, veja-se a análise de Leonardo Furtado Loubet[185] acerca dos dispositivos do antigo Regulamento do Imposto de Renda (praticamente repetido no RIR/18):

> Acontece, porém, que não há uma seção própria no Regulamento disciplinando as atividades do agronegócio para as pessoas jurídicas; pelo contrário, o que há são regras genéricas, aplicáveis assim às pessoas jurídicas que se dedicam a essas atividades, como às demais [...] a verdade é que há apenas um – somente um – dispositivo do Regulamento pretensamente voltado à disciplina específica dessas operações [...] que todavia frustrantemente limita-se à previsão de que "a pessoa jurídica que tenha por objeto a exploração da atividade rural pagará o imposto de renda e adicional de conformidade com as normas aplicáveis às demais pessoas jurídicas", como se nota do art. 406 do RIR.

Nada obstante, ainda assim e conforme se demonstrará adiante, há uma série de caracteres especiais que se aplicam a tais entidades, de modo bastante semelhante ao quanto aplicável ao produtor rural pessoa física.

Aliás, por ser o presente estudo voltado à análise da atividade rural, faz sentido que este capítulo se abstenha de uma análise detida da tributação da pessoa jurídica em geral, conferindo-se enfoque apenas aos

---

[184] INSTITUTO BRASILEIRO DE GEOGRAFIA E ESTATÍSTICA, *op. cit.*
[185] LOUBET, *op. cit.*, páginas 184 e 185.

4. TRIBUTAÇÃO DO PRODUTOR RURAL PESSOA JURÍDICA

elementos especiais e distintivos aplicáveis à tributação da renda da pessoa jurídica dedicada à atividade rural.

Com efeito, as particularidades da tributação da renda do produtor rural pessoa jurídica, assim como ocorre com o produtor rural pessoa física, decorrem em boa medida dos termos da Lei nº 8.023/90, que trata da tributação da atividade rural, indistintamente. Neste sentido, podemos identificar os seguintes elementos especiais aplicáveis à tributação da renda do produtor rural pessoa jurídica:

(i) Faz jus à dedução de investimentos na apuração do resultado da atividade rural, assim como o produtor rural pessoa física, nos termos dos artigos 4º e 6º da Lei nº 8.023/90 e do artigo 6º da Medida Provisória nº 2.159-70 de 24 de agosto de 2001 ("MP nº 2.159-70/01"). No caso da pessoa jurídica, entretanto, confere-se a tal característica a denominação de "depreciação acelerada", atualmente consoante o artigo 260 da IN RFB nº 1.700/17.

(ii) As vendas de benfeitorias ou investimentos (exceto terra nua), consideram-se como receitas da atividade rural, consoante dispõe a Lei nº 8.023/90, artigo 4º, parágrafo 3º e artigo 157 da IN RFB nº 1700/17).

(iii) Assim como o produtor pessoa física, faz jus à plena compensação de prejuízos acumulados, sem "trava"[186], consoante autoriza o artigo 14 da Lei nº 8.023/90.

Nota-se que a Lei nº 8.023/90 apenas concede tratamento especial ao produtor rural pessoa física, em comparação à pessoa jurídica, no que diz respeito à composição da base de cálculo e do percentual de "limitação" ou presunção, consoante o disposto no artigo 5º daquele diploma legal.

No que diz respeito às normas infralegais, a tributação pelo IRPJ e pela CSLL encontra-se delineada na IN RFB nº 1.700/17. Tal norma dedica os artigos 248 ao 270 às particularidades da atividade rural exercida por pessoa jurídica.

A seguir, passamos à análise de tais elementos especiais da tributação da renda da pessoa jurídica dedicada à atividade rural.

---

[186] Por trava, entende-se o limite de dedução de prejuízos apurados em períodos de apuração anteriores. O assunto é tratado em detalhe no tópico 4.1.1.4 deste trabalho.

4.1.1 O Imposto de Renda do Produtor Rural Pessoa Jurídica

De acordo com o artigo 4º da Lei nº 8.023/90, o resultado da atividade rural para fins de apuração do imposto de renda corresponde à *"diferença entre os valores das receitas recebidas e das despesas pagas no ano-base"*, considerando-se como despesas os investimentos e como receita da atividade rural os valores obtidos mediante a venda de bens utilizados na produção (exceto a terra nua):

> Art. 4º Considera-se resultado da atividade rural a diferença entre os valores das receitas recebidas e das despesas pagas no ano-base.
>
> § 1º É indedutível o valor da correção monetária dos empréstimos contraídos para financiamento da atividade rural.
>
> § 2º Os investimentos são considerados despesas no mês do efetivo pagamento.
>
> § 3º Na alienação de bens utilizados na produção, o valor da terra nua não constitui receita da atividade agrícola e será tributado de acordo com o disposto no art. 3º, combinado com os arts. 18 e 22 da Lei nº 7.713, de 22 de dezembro de 1988.

No caso das pessoas jurídicas, vale a importante ressalva de que o artigo 2º da Lei nº 9.249/95, contém a seguinte disposição:

> Art. 2º O imposto de renda das pessoas jurídicas e a contribuição social sobre o lucro líquido serão determinados segundo as normas da legislação vigente, com as alterações desta Lei."

E, com fulcro neste dispositivo, é que se editou o artigo 477 do RIR/18:

> Art. 477. A pessoa jurídica que tenha por objeto a exploração da atividade rural pagará o imposto sobre a renda e o adicional de acordo com as normas aplicáveis às demais pessoas jurídicas.

4.1.1.1 As Receitas que Compõem o Resultado da Atividade Rural

No que diz respeito à pessoa jurídica dedicada à atividade rural, as receitas a serem consideradas na apuração do resultado da atividade rural encontram maior detalhamento nos artigos 251 e 252 IN RFB nº 1700/17, veja-se:

4. TRIBUTAÇÃO DO PRODUTOR RURAL PESSOA JURÍDICA

Art. 251. Observado o disposto no art. 26, considera-se receita bruta da atividade rural aquela decorrente da exploração das atividades relacionadas no art. 249.

Parágrafo único. O regime tributário estabelecido para a pessoa jurídica rural não permite a inclusão de receitas e despesas de outras atividades, as quais, se existentes, deverão ser segregadas nos termos do art. 254.

Art. 252. Integram também a receita bruta da atividade rural:

I – os valores recebidos de órgãos públicos, tais como auxílios, subvenções, subsídios, Aquisições do Governo Federal (AGF) e as indenizações recebidas do Programa de Garantia da Atividade Agropecuária (Proagro);

II – o valor da entrega de produtos agrícolas pela permuta com outros bens ou pela dação em pagamento; e

III – as sobras líquidas da destinação para constituição do Fundo de Reserva e do Fundo de Assistência Técnica, Educacional e Social, previstos no art. 28 da Lei nº 5.764, de 16 de dezembro de 1971, quando creditadas, distribuídas ou capitalizadas à pessoa jurídica rural cooperada.

Como se percebe, a disposição é bastante semelhante àquela adotada no artigo 5º da IN SRF nº 83/01, que caracteriza a receita que deverá compor a apuração do resultado da atividade rural do produtor pessoa física. Neste sentido, valem as ressalvas feitas no tópico 3.1.1.1 acerca da legalidade de certos dispositivos da norma infralegal. Neste aspecto, aliás, especificamente em relação à pessoa jurídica, Edmar Oliveira Andrade Filho[187] indica que *"parte dos referidos valores é considerada "receita" por ficção legal; de fato, os auxílios e subsídios são, tipicamente, valores que devem ser registrados em Reserva [...] portanto, não coincide com o conceito contábil de receita".*

Acerca da apuração receita bruta da atividade rural, Edmar Oliveira de Andrade Filho[188] faz as seguintes considerações:

[...] considera-se receita bruta da atividade rural aquela decorrente da exploração das atividades acima relacionadas. Da receita bruta serão excluídos as vendas canceladas, as devoluções de vendas e os descontos incondicionados concedidos, mas não abrange os valores relativos aos impostos não

---

[187] ANDRADE FILHO, Edmar Oliveira. **Imposto de renda das empresas.** 13ª edição. São Paulo: Atlas, 2018, p. 618.

[188] *Idem*, p. 617.

cumulativos cobrados destacadamente do comprador ou contratante, dos quais o vendedor dos produtos seja mero depositário.

Finalmente, o mesmo autor destaca que as entidades que exerçam outras atividades além da atividade rural, deve manter registros segregados da contabilidade rural e das demais atividades.[189]

No que diz respeito às receitas do produtor pessoa jurídica, uma questão interessante que se coloca diz respeito à avaliação de estoques, vez que comporiam as receitas operacionais. A este respeito, são elucidativas as observações de Leonardo Furtado Loubet:

> Nesse particular, o art. 262 da IN 1.700/17 [...] estabelece que a contrapartida do aumento do ativo em virtude da atualização do valor dos estoques dos produtos rurais, seja pelo registro de crias nascidas, seja pela variabilidade do preço de mercado, caracteriza receita operacional, que irá compor a base de cálculo do imposto mas somente por ocasião da alienação dos respectivos estoques [...]

Para compreensão da questão, de início, veja-se o quanto disposto no artigo 262 da IN RFB nº 1.700/17:

> Art. 262. O ganho e a perda decorrentes da atualização do valor dos estoques de produtos agrícolas, animais e extrativos destinados à venda, tanto em virtude do registro no estoque de crias nascidas no período de apuração, como pela avaliação do estoque a valor justo, obedecerão ao disposto nos arts. 97, 98, 102 e 103.

A questão em tela diz respeito à mensuração e contabilização de estoques do contribuinte, geralmente constituídos por ativos biológicos e produtos agrícolas, assunto ao qual se aplica o Pronunciamento nº 29 do Comitê de Pronunciamentos Contábeis[190]. Em seu item 5, tal pronunciamento define os seguintes conceitos:

> Produção agrícola é o produto colhido de ativo biológico da entidade.

---

[189] Idem, p. 618.
[190] COMITÊ DE PRONUNCIAMENTOS CONTÁBEIS. **Pronunciamento Técnico CPC 29 – Ativo Biológico e Produto Agrícola.** Disponível em: http://static.cpc.aatb.com.br/Documentos/324_CPC_29_rev%2008.pdf. Acesso em: 24 jun 2018.

4. TRIBUTAÇÃO DO PRODUTOR RURAL PESSOA JURÍDICA

Ativo biológico é um animal e/ou uma planta, vivos.

Os itens 12 e 13 deste pronunciamento, por sua vez, determinam que o critério e o momento de avaliação de ativos biológicos e produtos agrícolas:

> 12. O ativo biológico deve ser mensurado ao valor justo menos a despesa de venda no momento do reconhecimento inicial e no final de cada período de competência, exceto para os casos descritos no item 30, em que o valor justo não pode ser mensurado de forma confiável.
> 13. O produto agrícola colhido de ativos biológicos da entidade deve ser mensurado ao valor justo, menos a despesa de venda, no momento da colheita. O valor assim atribuído representa o custo, no momento da aplicação do Pronunciamento Técnico CPC 16 – Estoques, ou outro Pronunciamento aplicável.

Quanto ao conceito de "valor justo", sem entrarmos nos pormenores, encontra-se definido no item 8 do pronunciamento:

> 8. Valor justo é o preço que seria recebido pela venda de um ativo ou que seria pago pela transferência de um passivo em uma transação não forçada entre participantes do mercado na data de mensuração.

O item 26 do pronunciamento CPC 29, por sua vez, determina que o ganho ou perda da avaliação dos estoques de produtos agrícolas ou ativos biológicos, deverão ser integrados ao resultado da entidade:

> 26. O ganho ou a perda proveniente da mudança no valor justo menos a despesa de venda de ativo biológico reconhecido no momento inicial até o final de cada período deve ser incluído no resultado do exercício em que tiver origem.

Portanto, tomando-se apenas tais conceitos, os ganhos resultantes da avaliação dos estoques do produtor rural pessoa jurídica, decorrentes, por exemplo, do nascimento de animais ou da colheita de certa cultura, integrariam as receitas sujeitas à tributação no momento da colheita ou ao final de cada período de apuração. Entretanto, o artigo 97 da IN RFB nº 1.700/17 permite o diferimento do reconhecimento de tal ganho, desde que esteja discriminado em subconta, para o momento de sua realização. Veja-se:

> Art. 97. O ganho decorrente de avaliação de ativo ou passivo com base no valor justo não será computado na determinação do lucro real e do resultado ajustado desde que o respectivo aumento no valor do ativo ou redução no valor do passivo seja evidenciado contabilmente em subconta vinculada ao ativo ou passivo.
>
> § 1º O ganho evidenciado por meio da subconta de que trata o caput será computado na determinação do lucro real e do resultado ajustado à medida que o ativo for realizado, inclusive mediante depreciação, amortização, exaustão, alienação ou baixa, ou quando o passivo for liquidado ou baixado.

Finalmente, levando-se em conta as referências feitas neste trabalho (e em especial neste tópico) aos pronunciamentos do Comitê de Pronunciamentos Contábeis, vale uma pequena explanação acerca da aplicabilidade de tais disposições às pessoas jurídicas em geral. Adotando-se o entendimento de Regis Fernando de Ribeiro Braga[191], pode-se afirmar que se trata de uma decorrência do cotejo das seguintes normas: (i) artigo 177 da Lei nº 6.404 de 15 de dezembro de 1976[192] ("Lei nº 6.404/76"), que estabelece que a escrituração das entidades obedecerá *"aos preceitos da legislação comercial e desta Lei e aos princípios de contabilidade geralmente aceitos"*, (ii) do artigo 6º, alínea "f", do Decreto-lei nº 9.295 de 27 de maio de 1946[193], que atribui ao Conselho Federal da Contabilidade (ao qual se sujeita o Comitê de Pronunciamentos Contábeis) a competência para *"regular acerca dos princípios contábeis"* e (iii) finalmente, o Código Civil Brasileiro, aplicável às entidades de uma

---

[191] BRAGA, Regis Fernando de Ribeiro. Notas obtidas em reunião de orientação. 06 de agosto de 2018 (informação pessoal).
[192] "Art. 177 A escrituração da companhia será mantida em registros permanentes, com obediência aos preceitos da legislação comercial e desta Lei e aos princípios de contabilidade geralmente aceitos, devendo observar métodos ou critérios contábeis uniformes no tempo e registrar as mutações patrimoniais segundo o regime de competência."
[193] "Art. 6º São atribuições do Conselho Federal de Contabilidade: [...]
f) regular acerca dos princípios contábeis."

maneira geral, que dispõe em seu artigo 1.189[194] que as demonstrações contábeis obedecerão ao disposto em *"lei especial"*, decorrendo daí, portanto, a submissão aos comandos do artigo 177 da Lei nº 6.404/76 e às normas emitias pelo Comitê de Pronunciamentos Contábeis.

4.1.1.2 Dedutibilidade de Investimentos e Depreciação Acelerada

No que diz respeito à atividade rural da pessoa jurídica, os dispêndios em investimentos destinados à atividade configuram-se como despesas para a apuração do resultado da atividade rural. O fundamento para tal entendimento se encontra nos artigos 4º, parágrafo 2º, e 6º da Lei nº 8.023/90:

> Art. 4º Considera-se resultado da atividade rural a diferença entre os valores das receitas recebidas e das despesas pagas no ano-base. [...]
> § 2º Os investimentos são considerados despesas no mês do efetivo pagamento. [...]

Em relação ao produtor rural pessoa jurídica, temos também o artigo 6º da MP nº 2.159-70/01, que trata da chamada depreciação acelerada:

> Art. 6º Os bens do ativo permanente imobilizado, exceto a terra nua, adquiridos por pessoa jurídica que explore a atividade rural, para uso nessa atividade, poderão ser depreciados integralmente no próprio ano da aquisição.

No que diz respeito ao conceito de "investimentos" para fins do artigo 4, §2º da Lei nº 8.023/1990, o artigo 6º do mesmo diploma legal traz o seguinte conceito:

> Art. 6º Considera-se investimento na atividade rural, para os propósitos do art. 4º, **a aplicação de recursos financeiros,** exceto a parcela que corresponder ao valor da terra nua, **com vistas ao desenvolvimento da atividade para expansão da produção ou melhoria da produtividade agrícola.**
> (destaques nossos)

---

[194] "Art. 1.189. O balanço de resultado econômico, ou demonstração da conta de lucros e perdas, acompanhará o balanço patrimonial e dele constarão crédito e débito, **na forma da lei especial.**" (destaque nosso)

No âmbito das normas infralegais, o assunto é tratado no artigo 325 do RIR/18 e no artigo 260 da IN RFB nº 1700/17:

[RIR/18]
Art. 325. Os bens do ativo não circulante imobilizado, exceto a terra nua, adquiridos por pessoa jurídica que explore a atividade rural, de que trata o art. 51, para uso nessa atividade, poderão ser depreciados integralmente no próprio ano de aquisição.

[IN RFB nº 1700/17]
Art. 260. Os bens do ativo não circulante imobilizado, exceto a terra nua, adquiridos por pessoa jurídica rural, para uso nessa atividade, poderão ser depreciados integralmente no próprio ano de aquisição.

Acerca de tais dispositivos infralegais, a primeira observação que se faz é que atentam apenas e tão somente aos termos do artigo 6º da MP nº 2.159-70/01, que diz respeito à depreciação acelerada de bens do ativo permanente imobilizado. Não tratam, portanto, das disposições dos artigos 4º e 6º da Lei nº 8.023/90, que dispõem acerca da dedutibilidade de "investimentos" que corresponderiam à *"aplicação de recursos financeiros [...] com vistas ao desenvolvimento da atividade para expansão da produção ou melhoria da produtividade agrícola"*, excetuada a aquisição de terra nua.

Nota-se, portanto, que as normas infralegais "afunilam" o conceito legal de "investimentos" dedutíveis na apuração do imposto de renda da pessoa jurídica dedicada à atividade rural. A abordagem é muito semelhante àquela decorrente do artigo 8º da IN SRF nº 83/2001 e do artigo 55, parágrafo 2º, do RIR/18, que em relação ao produtor rural pessoa física, também buscam restringir a dedução de investimentos aos ativos imobilizados.

Aqui, vale repetir o conceito de "ativo imobilizado" conferido pela doutrina:

O Pronunciamento Técnico CPC 27 – Ativo Imobilizado, aprovado pela Deliberação CVM n· 583/09 e tornado obrigatório pela Resolução CFC nº 1.177/09 para os profissionais de contabilidade das entidades não sujeitas a alguma regulação contábil, define o Imobilizado como um ativo tangível que: (i) é mantido para uso na produção ou fornecimento de mercadorias ou serviços, para aluguel a outros, ou para fins administrativos; e que (ii) se

4. TRIBUTAÇÃO DO PRODUTOR RURAL PESSOA JURÍDICA

espera utilizar por mais de um ano. Dessas definições, subentende-se que nesse grupo de contas do balanço são incluídos todos os ativos tangíveis ou corpóreos de permanência duradoura, destinados ao funcionamento normal da sociedade e de seu empreendimento, assim como os direitos exercidos com essa finalidade.[195]

Um ativo não circulante é aquele que tem uma vida relativamente longa. Um tipo de ativo não circulante é o imobilizado, que é tangível, como um caminhão ou um computador [...][196]

E, ainda, tomando-se o conceito de "Ativo Imobilizado" do item 6 do Pronunciamento nº 27 do Comitê de Pronunciamentos Contábeis[197]:

> Ativo imobilizado é o item tangível que: (a) é mantido para uso na produção ou fornecimento de mercadorias ou serviços, para aluguel a outros, ou para fins administrativos; e (b) se espera utilizar por mais de um período. Correspondem aos direitos que tenham por objeto bens corpóreos destinados à manutenção das atividades da entidade ou exercidos com essa finalidade, inclusive os decorrentes de operações que transfiram a ela os benefícios, os riscos e o controle desses bens.

Podemos afirmar, portanto, que as normas infralegais atinentes à matéria, promovem uma restrição ao quanto determinado em lei, em particular em relação ao disposto no artigo 4º, parágrafo 2º, e artigo 6º da Lei nº 8.023/90, que passam despercebidos pelas normas infralegais. Neste ponto, valem também as ressalvas traçadas no item 3.1.1.1 deste trabalho, no sentido de que o sistema tributário brasileiro não admite que a norma infralegal contrarie o quanto disposto em lei (característica que Luis Eduardo Schoueri[198] denomina como *"reserva legal"*). Sob tal abordagem, a restrição conceitual imposta pelas normas infralegais potencialmente implicariam em ilegal supressão da dedutibilidade de investimentos na apuração do resultado da atividade rural.

---

[195] IUDÍCIBUS, Sergio de, et ali, *op. cit.* p. 222.
[196] Ross, A. Stephen et ali.*op. cit.*, p. 25.
[197] COMITÊ DE PRONUNCIAMENTOS CONTÁBEIS. **Pronunciamento Técnico CPC 27 – Ativo imobilizado.** Disponível em: http://static.cpc.aatb.com.br/Documentos/316_CPC_27_rev%2012.pdf. Acesso em: 03 set. 2018.
[198] SCHOUERI, *op. cit.*, p. 305.

A este respeito, Leonardo Furtado Loubet[199] traça as seguintes considerações:

a circunstância de o Regulamento do Imposto sobre a Renda e, em especial, a Instrução Normativa 1.700/17 não disporem a esse respeito em nada interfere, evidentemente, na construção de sentido dos textos normativos [...] **a verdade é que os arts 4º e 6º da Lei Federal nº 8.023/90 asseguram o direito de dedução dos investimentos às pessoas jurídicas – lembrando que essa lei não se circunscreve ao regramento do imposto para as pessoas físicas**. (destaque nosso)

Feitas tais ressalvas acerca do artigo 4º, parágrafo 2º, da Lei nº 8.023//1990 e da inexistência de previsão em norma infralegal, vale ainda tratarmos da questão da depreciação acelerada, tal como prevista no artigo 6º da MP nº 2.159-70/01 e nas normas infralegais.

A este respeito, vale destacar que a IN RFB nº 1.700/2017 estabelece critérios para o controle contábil da depreciação "normal" de tais bens, bem como disposições a tratar da inclusão da depreciação na base de cálculo do IRPJ e da CSLL, nas hipóteses de venda do ativo ou de opção pela tributação presumida, bem como de retorno ao regime de apuração pelo Lucro Real. Em resumo:

(i) O encargo normal de "depreciação" do ativo deverá ser controlado na escrituração comercial da entidade (IN RFB nº 1700/17, artigo 260, parágrafo 1º);

(ii) O montante que se considera "depreciação acelerada" corresponde ao custo de aquisição do bem, descontado o encargo normal de depreciação no período (IN RFB nº 1700/17, artigo 260, parágrafo 2º);

(iii) No caso de alienação do bem, de mudança para o regime do lucro presumido (ou sujeição ao resultado arbitrado) ou destinação do bem a atividades estranhas a rural, a depreciação acelerada, *vis a vis* a depreciação normal, deverá ser adicionada à base de cálculo (IN RFB nº 1700/17 artigo 260, parágrafos 5º e 7º, e artigos 266 e 268).

Uma questão que se coloca de forma recorrente na jurisprudência administrativa diz respeito à sujeição de certos investimentos à depre-

---

[199] LOUBET, *op. cit.*, p. 151.

ciação ou à exaustão. Veja-se os julgados a seguir (meramente exemplificativos):

LAVOURA CANAVIEIRA. BENEFÍCIO FISCAL. DEPRECIAÇÃO ACELERADA.
Os recursos aplicados na formação da lavoura canavieira, integrados ao ativo imobilizado, estão sujeitos à depreciação e, não, à exaustão, portanto podem integrar o benefício da depreciação acelerada incentivada.[200]

ATIVIDADE RURAL. LAVOURA DE CANA-DE-AÇÚCAR. DEPRECIAÇÃO ACELERADA INCENTIVADA. NATUREZA E EMPREGO DO ATIVO. PREVALÊNCIA POR DIVERSOS CICLOS PRODUTIVOS. SUJEIÇÃO À DEPRECIAÇÃO. POSSIBILIDADE.
A natureza e o uso dos ativos biológicos da lavoura canavieira, que sobrevivem por diversos ciclos produtivos com a renovação natural do objeto da colheita, sendo intencionalmente substituídos por outros espécimes vegetais em razão da diminuição de produtividade e não do seu esgotamento, confirmam a aplicação da regra de depreciação.
Estando a lavoura canavieira, na condição de ativo não circulante imobilizado, sujeita à depreciação e não à exaustão, podem os recursos empregados na sua formação ser objeto do benefício da depreciação acelerada incentivada, previsto no art. 314 do RIR/99.[201]

DISPÊNDIOS NA FORMAÇÃO DA LAVOURA CANAVIEIRA. EXAUSTÃO. Os recursos aplicados na formação da lavoura canavieira, integrados ao ativo imobilizado, estão sujeitos à exaustão e não à depreciação. Portanto, não se beneficiam do incentivo da depreciação rural acelerada, razão pela qual não podem ser apropriados integralmente como encargos do período correspondente a sua aquisição.

DEPRECIAÇÃO. PROJETOS FLORESTAIS DESTINADOS AO APROVEITAMENTO DE FRUTOS. EXAUSTÃO. RECURSOS FLORESTAIS DESTINADOS A CORTE. O termo "florestais" presente nos artigos 307

---

[200] BRASIL. Conselho Administrativo de Recursos Fiscais. **Acórdão nº 1401-002.388**, Relatora Luciana Yoshihara Arcangelo Zanin, julgado em 12 abr. 2018. Disponível em: http://carf.fazenda.gov.br. Acesso em: 02 set. 2018.
[201] BRASIL. Conselho Administrativo de Recursos Fiscais. **Acórdão nº 1402-002.821**, Relator Conselheiro Caio Cesar Nader Quintella, julgado em 24 jan. 2018. Disponível em: http://carf.fazenda.gov.br. Acesso em: 02 set. 2018.

(depreciação) e 334 (exaustão) do RIR/99 deve ser interpretado de forma abrangente, ou seja, aplica-se não apenas a floresta no sentido estrito, mas a formações vegetais como plantações, tanto que os dispêndios para formação de cultura de café, uva, laranja, dentre outros, são sujeitos a depreciação. A depreciação de bens aplica-se apenas àqueles que produzem frutos, que consistem em estrutura comestível que protege a semente e nascem a partir do ovário de uma flor. Para os demais casos, do qual o aproveitamento da cultura não decorre do aproveitamento de frutos (pastagem, cana-de-açúcar, eucalipto), aplica-se a exaustão.[202]

Como se vê, o Fisco intenta conceber o investimento na formação de lavouras de cana-de-açúcar ou de florestas como ativos sujeitos à exaustão, de tal modo que restaria o produtor rural pessoa jurídica alijado do seu direito de sujeitá-los à depreciação acelerada definida no artigo 6º da MP nº 2.159-70/01. A jurisprudência administrativa não aponta para a unanimidade, embora em nossa pesquisa tenhamos identificado maior número de precedentes favoráveis ao contribuinte.

A questão gravita em torno da sujeição de lavouras permanentes e de florestas plantadas ao regime da depreciação ou da exaustão. Ocorre que os precedentes (tanto os favoráveis ao contribuinte, quanto os desfavoráveis), passam ao largo das disposições do artigo 4, parágrafo 2º, e do artigo 6º, da Lei nº 8.023/90, que permitiriam a dedução de "investimentos" tais como caracterizados naquele diploma, independentemente de sua contabilização no ativo imobilizado da entidade, tampouco se relacionando à questão da sujeição à depreciação ou exaustão.

Sem entrarmos no mérito da sujeição de tais bens à depreciação ou exaustão, deve-se ressaltar que o cultivo de culturas permanentes (como a cana-de-açúcar), de florestas plantadas e mesmo a exploração de ativos vegetais, configuram-se como atividades rurais, consoante reconhecido, inclusive, pelo artigo 249, incisos I, III e V, da IN RFB nº 1.700/17, de tal modo que os recursos (investimentos) empregados pela entidade em tais ativos fariam jus à plena dedutibilidade, tal qual estipulado no artigo 4º, parágrafo 2º, e no artigo 6º da Lei nº 8.023/90.

---

[202] BRASIL. Conselho Administrativo de Recursos Fiscais. **Acórdão nº 9101-003.017**, Relatora Conselheira Daniele Souto Rodrigues Amadio, julgado em 09 ago. 2017. Disponível em: http://carf.fazenda.gov.br. Acesso em: 02 set. 2018.

4.1.1.3 Despesas de Custeio Dedutíveis do Resultado da Atividade Rural

Quanto às despesas da atividade rural e sua dedutibilidade na apuração do resultado tributável, a IN RFB nº 1.700/17 traz a seguinte disciplina em seus artigos 255 ao 257:

> Art. 255. Considera-se despesa de custeio aquela necessária à percepção dos rendimentos da atividade rural e à manutenção da respectiva fonte produtora, relacionada com a natureza das atividades rurais exercidas.
>
> Art. 256. As despesas de custeio deverão estar lastreadas em documentos idôneos, tais como nota fiscal, fatura, duplicata, recibo, contrato de prestação de serviços, laudo de vistoria de órgão financiador e folha de pagamento de empregados, identificando claramente a destinação dos recursos.
>
> Parágrafo único. A nota fiscal simplificada e o cupom de máquina registradora, quando identificarem o destinatário das mercadorias ou produtos, são documentos hábeis para comprovar as despesas efetuadas pelas pessoas jurídicas na apuração do resultado da atividade rural.
>
> Art. 257. Considera-se resultado da atividade rural a diferença entre os valores das receitas auferidas e das despesas incorridas no período de apuração, correspondentes a todas as unidades rurais exploradas pela pessoa jurídica rural.

Acerca de tais dispositivos, vale a transcrição das observações de Leonardo Furtado Loubet[203]:

> o sistema jurídico orienta-se no sentido de que todo e qualquer desembolso que guarde relação com a atividade rural desenvolvida, bem como com a preservação da fonte produtora, estará assegurado como de possível dedução [...] a Instrução Normativa 1.700/17 [...] não chega a disciplinar segregadamente custo de despesa operacional, como faz o RIR; pelo contrário, cinge-se, de certa maneira, a acoplar esses dois conceitos ao referir-se às "despesas de custeio".

Diante de tais considerações e dos dispositivos legais aplicáveis, podemos concluir que a pessoa jurídica dedicada à atividade rural restará

---

[203] LOUBET, op. cit., p. 237.

sujeita aos caracteres geralmente aplicáveis às demais pessoas jurídicas para dedução das despesas de custeio, ou seja, que sejam necessárias e relacionadas à manutenção da fonte produtora.

Nada obstante a inexistência de caracteres especiais, vale a ressalva feita por Edmar Oliveira de Andrade Filho[204], quanto às entidades que exerçam outra atividade além da atividade rural. De acordo com o autor, estas deverão manter a segregação contábil de receitas, custos e despesas referentes à atividade rural. Já os custos e despesas comuns da entidade, o autor recomenta que sejam rateados proporcionalmente à receita líquida de cada atividade em relação à receita líquida total.

4.1.1.4 Compensação de Prejuízos

Assim como no caso do produtor rural pessoa física, a pessoa jurídica dedicada à atividade rural faz jus à compensação do saldo de prejuízos acumulados em exercícios anteriores. O fundamento legal desta prerrogativa se encontra no artigo 14 da Lei nº 8.023/90:

> Art. 14. O prejuízo apurado pela pessoa física e pela pessoa jurídica poderá ser compensado com o resultado positivo obtido nos anos-base posteriores.

E, no âmbito infralegal, tal prerrogativa do produtor rural pessoa jurídica se encontra expressa nos artigos 583 do RIR/18 e nos artigos 213 e 263 da IN RFB nº 1.700/17:

> [RIR/18]
> Art. 583. O prejuízo apurado pela pessoa jurídica na exploração de atividade rural poderá ser compensado com o resultado positivo obtido na mesma atividade em períodos de apuração posteriores, desconsiderado o limite previsto no caput do art. 580.

> [IN RFB nº 1.700/17]
> Art. 213. Os prejuízos fiscais e as bases de cálculo negativas da CSLL de pessoa jurídica que explora atividade rural poderão ser compensados conforme o disposto no art. 263.
> [...]

---

[204] ANDRADE FILHO, *op. cit*, p. 618.

4. TRIBUTAÇÃO DO PRODUTOR RURAL PESSOA JURÍDICA

Art. 263. Não se aplica o limite de 30% (trinta por cento) de que tratam os arts. 203 e 207 à compensação dos prejuízos fiscais nem à compensação das bases de cálculo negativas da CSLL decorrentes da atividade rural, com lucro real e resultado ajustado positivo da mesma atividade, observado o disposto no art. 270.

§ 1º O prejuízo fiscal e a base de cálculo negativa da CSLL decorrentes da atividade rural a serem compensados são os apurados nas demonstrações do lucro real e do resultado ajustado de que tratam a alínea "a" do inciso I e a alínea "a" do inciso II, respectivamente, ambos do § 2º do art. 310.

§ 2º O prejuízo fiscal da atividade rural determinado no período de apuração poderá ser compensado com o lucro real das demais atividades, apurado no mesmo período, sem limite.

§ 3º A base de cálculo negativa da CSLL da atividade rural determinada no período de apuração poderá ser compensada com o resultado ajustado positivo das demais atividades, apurado no mesmo período, sem limite.

§ 4º Aplicam-se as disposições previstas para as demais pessoas jurídicas à compensação dos prejuízos fiscais e das bases de cálculo negativas da CSLL decorrentes das demais atividades, e os da atividade rural com lucro real e resultado ajustado positivo de outra atividade, determinados em período subsequente.

No que diz respeito ao produtor rural pessoa jurídica, portanto, afasta-se a restrição de até 30% (trinta por cento) do lucro auferido no período de apuração para dedução de prejuízos acumulados, imposta pelo artigo 15 da Lei nº 9.065/95.

É interessante notarmos que as normas indicadas acima, acabam por implicar em uma maior permissão de compensação de prejuízos apurados na atividade rural, quando comparadas às normas aplicáveis ao produtor rural pessoa física. Consoante se demonstrou no tópico 3.1.1.5 deste trabalho, a Lei, as normas infralegais e o entendimento administrativo implicam em restrições a tal compensação, pela pessoa física, frente aos resultados de outras atividades. Quanto à pessoa jurídica, entretanto, os parágrafos 2º e 3º do artigo 263 da IN RFB nº 1.700/17 permitem entendimento diverso. Veja-se um exemplo de decisão administrativa acerca deste ponto:

COMPENSAÇÃO DE PREJUÍZO FISCAL. LIMITAÇÃO. RESULTADO DE ATIVIDADE RURAL. SEGREGAÇÃO CONTÁBIL PARA UTILIZAÇÃO

INTEGRAL DO SALDO DE PREJUÍZO FISCAL. O prejuízo fiscal da atividade rural poderá ser compensado integralmente com o lucro real da atividade rural dos períodos subseqüentes, desde haja segregação dos resultados das demais atividades. **O prejuízo da atividade rural pode ser compensado integralmente com o lucro real das demais atividades desde que ocorra no mesmo período de apuração.** À compensação dos prejuízos fiscais das demais atividades e da atividade rural com lucro real de outra atividade, determinado em período subsequente, aplica-se a trava de 30% prevista para as demais pessoas jurídicas.[205] (destaque nosso)

4.1.2 A CSLL e o Produtor Rural Pessoa Jurídica

A CSLL é a contribuição estabelecida com fundamento no artigo 195, inciso I, da Constituição Federal. Acerca da CSLL, Hugo de Brito Machado[206] observa que *"incide sobre o lucro da pessoas jurídicas, tal como o imposto de renda, com ligeiras diferenças."*

Com efeito, a Lei nº 7.689 de 15 de dezembro de 1988, em seu artigo 2º, estabelece que a base de cálculo da CSLL corresponderá ao *"valor do resultado do exercício, antes da provisão para o imposto de renda".*

Na mesma linha, Leonardo Furtado Loubet[207] aponta que *"o legislador tratou a CSLL, em verdade, como um arremedo ou adicional de IRPJ. Não há grandes diferenças entre esses dois tributos quanto à materialidade, à sujeição passiva e à base de cálculo."*

Para os fins deste trabalho, vale destacarmos, em primeiro lugar, que a norma infralegal que trata da CSLL é também a IN RFB nº 1.700/17, que em seu artigo 248 dispõe o seguinte:

Art. 248. A pessoa jurídica rural, assim considerada a que tem por objeto a exploração de atividade rural, pagará o IRPJ e a CSLL em conformidade com as normas aplicáveis às demais pessoas jurídicas, observado o disposto neste Capítulo.

Portanto, a circunstância de se tratar de pessoa jurídica dedicada à atividade rural, per se, não implica em especial distinção em relação ao

---

[205] BRASIL. Conselho Administrativo de Recursos Fiscais. **Acórdão nº 1802-001.391**, Relator Conselheiro Gustavo Junqueira Carneiro Leão julgado em 02 out. 2012. Disponível em: http://carf.fazenda.gov.br. Acesso em: 02 set. 2018.
[206] MACHADO, *op. cit.*, p. 434.
[207] LOUBET, *op. cit.*, p. 277.

4. TRIBUTAÇÃO DO PRODUTOR RURAL PESSOA JURÍDICA

regime de tributação das demais pessoas jurídicas, assim como ocorre em boa medida no caso do IRPJ, analisado anteriormente. Nada obstante, a norma infralegal citada acima, acaba por equiparar o tratamento conferido a ambas as exações, conforme se verá em maiores detalhes, abaixo.

Assim, quanto à compensação de prejuízos de exercícios anteriores, aplicam-se à CSLL igualmente as disposições do artigo 263[208] da IN RFB nº 1.700/17. Todavia, em certa época houve discussão em torno deste ponto e, neste sentido, a título exemplificativo, veja-se a seguinte decisão proferida em âmbito administrativo:

> CONTRIBUIÇÃO SOCIAL SOBRE O LUCRO LÍQUIDO – CSLL – ATIVIDADE RURAL – COMPENSAÇÃO DO SALDO DE BASE DE CÁLCULO NEGATIVA – LIMITAÇÃO DE 30%. O limite máximo de redução do lucro líquido ajustado, previsto no artigo 16 da Lei nº 9.065, de 20.06.95, não se aplica ao resultado decorrente de atividade rural, relativamente à compensação da base de cálculo negativa de CSLL, mesmo que se tratar de período anterior à vigência do artigo 42 da Medida Provisória nº 1991-15, de 10 de março de 2000.[209]

Após certa discussão no âmbito administrativo, inclusive, a questão foi consolidada na Súmula nº 53 do CARF[210]:

> Não se aplica ao resultado decorrente da exploração de atividade rural o limite de 30% do lucro líquido ajustado, relativamente à compensação da base de cálculo negativa de CSLL, mesmo para os fatos ocorridos antes da vigência do art. 42 da Medida Provisória n° 1991-15, de 10 de março de 2000.

---

[208] Art. 263. Não se aplica o limite de 30% (trinta por cento) de que tratam os arts. 203 e 207 à compensação dos prejuízos fiscais nem à compensação das bases de cálculo negativas da CSLL decorrentes da atividade rural, com lucro real e resultado ajustado positivo da mesma atividade, observado o disposto no art. 270.

[209] BRASIL. Conselho Administrativo de Recursos Fiscais. **Acórdão nº 9101-002.096**, Relatora Conselheira Karem Jureidini Dias julgado em 21 jan. 2015. Disponível em: http://carf.fazenda.gov.br. Acesso em: 02 set. 2018.

[210] BRASIL. Conselho Administrativo de Recursos Fiscais. **Súmula nº 53**. Disponível em: http://carf.fazenda.gov.br. Acesso em: 24 fev. 2019.

No que diz respeito à dedutibilidade de investimentos (depreciação acelerada), vale dizer que igualmente houve discussão em torno do tema, hoje debelado pela IN RFB nº 1.700/17 (que replicou o racional do artigo 104 da Instrução Normativa SRF nº 390 de 30 de janeiro de 2004). A título ilustrativo, veja-se precedente do CARF que admitiu a aplicação dos dispositivos referentes à depreciação acelerada dos ativos imobilizados à apuração da CSLL:

> ATIVIDADE RURAL. CUSTOS DA LAVOURA CANAVIEIRA. DEPRECIAÇÃO INTEGRAL INCENTIVADA.
> Os recursos aplicados na formação da lavoura canavieira, integrados ao ativo imobilizado, estão sujeitos à depreciação e, não, à exaustão, portanto podem ser apropriados integralmente como encargos do período correspondente a sua aquisição. [...]
> TRIBUTAÇÃO REFLEXA
> Aplica-se à. Contribuição Social sobre o Lucro Líquido o disposto em relação ao lançamento do IRPJ, por decorrer dos mesmos elementos de prova e se referir à mesma matéria tributável.[211]

4.2 Contribuições Incidentes sobre a Atividade Rural do Produtor Pessoa Jurídica

Acerca das contribuições incidentes sobre as atividades do Produtor Rural Pessoa Jurídica, afora a CSLL analisada no tópico acima e a Cofins analisada mais adiante, podemos resumi-las às seguintes: Contribuição Previdenciária (FUNRURAL), SENAR e contribuições sobre a folha de salários e remunerações.

4.2.1 O Funrural da Pessoa Jurídica

Consoante se indicou o tópico 3.2.1 deste trabalho, denomina-se de FUNRURAL a contribuição social devida pelo produtor rural sobre a receita de comercialização de produtos de sua atividade ou, como se verá adiante, sobre as remunerações pagas aos seus empregados e trabalhadores avulsos. Trata-se de tributo instituído com fulcro no artigo 195, inciso I, da Constituição Federal de 1988.

---

[211] BRASIL. Conselho Administrativo de Recursos Fiscais. **Acórdão nº 1202-000.795**, Relatora Conselheira Viviane Vidal Wagner, julgado em 12 jun. 2012. Disponível em: http://carf.fazenda.gov.br. Acesso em: 02 set. 2018.

4. TRIBUTAÇÃO DO PRODUTOR RURAL PESSOA JURÍDICA

No que diz respeito ao produtor rural pessoa jurídica, o comando legal infraconstitucional que estabelece a contribuição que se costuma denominar FUNRURAL encontra seu principal fundamento no artigo 25 da Lei nº 8.870/94:

> Art. 25. A contribuição devida à seguridade social pelo empregador, pessoa jurídica, que se dedique à produção rural, em substituição à prevista nos incisos I e II do art. 22 da Lei nº 8.212, de 24 de julho de 1991, passa a ser a seguinte:
> I – 1,7% (um inteiro e sete décimos por cento) da receita bruta proveniente da comercialização da sua produção;
> II – um décimo por cento da receita bruta proveniente da comercialização de sua produção, para o financiamento da complementação das prestações por acidente de trabalho.

Acerca do FUNRURAL da pessoa jurídica, vale dizer, também foram levantadas questões relativas à sua constitucionalidade. Ao contrário do FUNRURAL do produtor pessoa física, entretanto, tais questões ainda não foram debeladas pelo Supremo Tribunal Federal, restando pendentes de julgamento o RE 700.922/RS (pessoa jurídica) e o RE611.601/RS (pessoa jurídica que se caracterize como agroindústria nos termos do artigo 22-A da Lei nº 8.212/91), aos quais se conferiu o efeito de repercussão geral. Conforme se abordará mais adiante neste tópico, a discussão judicial em torno da legalidade o Funrural devido pela pessoa jurídica comporta caracteres distintos daqueles que foram considerados pelo STF no julgamento do RE 718.874 (pessoa física), pairando ainda relevantes dúvidas quanto à prevalência desta exação.

Importante observarmos que a Lei nº 13.606/18, que trouxe importantes mudanças à sistemática do FUNRURAL da pessoa física (Lei nº 8.212/91) também impôs relevantes alterações à Lei nº 8.870/94, que trata do FUNRURAL devido pelo produtor pessoa jurídica, estabelecendo-se novas alíquotas e base de cálculo, além do programa de regularização de débitos, denominado "PRR".

Atualmente, em linhas gerais, este é o quadro aplicável ao FUNRURAL devido pelo produtor rural pessoa jurídica (que não se caracterize como agroindústria, como se verá adiante), consoante determinado pelo artigo 25 da Lei nº 8.870/94:

Regime Optativo	Desde janeiro de 2019, o contribuinte pode optar pelo recolhimento da contribuição sob a sistemática do artigo 22, incisos I e II da Lei nº 8.212/91 (sobre a remuneração paga ou creditada aos seus funcionários), ou pela contribuição incidente sobre comercialização de sua produção conforme o artigo 25 da Lei nº 8.870/94; A opção deverá ser exercida mediante o recolhimento sobre a folha, ou não, em janeiro de cada ano, ou no período subsequente ao início das atividades rurais – art. 25, parágrafo 7º da Lei nº 8.870/94.
Base de Cálculo (caso opte pela contribuição sobre a receita da comercialização)	*"receita bruta proveniente da comercialização da sua produção"* – art. 25, incisos I e II da Lei nº 8.870/94. Não compõem a base de cálculo a *"produção rural destinada ao plantio ou reflorestamento, nem o produto animal destinado à reprodução ou criação pecuária ou granjeira e à utilização como cobaia para fins de pesquisas científicas, quando vendido pelo próprio produtor e por quem a utilize diretamente com essas finalidades e, no caso de produto vegetal, por pessoa ou entidade registrada no Ministério da Agricultura, Pecuária e Abastecimento que se dedique ao comércio de sementes e mudas no País."* art. 25, parágrafo 6º da Lei nº 8.870/94.
Base de Cálculo (caso opte pela contribuição sobre a folha)	*"remunerações pagas, devidas ou creditadas a qualquer título, durante o mês, aos segurados empregados e trabalhadores avulsos (...)"* – artigo 25, parágrafo 7º da Lei nº 8.870/94 e artigo 22, incisos I e II da Lei nº 8.212/91.
Alíquotas	No caso de opção pelo regime do artigo 25 da Lei nº 8.870/94, sobre a base de cálculo incidirão as alíquotas de 1,7% e 0,1% (risco de acidente de trabalho), totalizando 1,8%; No caso de opção pelo regime do artigo 22 da Lei nº 8.212/1991, sobre a base de cálculo incidirão as alíquotas de 20% e do adicional de 1 a 3% referente ao RAT.
Recolhimento	Neste ponto, há uma distinção fundamental em relação ao produtor rural pessoa física, porquanto em regra seja o próprio produtor rural pessoa jurídica o responsável pelo recolhimento do Funrural, a teor do artigo 184, inciso II da IN RFB nº 971/2009. Ademais, embora certa discussão judicial (detalhada mais adiante) em torno dos efeitos da Resolução do Senado Federal nº 15/2017, em regra o produtor rural pessoa jurídica resta sub-rogado no dever de recolhimento do FUNRURAL nas transações de aquisição de produtos rurais eventualmente firmadas junto a produtores pessoas físicas (artigo 30, inciso IV, da Lei nº 8.212/91).

Uma questão pertinente ao FUNRURAL da pessoa jurídica dedicada à atividade rural diz respeito à existência da figura jurídica *sui generis* da "agroindústria", tal qual definida no *caput* do artigo 22-A da Lei nº 8.212/1991:

Art. 22-A. A contribuição devida pela agroindústria, definida, para os efeitos desta Lei, como sendo o produtor rural pessoa jurídica cuja atividade econômica seja a industrialização de produção própria ou de produção própria e adquirida de terceiros, incidente sobre o valor da receita bruta pro-

4. TRIBUTAÇÃO DO PRODUTOR RURAL PESSOA JURÍDICA

veniente da comercialização da produção, em substituição às previstas nos incisos I e II do art. 22 desta Lei, é de:
I – dois vírgula cinco por cento destinados à Seguridade Social;
II – zero vírgula um por cento para o financiamento do benefício previsto nos arts. 57 e 58 da Lei no 8.213, de 24 de julho de 1991, e daqueles concedidos em razão do grau de incidência de incapacidade para o trabalho decorrente dos riscos ambientais da atividade.

Para fins de incidência o FUNRURAL, a "agroindústria" se caracterizaria como o produtor rural *"cuja atividade econômica seja a industrialização de produção própria ou de produção própria e adquirida de terceiros."* A tributação da figura da "agroindústria" não foi alterada pela edição da Lei nº 12.606/18, vigendo ainda o quanto estabelecido pela Lei nº 10.256/01. Ou seja, em relação ao produtor que se caracterize como agroindústria, (i) não se confere a faculdade de tributação sobre a folha salarial; e (ii) prevalecem as alíquotas estabelecidas pela Lei nº 10.256/2001, que totalizam 2,6% sobre a receita bruta da comercialização da produção. A constitucionalidade desta exação não foi analisada pelo Supremo Tribunal Federal, restando pendente de julgamento o RE 611.601, com efeito de repercussão geral.

Neste ponto, vale aqui a ressalva de que, nada obstante a edição da Lei n. 13.606/18, ainda pairam relevantes dúvidas acerca da legalidade do Funrural incidente sobre as atividades da pessoa jurídica e do contribuinte que se caracterize como agroindústria. Isto porque, no que diz respeito a tais tributos, persiste aquele que talvez tenha sido o principal argumento adotado pelo Supremo Tribunal Federal, quando do julgamento do RE nº 363.852[212], a saber, do *bis in idem* decorrente da tributação do Funrural e da Cofins. Vale esclarecer que naquele recurso extraordinário, tal premissa adotada pelo Tribunal estava equivocada, porquanto se tratasse de discussão em torno do Funrural devido pelo produtor pessoa física (e conforme se esclareceu mais tarde no RE

---

[212] Acerca dos desdobramentos de tal precedente, vale a referência aos apontamentos de Oscar Valente Cardoso: CARDOSO, Oscar Valente, O contribuinte do Funrural após o julgamento do RE nº 363.852 pelo STF. **Revista Dialética de Direito Tributário**, São Paulo: Dialética, nº 181, p. 116-124, 2010.

596.177[213]). A ilustrar tal questão, vale a transcrição de trechos de votos proferidos no julgamento o RE nº 363.852[214]:

> [Ministro Marco Aurélio]
> O produtor rural passou a estar compelido a duplo recolhimento, com a mesma destinação, ou seja, o financiamento da seguridade social [...] a COFINS e a contribuição referida [...]..

> [Ministro Ricardo Lewandowski]
> Convenci-me de que há ofensa ao princípio da isonomia, inexiste lei complementar definindo tributo. Há duplicidade de recolhimento, tendo em vista a mesma destinação.

> [Ministro Cezar Peluso]
> [...] a exação seria inconstitucional, pois implicaria *bis in idem* vedado, carente de expressa autorização constitucional.

E, ainda acerca deste ponto, é bastante elucidativa a lição de Fabio Pallaretti Calcini[215]:

> [...] há um *bis in idem* entre a Cofins e o Funrural (pessoa jurídica-agroindústria), ou seja, a mesma pessoa política se utiliza de uma idêntica hipótese de incidência para tributar o mesmo sujeito passivo mais de uma vez. [...] o exercício da competência tributária sobre a receita ou faturamento restou esgotada a partir da criação da Cofins.

Como se vê, as discussões a serem travadas no âmbito do RE 700.922/RS (pessoa jurídica) e do RE 611.601/RS representam ainda importantes arestas a serem aparadas em relação à tributação pelo Funrural. Quanto à pessoa jurídica, parece-nos razoável que agora se mantenha a

---

[213] BRASIL. Supremo Tribunal Federal. **RE 596.177/RS,** Relator Ministro Ricardo Lewandowski, Tribunal Pleno, julgado em 01/08/2011. Disponível em: http://stf.jus.br. Acesso em: 24 fev. 2019.
[214] BRASIL. Supremo Tribunal Federal. **RE 363.852/MG,** Relator Ministro Marco Aurélio, Tribunal Pleno, julgado em 03/02/2010. Disponível em: http://stf.jus.br. Acesso em: 02 set. 2018.
[215] CALCINI, Fabio Pallaretti. Funrural: Tributação sobre Receitas da Agroindústria. Inconstitucionalidade da Lei nº 10.266/2001. **Revista Dialética de Direito Tributário,** São Paulo: Dialética, nº 180, p. 41 – 55, 2010.

4. TRIBUTAÇÃO DO PRODUTOR RURAL PESSOA JURÍDICA

legalidade da exação, porquanto a Lei nº 13.606/18 tenha conferido ao contribuinte a faculdade de tributação sobre a folha salarial. Quanto à figura *sui generis* da agroindústria, entretanto, parece-nos que melhor seria a supressão do artigo 22-A do ordenamento jurídico, porquanto implique em desnecessária complexidade, além de tratamento anti isonômico de idênticas atividades rurais da pessoa jurídica, por conta do mero processamento de gêneros agrícolas pela denominada "agroindústria".

Outra questão digna de nota, relativa ao FUNRURAL do produtor rural pessoa jurídica, diz respeito aos efeitos da Resolução do Senado Federal nº 30 de 12 de setembro de 2017, que contém a seguinte disposição:

> Art. 1º É suspensa, nos termos do art. 52, inciso X, da Constituição Federal, a execução do inciso VII do art. 12 da Lei nº 8.212, de 24 de julho de 1991, e a execução do art. 1º da Lei nº 8.540, de 22 de dezembro de 1992, que deu nova redação ao art. 12, inciso V, ao art. 25, incisos I e II, e ao art. 30, inciso IV, da Lei nº 8.212, de 24 de julho de 1991, todos com a redação atualizada até a Lei nº 9.528, de 10 de dezembro de 1997, declarados inconstitucionais por decisão definitiva proferida pelo Supremo Tribunal Federal nos autos do Recurso Extraordinário nº 363.852.

Tal norma exarada pelo Senado Federal é antecedente ao julgamento do RE 718.874/RS (que tratou do FUNRURAL da pessoa física, analisado no tópico 3.2.1 deste trabalho). E em vista da extensão desta Resolução do Senado Federal a determinados dispositivos da Lei nº 8.212/91, há quem defenda a tese que a pessoa jurídica adquirente de produtos de produtor rural pessoa física não mais restaria desobrigada ao recolhimento do tributo por sub-rogação, nos termos do artigo 30, IV, da Lei nº 8.212/91, cujos efeitos estariam suspensos. Entretanto, vale dizer, tal tese não tem logrado êxito no Judiciário, ao nosso ver acertadamente, conforme se depreende dos arestos transcritos a seguir:

> [...] FUNRURAL. TEMA Nº 669 DE REPERCUSSÃO GERAL.RESOLUÇÃO Nº 15/2017, SENADO FEDERAL. [...]
> 2. O Supremo Tribunal Federal, no julgamento do RE 718.874 – tema 669, fixou a seguinte tese pela sistemática da repercussão geral: "É constitucional formal e materialmente a contribuição social do empregador rural pes-

soa física, instituída pela Lei 10.256/2001, incidente sobre a receita bruta obtida com a comercialização de sua produção" (Acórdão publicado no DJE 03/10/2017 – DJE nº 225, divulgado em 02/10/2017) [...]
7. A Resolução nº 15, do Senado Federal, publicada em 13/09/2017/2017, suspendeu a execução da legislação anterior (FUNRURAL), exclusivamente no período anterior a vigência da Lei nº 10.256/2001, não influindo no decisum impugnado. [...]²¹⁶

TRIBUTÁRIO. FUNRURAL. EMPREGADOR RURAL PESSOA FÍSICA. ART. 25 DA LEI 8.212/1991, NA REDAÇÃO DADA PELA LEI 10.256/2001. STF (RE Nº 718.874). REPERCUSSÃO GERAL. CONSTITUCIONALIDADE. PESSOA JURÍDICA ADQUIRENTE. SUB-ROGAÇÃO. RESOLUÇÃO SENADO FEDERAL 15/2017. INAPLICABILIDADE. (...) **3. Permanece hígida, por conseguinte, a obrigação da empresa adquirente de reter e recolher a exação, na forma do art. 30 da Lei 8.212/91. 4. A suspensão promovida pela Resolução nº 15/2017 do Senado Federal não alcança a contribuição do empregador rural pessoa física, restabelecida a partir da Lei nº 10.256/2001**, com arrimo no art. 195, I, b, da Constituição Federal, porquanto a vigente tributação ampara-se em contexto normativo distinto daquele submetido ao STF quando do julgamento do RE nº 363.852/MG, ao qual a Resolução do Senado se refere. Ademais, interpretação diversa desconsideraria a tese firmada pelo STF ao apreciar o Tema nº 669 (RE nº 718.874).²¹⁷ (destaques nossos)

4.2.2 Contribuição ao SENAR

A contribuição ao SENAR, instituída pela Lei nº 8.315/91, incide à alíquota de 0,25% sobre a receita de comercialização (mesma base de cálculo do FUNRURAL) do produtor rural pessoa jurídica. O fundamento legal se encontra no artigo 25, parágrafo 1º, da Lei nº 8.870/94:

---

²¹⁶ BRASIL. Tribunal Regional Federal da 3ª Região. **Apelação nº 1602937 – 0005648-17.2010.4.03.6102**, Décima Primeira Turma, Relator Desembargador Federal Fausto de Sanctis, julgado em 08/08/2018, e-DJF3 Judicial 1 de 15/08/2018. Disponível em: http://trf3.jus.br. Acesso em: 03 set. 2018.
²¹⁷ BRASIL. Tribunal Regional Federal da 4ª Região. **Apelação nº 5009529--18.2015.4.04.7102**, Relatora Luciane Amaral Corrêa Münch, Segunda Turma, julgado em 31/07/2018. Disponível em: http://trf4.jus.br. Acesso em: 03 set. 2018.

4. TRIBUTAÇÃO DO PRODUTOR RURAL PESSOA JURÍDICA

Art. 25 [...]

§ 1º O disposto no inciso I do art. 3º da Lei nº 8.315, de 23 de dezembro de 1991, não se aplica ao empregador de que trata este artigo, que contribuirá com o adicional de zero vírgula vinte e cinco por cento da receita bruta proveniente da venda de mercadorias de produção própria, destinado ao Serviço Nacional de Aprendizagem Rural (SENAR).

Note-se que, nada obstante as alterações promovidas no regime do FUNRURAL por força da Lei nº 13.606/18, prevalece o dever de pagamento da contribuição ao SENAR sobre a receita da comercialização de produtos, ainda que o contribuinte opte (a partir de janeiro de 2019, pelo recolhimento na forma do artigo 22, I e II, da Lei nº 8.212/91).

Consoante já destacado ao analisarmos a tributação do produtor rural pessoa física, há inclusive decisão recente do CARF a respeito do assunto:

> A contribuição do empregador rural pessoa física e do segurado especial referidos, respectivamente, na alínea "a" do inciso V e no inciso VII do art. 12 desta Lei, destinada à Seguridade Social e ao financiamento das prestações por acidente do trabalho, é de 2% e 0,1% da receita bruta proveniente da comercialização da sua produção, respectivamente, nos termos do art. 25 da Lei nº 8.212/91, com a redação dada pela Lei nº 10.256/2001.
>
> A não apreciação no RE 363.852/MG dos aspectos relacionados a inconstitucionalidade do art. 30, IV da Lei 8212/2001; sendo que o fato de constar no resultado do julgamento "inconstitucionalidade do artigo 1º da Lei nº 8.540/92, que deu nova redação aos artigos 12, incisos V e VII, 25, incisos I e II, e 30, inciso IV, da Lei nº 8.212/91, com redação atualizada até a Lei nº 9.528/97" não pode levar a interpretação extensiva de que fora declarada também a inconstitucionalidade do art. 30, IV, considerando a ausência de fundamentos jurídicos no próprio voto condutor.
>
> As contribuições destinadas ao SENAR não foram objeto de reconhecimento de inconstitucionalidade no Recurso Extraordinário n 363.852. Desse modo, permanece a exação tributária.[218]

---

[218] BRASIL. Conselho Administrativo de Recursos Fiscais. **Acórdão nº 9202-006.991**, Relatora Conselheira Elaine Cristina Monteiro e Silva Vieira, julgado em 19 jun. 2018. Disponível em: http://carf.fazenda.gov.br. Acesso em: 02 set. 2018.

Deve-se destacar que o produtor rural pessoa jurídica sub-roga-se no dever de recolhimento da contribuição ao SENAR incidente sobre as transações de aquisição de produtos rurais junto a produtor rural pessoa física, a teor do que estabelece o artigo 6º 9.528 de 10 de dezembro de 1997:

> Art. 6 [...]
> Parágrafo único. A contribuição de que trata o caput deste artigo será recolhida:
> I – pelo adquirente, consignatário ou cooperativa, que ficam sub-rogados, para esse fim, nas obrigações do produtor rural pessoa física e do segurado especial, independentemente das operações de venda e consignação terem sido realizadas diretamente com produtor ou com intermediário pessoa física; [...]

Outro aspecto relevante é que as disposições do artigo 25, parágrafo 6º da Lei nº 8.870/1994, inseridas pela Lei nº 16.606/18, não se aplicam expressamente à contribuição do SENAR. Vale a transcrição deste dispositivo que se aplica, portanto, apenas ao Funrural:

> Art. 25. [...]
> § 6o Não integra a base de cálculo da contribuição de que trata o caput deste artigo a produção rural destinada ao plantio ou reflorestamento, nem o produto animal destinado à reprodução ou criação pecuária ou granjeira e à utilização como cobaia para fins de pesquisas científicas, quando vendido pelo próprio produtor e por quem a utilize diretamente com essas finalidades e, no caso de produto vegetal, por pessoa ou entidade registrada no Ministério da Agricultura, Pecuária e Abastecimento que se dedique ao comércio de sementes e mudas no País.

Portanto, como pontos de relevante atenção pelo produtor rural pessoa jurídica, vale destacarmos que (i) a contribuição ao SENAR incidirá, inclusive, sobre transações nas quais já não incide o Funrural, por exemplo, nas operações de compra e venda de gado magro entre produtores rurais; e (ii) subsiste o dever de recolhimento da contribuição ao SENAR, por sub-rogação, nas transações de aquisição de produto rural junto a outros produtores pessoas físicas (neste caso sob a alíquota aplicável ao produtor pessoa física).

4. TRIBUTAÇÃO DO PRODUTOR RURAL PESSOA JURÍDICA

4.2.3 Demais Contribuições

Ao produtor rural pessoa jurídica incumbe ainda o recolhimento de encargos incidentes sobre a folha salarial e remunerações pagas a trabalhadores avulsos, tais como o FGTS, INSS, INCRA e Salário-educação, geralmente devidas pelas demais categorias econômicas. Neste tópico, portanto, não adentraremos em questões específicas de tais exações, porquanto não sejam particularmente especiais para a atividade rural.

4.3 O PIS/Cofins e o Produtor Rural Pessoa Jurídica

Embora sejam geralmente tratadas em conjunto, a contribuição ao Programa de Integração Social ("PIS") e a Contribuição para o Financiamento da Seguridade Social ("Cofins") possuem fundamentos jurídicos e naturezas diversos.

O PIS encontra fundamento no artigo 239 da Constituição Federal de 1988:

> Art. 239. A arrecadação decorrente das contribuições para o Programa de Integração Social, criado pela Lei Complementar nº 7, de 7 de setembro de 1970, e para o Programa de Formação do Patrimônio do Servidor Público, criado pela Lei Complementar nº 8, de 3 de dezembro de 1970, passa, a partir da promulgação desta Constituição, a financiar, nos termos que a lei dispuser, o programa do seguro-desemprego e o abono de que trata o § 3º deste artigo.

Aliás, justamente por conta deste fundamento constitucional, o STF entendeu no âmbito do RE 232.526/MG, que o PIS não se sujeitaria às restrições impostas pelos artigos 154, inciso I, e 195, parágrafo 4º, da Constituição Federal de 1988.

A Cofins, por sua vez, é contribuição instituída com fulcro no artigo 195, inciso I, alínea "b", da Constituição Federal de 1988. Ou seja, o fundamento de sua base de cálculo é coincidente com o fundamento da base de cálculo do FUNRURAL, já analisado neste trabalho. Neste ponto, vale a observação de Hugo de Brito Machado Segundo[219]:

---

[219] MACHADO SEGUNDO, Hugo de Brito. **Código Tributário Nacional**. 5ª edição. São Paulo: Atlas 2015, p. 136.

Outro aspecto relevante é saber se o legislador ordinário pode deixar de tributar um contribuinte com o uso de bases imponíveis diversas para instituir várias contribuições sobre uma mesma base (v.g., COFINS + contribuições sobre o faturamento rural, no caso dos produtores pessoa jurídica).

O autor indica, ademais, que no julgamento do RE 363.852 (que tratava da legalidade do FUNRURAL incidente sobre as vendas por produtor pessoa física), o principal argumento adotado pelo Supremo Tribunal Federal para afastar a legalidade da exação do Funrural teria sido justamente no argumento do Ministro Marco Aurélio no sentido de que o legislador não poderia criar várias contribuições a onerar uma mesma base de cálculo.

Tal precedente, vale dizer, restou superado pela decisão proferida pelo STF no âmbito do RE 718.874/RS, consoante se analisou no tópico 3.2.1 deste trabalho. Entretanto, no que diz respeito à tributação do produtor rural pessoa jurídica, tal questão ainda não foi sedimentada pelo Supremo Tribunal Federal, restando a serem julgados o RE 700.922/RS e o RE 611.601/RS. Ao considerarmos o produtor rural pessoa física, o argumento condutor da decisão proferida no RE 363.852 de fato parecia não ter muita força, vez que o produtor pessoa física não é contribuinte da COFINS (conforme se analisou no item 3 deste trabalho. No que diz respeito ao produtor rural pessoa jurídica, entretanto, a questão toma contorno relevante, vez que, de fato, verifica-se a incidência de 2 contribuições (FUNRURAL e a Cofins), sobre idêntica base de cálculo.

Pois bem, no âmbito da legislação ordinária, o PIS e a Cofins atualmente encontram seu principal arcabouço nas Leis nº 9.718/1998, 10.637/2002 e 10.833/2003.

Em resumo, o PIS e a Cofins poderão incidir (i) no regime cumulativo, às respectivas alíquotas de 0,65% e 3%, em regra; ou (ii) no regime não cumulativo, quando se permite o "creditamento" dos tributos em determinadas hipóteses, sujeitando-se às respectivas alíquotas de 1,65% e 7,6%. No que diz respeito aos regimes de apuração (cumulativo e não cumulativo), cabe uma breve digressão acerca de sua aplicação ao PIS e à Cofins.

Quanto ao regime de apuração cumulativo, este não merece grande explanação, porquanto seja simplesmente o regime pelo qual, sobre a base de cálculo, incidirá uma alíquota determinada, inexistindo apuração de créditos.

4. TRIBUTAÇÃO DO PRODUTOR RURAL PESSOA JURÍDICA

A não-cumulatividade, podemos dizer, representa técnica de tributação por meio da apuração de créditos e débitos pelo contribuinte. No que toca ao regime de apuração não-cumulativo, vale observarmos a lição de José Eduardo Soares de Melo, que explica sua função[220]:

> O objetivo primordial é evitar a superposição de cargas tributarias, de modo que o valor efetivo dos produtos, mercadorias e serviços, ao final de um ciclo operacional, corresponda exatamente à diferença entre os tributos incidentes nas aquisições e os tributos decorrentes dos fatos geradores realizados pelo contribuinte.

Quanto ao PIS, o fundamento legal para o regime não-cumulativo se encontra primordialmente na Lei nº 10.637 de 30 de dezembro de 2002, que estabelece em seu artigo 3º as transações que permitem ao contribuinte a apuração de créditos de PIS. Quanto à Cofins, o fundamento legal do regime não-cumulativo se encontra na Lei nº 10.833 de 29 de dezembro de 2003, que em boa medida replica as hipóteses de creditamento permitidas na apuração do PIS.

Entretanto, no que diz respeito ao PIS e à Cofins, deve-se ressaltar que a não-cumulatividade não é ampla e irrestrita, porquanto o creditamento seja limitado a certas hipóteses definidas em Lei e delineadas pela jurisprudência. Novamente, é válida a lição de Eduardo Soares de Melo[221]:

> [...] evidenciam-se injurídicas restrições ao crédito, porque a não-cumulatividade não poderia ser estabelecida de forma parcial, unilateral, de modo a implicar supressão de determinadas categorias profissionais, limitação a determinados negócios e sistemáticas fiscais e coibição do amplo direito ao abatimento.

Em regra (salvo certas exceções), as pessoas jurídicas sujeitas à apuração do imposto de renda pelo regime do lucro real, submetem-se ao regime de apuração não cumulativo, ao passo e que as pessoas jurídicas sujeitas à apuração do imposto de renda pelo regime de lucro presumido, sujeitam-se ao regime cumulativo.

---

[220] MELO, op. cit., p. 301.
[221] Idem, p. 312.

Enfim, para os objetivos deste trabalho, o que efetivamente interessa é a análise de particularidades afeitas ao produtor rural pessoa jurídica. Neste sentido, parece-nos que a circunstância de maior relevância decorre de uma série de dispositivos legais que excluem a incidência do PIS e da Cofins sobre receitas típicas da atividade rural. Neste sentido:

(i) O artigo 29 da Lei nº 12.865/2013[222], que suspende a incidência do PIS e da CofinS sobre as receitas decorrentes de venda de soja em grãos;

(ii) O artigo 11 da Lei nº 11.727/2008[223], que suspende a incidência do PIS e da Cofins sobre as vendas de cana-de-açúcar;

(iii) O artigo 14 da Lei nº 12.794/2013[224], que suspende a incidência do PIS e da Cofins sobre as vendas de laranja destinada à indústria;

(iv) O artigo 1º da Lei nº 10.925/2004, que reduz a zero a alíquota do PIS e da Cofins incidente sobre uma série de produtos, dentre os quais alguns típicos das atividades rurais, tais como café, trigo, sementes, certos hortifrutigranjeiros, pintos de 1 dia, entre outros;

(v) O artigo 32, I, da Lei nº 12.058/2009[225], que em resumo suspende a incidência do PIS/Cofins sobre receitas decorrentes da venda de ovinos, bovinos e caprinos pelo produtor ao abatedouro;

---

[222] "Art. 29. Fica suspensa a incidência da Contribuição para o PIS/Pasep e da Cofins sobre as receitas decorrentes da venda de soja classificada na posição 12.01 e dos produtos classificados nos códigos 1208.10.00 e 2304.00 da Tabela de Incidência do Imposto sobre Produtos Industrializados (Tipi), aprovada pelo Decreto no 7.660, de 23 de dezembro de 2011."

[223] Art. 11. Fica suspenso o pagamento da Contribuição para o PIS/Pasep e da Cofins na venda de cana-de-açúcar, classificada na posição 12.12 da Nomenclatura Comum do Mercosul – NCM.

§ 1o É vedado à pessoa jurídica vendedora de cana-de-açúcar o aproveitamento de créditos vinculados à receita de venda efetuada com suspensão na forma do caput deste artigo.

§ 2o Não se aplicam as disposições deste artigo no caso de venda de cana-de-açúcar para pessoa jurídica que apura as contribuições no regime de cumulatividade.

[224] "Art. 14. Fica suspenso o pagamento da Contribuição para o PIS/Pasep e da Cofins incidentes sobre as receitas decorrentes da venda dos produtos classificados no código 0805.10.00 da Tipi, quando utilizados na industrialização dos produtos classificados no código 2009.1 da Tipi, e estes forem destinados à exportação.

Parágrafo único. É vedada às pessoas jurídicas que realizem as operações de que trata o caput a apuração de créditos vinculados às receitas de vendas efetuadas com suspensão."

[225] "Art. 32. Fica suspenso o pagamento da Contribuição para o PIS/Pasep e da Cofins incidente sobre a receita bruta da venda, no mercado interno, de: [...]

I – animais vivos classificados nas posições 01.02 e 01.04 da Nomenclatura Comum do Mercosul NCM, quando efetuada por pessoa jurídica, inclusive cooperativa, vendidos para

4. TRIBUTAÇÃO DO PRODUTOR RURAL PESSOA JURÍDICA

Percebe-se, portanto, que as normas aplicáveis à tributação pelo PIS//Cofins incidentes sobre as receitas do produtor rural pessoa jurídica, configuram-se como verdadeira colcha de retalhos.

Com efeito, a depender de variáveis como o gênero agrícola produzido e o destinatário da venda, o produtor rural ficará sujeito a uma sistemática particular de incidência do PIS/Cofins. Essa circunstância, sem dúvida alguma, implica em uma complexidade considerável sobre a condução do negócio rural por meio de pessoa jurídica. Ademais, parece-nos que as distinções traçadas em Lei não encontram uma linha lógica a fundamentá-las ou justifica-las, implicando em tratamento tributário não isonômico entre produtores rurais. Assim, apenas a título meramente exemplificativo, se determinado produtor rural vende laranjas diretamente ao consumidor, restará sujeito a um regime tributário diverso do produtor que venda sua produção à indústria.

Neste ponto, podemos nos remeter ao princípio constitucional da Igualdade, cuja lição de Luis Eduardo Schoueri[226] parece se amoldar à exatidão:

> Não convide com a ideia de justiça que se discriminem situações equivalentes sem que haja razão que justifique o tratamento diferenciado. Esse preceito encontra-se no Princípio da Igualdade, um dos pilares dos ordenamentos jurídicos modernos, positivado, no Brasil, no artigo 5º, 'caput', da Constituição Federal [...]
> [...] pode-se considerar ferido o Princípio da Igualdade quando não se consegue identificar um critério para o tratamento diferenciado. [...]
> Parâmetros expressamente aceitos são, por exemplo, a capacidade contributiva (artigo 145, §1º); a essencialidade (artigos 153, §3º, I e 155, §2º, III); o destino ao exterior (artigo 153, §3º, III, artigo 155, §2º, X, "a", e artigo 156, §3º, II); o ato cooperativo praticado pelas sociedades cooperativas (artigo 146, II, "c"); tratamento diferenciado às microempresas e às empresas de pequeno porte (artigo 179) etc.

A toda a evidência, portanto, podemos dizer que a confusa sistemática de incidência do PIS e da Cofins sobre a atividade rural implica em

pessoas jurídicas que produzam mercadorias classificadas nos códigos 02.01, 02.02, 02.04, 0206.10.00, 0206.20, 0206.21, 0206.29, 0206.80.00, 0210.20.00, 0506.90.00, 0510.00.10 e 1502.00.1 da NCM;"
[226] SCHOUERI, *op. cit.*, páginas 347, 348 e 349.

provável atentado ao princípio constitucional da igualdade, porquanto resulte em tributação diversa, por exemplo, a produtores de bananas e de laranjas, o que obviamente não encontra fundamento constitucional.

4.4 O Produtor Rural Pessoa Jurídica e o ICMS

No que diz respeito ao Imposto sobre Circulação de Mercadorias e Serviços ("ICMS") assim como indicado no item 3 (no qual tratamos do produtor rural pessoa física), traçaremos alguns cortes necessários, em vista da vastidão de tópicos particulares a este tributo. Neste sentido, a abordagem adotada é a seguinte: (i) será considerado o ICMS consoante estipulado no Estado de São Paulo; e (ii) a tributação sobre a atividade rural será abordada em termos gerais, conferindo-se enfoque em questões de particular interesse na jurisprudência.

4.4.1 O ICMS no Estado de São Paulo

O Decreto nº 45.490 de 30 de novembro de 2000 ("RICMS/SP"), em seu artigo 4º, inciso VI, estabelece o seguinte conceito de produtor rural:

> "Artigo 4º – Para efeito de aplicação da legislação do imposto, considera-se:
> [...]
> VI – produtor, a pessoa natural dedicada à atividade agropecuária que realize operações de circulação de mercadorias.

Neste sentido, vale a ressalva de que os termos do RICMS/SP especialmente voltados ao "produtor", tais quais analisados no item 3.3.1 deste trabalho, não dizem respeito especificamente ao produtor rural pessoa jurídica, que restará sujeito às disposições geralmente aplicáveis às pessoas jurídicas em geral.

Finalmente, vale destacarmos que as hipóteses de isenção do ICMS listadas no item 3.3.1 deste trabalho, de especial interesse ao produtor rural, também se aplicam ao produtor rural pessoa jurídica.

4.4.2 Questões Relevantes na Jurisprudência do TJ/SP e do TIT/SP:

No âmbito do Tribunal de Justiça do Estado de São Paulo ("TJ/SP"), identificamos determinadas questões relacionadas ao ICMS que dizem respeito ao produtor rural pessoa jurídica.

Ademais, diga-se que as questões afeitas (i) ao creditamento derivado das aquisições de óleo diesel; e (ii) à não incidência do tributo sobre

4. TRIBUTAÇÃO DO PRODUTOR RURAL PESSOA JURÍDICA

transferências entre estabelecimentos do mesmo contribuinte, cuja jurisprudência foi analisada no item 3.3.1, ao tratarmos da pessoa física, também se aplicam ao produtor rural pessoa jurídica.

Especificamente quanto ao produtor rural pessoa jurídica, parece-nos interessante mencionarmos o aresto abaixo, que esclarece que as hipóteses de transferência de créditos de ICMS previstas no artigo 70 do RICMS/SP, aplicam-se apenas ao produtor rural pessoa física[227], o que revela a importância da atenção ao conceito de "produtor" definido pelo artigo 4, inciso VI, do RICMS/SP, destacado no item 4.4.1 deste trabalho. Veja-se:

> EMBARGOS À EXECUÇÃO. ICMS. Transferência de crédito do imposto por pessoa jurídica que alega ostentar a qualificação de produtor rural. Operação indevida. Condição de produtor rural que alcança somente pessoa física (art. 4º, inciso VI, do RICMS/00). Autuação correta. Sentença que julgou improcedentes os embargos mantida. Recurso não provido.[228]

Finalmente, outro precedente que parece ser de interesse ao produtor rural pessoa jurídica, diz respeito à obrigação acessória de obtenção de inscrições a cada um de seus estabelecimentos rurais:

> [...] TRIBUTÁRIO. ICMS. AIIM. Obrigação acessória. Exigência legal de inscrição estadual individualizada de cada propriedade rural com as quais as Apelantes realizam contratos de parceria agrícola. Descumprimento que implica a penalização por infração ao art. 16 da Lei nº 6374/89, com a redação que lhe deu a Lei 12.294/96, bem como ao art. 19 do RICMS. Legalidade das multas aplicadas. Inteligência do art. 113, § 2º, do CTN. Irrelevância da alegação de inconstitucionalidade por afronta ao princípio da proporcionalidade por não alterar a essência da exigência legalmente imposta. Inocorrência de violação ao princípio da livre concorrência, por se tratar de obrigação acessória imposta a todos que se enquadram na situação das Apelantes. TRIBUTÁRIO. ICMS. AIIM. Obrigação acessória. Exigência

---

[227] No mesmo sentido vide: Apelação 0000310-92.2015.8.26.0547; julgada em 18/10/2017, e Apelação 0052332-35.2012.8.26.0547, julgada em 09/03/2016. Ambas disponíveis em: http://tjsp.jus.br. Acesso em: 02 set. 2018.

[228] BRASIL. Tribunal de Justiça do Estado de São Paulo. **Apelação 0053526-70.2012.8.26.0547**, Relator Paulo Galizia; 10ª Câmara de Direito Público; julgado em 20/01/2016. Disponível em: http:// tjsp.jus.br. Acesso em: 02 set. 2018.

legal de que cada estabelecimento criado pelos contratos de parceria celebrados com terceiros seja inscrito de forma individualizada no cadastro de contribuintes. Inteligência do art. 12 da Lei Estadual nº 6374/89. Obrigação acessória que interessa ao Fisco para que possa fiscalizar e exigir a tributação do ICMS. Precedentes. [...][229]

Acerca dos precedentes administrativos do Tribunal de Impostos e Taxas do Estado de São Paulo ("TIT/SP"), vale a referência ao extenso estudo analítico de jurisprudência coordenado por Eurico Marcos Diniz de Santi[230], que entre outros tantos tópicos, contém análise dos precedentes afeitos às transações que envolvem produtos agropecuários que, conforme se destacou acima e no tópico que trata do produtor rural pessoa física, sujeitam-se a uma série de benefícios de isenção ou redução de base de cálculo.

Referido estudo constatou que neste tema, de especial interesse ao produto rural pessoa jurídica, a questão de maior relevância diz respeito à interpretação das normas conforme o artigo 111, II[231], do Código Tributário Nacional. Concluiu-se que o TIT/SP tem privilegiado a leitura literal dos dispositivos, havendo precedentes favoráveis e desfavoráveis ao contribuinte praticamente em idêntica medida.

4.5 Opção pelo Simples Nacional

O produtor rural pessoa jurídica poderá optar pela adesão ao regime tributário do Simples Nacional, estabelecido pela Lei Complementar nº 123 de 14 de Dezembro de 2006 ("LC nº 123/06").

A legalidade da opção condiciona-se à obediência aos requisitos e vedações fixados na LC º123/06, em especial que o contribuinte se enquadre nos conceitos de microempresa ou empresa de pequeno porte, que se caracterizam como aquelas que tenham receita bruta anual até

---

[229] BRASIL. Tribunal de Justiça do Estado de São Paulo. **Apelação 4006246--02.2013.8.26.0482**, Relator Claudio Augusto Pedrassi; 2ª Câmara de Direito Público; julgado em 23/09/2014. Disponível em: http:// tjsp.jus.br. Acesso em: 02 set. 2018.

[230] SANTI, Eurico Marcos Diniz de (Coordenador). **Repertório Analítico de Jurisprudência do TIT/SP**. São Paulo, SP: Max Limonad, 2018, p. 1.056.

[231] Art. 111. Interpreta-se literalmente a legislação tributária que disponha sobre: [...] II – outorga de isenção;

4. TRIBUTAÇÃO DO PRODUTOR RURAL PESSOA JURÍDICA

os limites estabelecidos no artigo 3º, inciso II, e parágrafo 14º, da LC nº 123/06[232].

Vale relembrarmos, o Simples Nacional configura-se como uma sistemática de apuração de tributos Federais, Estaduais e Municipais de forma única e sobre a receita bruta, em substituição à apuração individualizada de tais exações Neste sentido, caso opte pela adesão ao Simples, o produtor em regra não mais restará sujeito à apuração individualizada do IRPJ, CSLL, ICMS, ISS, PIS/Cofins, Funrural e SENAR, exações analisadas neste tópico 4. Importante que se diga, a substituição da apuração individual de tributos comporta certos limites no que diz respeito ao ICMS e ao ISS (e.g. artigo 13-A da LC nº 123/06), bem como em relação a outros tributos (inclusive o ITR), consoante o disposto no artigo 13, parágrafo 1º da LC nº 123/06.

O produtor rural pessoa jurídica que venha a aderir ao Simples Nacional será tributado sobre a receita bruta mensal, conforme as alíquotas estabelecidas nos anexos da LC nº 123/06. O reconhecimento das receitas se dará, em regra, em regime de competência, facultando-se ao contribuinte que opte (a cada ano-calendário) pelo regime de caixa (artigo 18, parágrafo 3, da LC nº 123/06). Obviamente, portanto, o produtor rural pessoa jurídica não fará jus aos caracteres particulares geralmente aplicáveis à tributação da atividade rural, tais como descritos nos tópicos anteriores deste trabalho.

No que diz respeito à adesão do produtor rural pessoa jurídica ao Simples Nacional, parece-nos relevante destacar que: (i) o recolhimento do Funrural restará substituído pela Contribuição Patronal Previdenciária, que compõe as alíquotas do Simples que incidirão mensalmente sobre a receita bruta; e (ii) o produtor rural pessoa jurídica permanecerá obrigado ao recolhimento por sub-rogação (FUNRURAL e SENAR), nas transações de aquisição de produtos rurais junto a produtores rurais pessoas físicas; e (iii) o produtor rural pessoa jurídica permanecerá obrigado à retenção apartada das contribuições previdenciárias a serem descontadas de contribuintes individuais e trabalhadores a seu serviço.

---

[232] Atualmente, R$ 360.000,00 ou R$4.800.000,00 para a microempresa e empresa de pequeno porte, respectivamente, consoante o disposto no artigo 3, inciso II, da LC nº 123/06. Observa-se, ainda, que o artigo 3º, parágrafo 14º, permite-se o auferimento de receitas de exportação, adicionalmente até os limites estabelecidos no artigo 3, inciso II.

Vale destacarmos que a Receita Federal, em conjunto com o Sistema Nacional de Aprendizagem Rural (SENAR), publicaram uma cartilha informativa[233], que contém roteiros para a apuração de tributos sob esta sistemática. Como ponto de atenção ao produtor rural pessoa jurídica, consoante destacado no parágrafo anterior, vale a transcrição do seguinte trecho da cartilha da RFB/SENAR[234]:

> As microempresas e empresas de pequeno porte optante pelo Simples Nacional estão sujeitas, na condição de sub-rogadas, ao recolhimento das contribuições incidentes sobre os produtos rurais adquiridos de produtor rural pessoa física – contribuinte individual e segurado especial, independente da aquisição ter sido realizada diretamente com o produtor ou com intermediário pessoa física. Nesse caso, o adquirente assume a responsabilidade pelo recolhimento, constituindo-se em mero repassador do encargo previdenciário e da contribuição do SENAR, nos termos do Art. 30, inciso IV, da Lei 8.212/1991.

---

[233] SERVIÇO NACIONAL DE APRENDIZAGEM RURAL; RECEITA FEDERAL DO BRASIL **Simples Nacional e as Responsabilidades na Área Rural: Projeto Cidadania Rural.** Brasília, DF: SENAR; Receita Federal do Brasil, 2012. Disponível em: http://www8.receita.fazenda.gov.br/SimplesNacional/Arquivos/manual/Cartilha_area_rural_v2.pdf. Acesso em: 02 set. 2018.
[234] *Idem*, p. 19.

5. ITR – Imposto sobre a Propriedade Territorial Rural

5.1 Caracterização do ITR

O Imposto sobre a Propriedade Territorial Rural ("ITR") é o tributo de competência da União que encontra fundamento no artigo 153, VI, da Constituição Federal de 1988:

> Art. 153. Compete à União instituir impostos sobre: [...]
> VI – propriedade territorial rural; [...]
> § 4º O imposto previsto no inciso VI do caput:
> I – será progressivo e terá suas alíquotas fixadas de forma a desestimular a manutenção de propriedades improdutivas;
> II – não incidirá sobre pequenas glebas rurais, definidas em lei, quando as explore o proprietário que não possua outro imóvel;
> III – será fiscalizado e cobrado pelos Municípios que assim optarem, na forma da lei, desde que não implique redução do imposto ou qualquer outra forma de renúncia fiscal.

Consoante a redação do caput do artigo 153, a competência para instituição do tributo foi conferida à União. Entretanto, consoante se denota do parágrafo 4º, inciso III, incluído pela Emenda Constitucional nº 42 de 19 de dezembro de 2003, os Municípios poderão optar pela fiscalização e cobrança do tributo e, caso o façam, farão jus ao total da arrecadação do ITR, consoante disposto no artigo 158 da Constituição Federal de 1988:

> Art. 157. Pertencem aos Estados e ao Distrito Federal: [...]

II – cinqüenta por cento do produto da arrecadação do imposto da União sobre a propriedade territorial rural, relativamente aos imóveis neles situados, cabendo a totalidade na hipótese da opção a que se refere o art. 153, § 4º, III;[...]

As normas gerais aplicáveis ao ITR encontram-se nos artigos 29 ao 31 do Código Tributário Nacional:

> Art. 29. O imposto, de competência da União, sobre a propriedade territorial rural tem como fato gerador a propriedade, o domínio útil ou a posse de imóvel por natureza, como definido na lei civil, localização fora da zona urbana do Município.
> Art. 30. A base do cálculo do imposto é o valor fundiário.
> Art. 31. Contribuinte do imposto é o proprietário do imóvel, o titular de seu domínio útil, ou o seu possuidor a qualquer título.

E, no âmbito ordinário, são relevantes as disposições da Lei nº 9.393 de 19 de dezembro de 1996 ("Lei nº 9.393/96") e do Decreto-lei nº 57 de 18 de novembro de 1966.

O ITR, portanto, se configura como um tributo incidente sobre a propriedade. E, acerca deste tipo de tributo, torna-se relevante a lição de Luis Eduardo Schoueri[235], que indica que as exações sobre a propriedade situam-se em uma linha tênue entre a preservação de garantia individual da propriedade privada (artigo 5º, inciso XXII, da Constituição Federal de 1988) e o intuito arrecadatório, o que acabaria por justificar uma função de intervenção do Estado sobre o comportamento do contribuinte, com o escopo de feito indutor (que o autor denomina de "efeito alavanca") sobre a destinação conferida pelo proprietário ao bem. Veja-se a observação daquele autor acerca do ITR[236]:

> Assim, cita-se o §4º do artigo 153, tratando do Imposto Territorial Rural, que determina que suas alíquotas se fixem 'de forma a desestimular a manutenção de propriedades improdutivas'.

No que diz respeito ao ITR, portanto, avulta o seu caráter parafiscal de indução de certo comportamento ao contribuinte, destacando-se em

---

[235] SCHOUERI, *op. cit.*, p. 370.
[236] *Idem.*

relação ao intuito meramente arrecadatório. Neste sentido, aliás, é bastante claro o entendimento de Hugo de Brito Machado[237]:

> Atualmente a função predominante do ITR é extrafiscal. Funciona esse imposto como instrumento auxiliar do disciplinamento estatal da propriedade rural. [...] O ITR é considerado um importante instrumento no combate aos latifúndios improdutivos.

Todavia, destaca-se que a partir da edição da Emenda Constitucional nº 42 de 19 de dezembro de 2003 e da corresponde alteração do artigo 153, §4º, da Constituição Federal, bem como da Lei nº 11.250 de 27 de dezembro de 2005, conferiu-se aos municípios e ao Distrito Federal a faculdade de se conveniarem à Receita Federal para delegação da fiscalização, lançamento e cobrança do ITR. Os municípios que venham a optar pela gestão do ITR farão jus à totalidade da arrecadação, consoante determina o artigo 158, II, da Constituição Federal.

Diante de tal alteração, nos últimos anos o ITR vem tomando contornos de tributo cujo objetivo mais se aproxima da arrecadação em si, do que propriamente dos caracteres parafiscais relatados acima, que se sobressaiam em sua gênese. A discussão encontra maior campo na definição da base de cálculo do tributo pelos entes conveniados, conforme se analisa em detalhe no item 5.3 abaixo.

5.2 Fato Gerador e Sujeito Passivo do ITR

Pois bem, consoante o artigo 29 do Código Tributário Nacional, o fato gerador do ITR seria *"a propriedade, o domínio útil ou a posse de imóvel por natureza"*. Quanto ao sujeito passivo, o artigo 31 do Código Tributário Nacional e o artigo 4º da Lei nº 9.393/96 definem como *"o proprietário do imóvel, o titular de seu domínio útil, ou o seu possuidor a qualquer título"*.

Ainda quanto ao sujeito passivo, nada obstante a referência da Lei ao titular de sua posse *"a qualquer título"*, não se consideram contribuintes os detentores da posse do imóvel rural a título de arrendamento, parceria ou comodato, consoante estabelecido pelo artigo 4, parágrafo 4º, da

---

[237] MACHADO, *op. cit*, p. 349.

Instrução Normativa da Secretaria da Fazenda Nacional nº 256 de 11 de dezembro de 2002 ("IN SRF nº 256/02")[238].

Quanto à hipótese de incidência, vale destacar que a Lei nº 9.393/96, em seu artigo 1º, a definiu como a propriedade, posse ou domínio útil do bem imóvel "*em 1º de janeiro de cada ano.*"

Uma das primeiras questões que se colocam diz respeito à caracterização de "*imóvel por natureza*". Acerca deste, ponto, Hugo de Brito Machado[239] recorre à classificação da doutrina de direito civil, que categoriza bens imóveis (i) por natureza, (ii) por acessão física, (iii) por acessão intelectual e (iv) por determinação legal. De acordo com este autor, o "imóvel por natureza" a que se refere o ITR seria o bem imóvel cujo conceito se encontrava no artigo 43, inciso I, do Código Civil de 1916: "*O solo com sua superfície, os acessórios e adjacências naturais, compreendendo as árvores e frutos pendentes, o espaço aéreo e o subsolo*", excluídas portanto as demais categorias de bens imóveis.

O entendimento de Leonardo Furtado Loubet[240] é semelhante, ao apontar que os melhoramentos acrescidos ao imóvel pelo contribuinte não constituem objeto de incidência do ITR:

> [...] a Constituição deliberadamente possibilitou à União gravar, apenas, a propriedade territorial, e não a predial. Isso significa que o ITR deve abranger somente a terra nua, sem suas construções, instalações ou outras benfeitorias quaisquer. Noutras palavras, diferentemente do que ocorre com o IPTU, o ITR só pode abarcar propriedade do imóvel em si mesmo considerado, e não os melhoramentos que sobre o solo implantar o contribuinte. [...] o imposto só pode congregar a terra nua, e não suas benfeitorias.

Quanto à caracterização do imóvel rural em si, trata-se de tema analisado no item 2.2 deste trabalho. Consoante se demonstrou, houve intenso debate jurisprudencial a tratar do critério (destinação ou locali-

---

[238] "§ 4º Para fins do disposto nesta Instrução Normativa, não se considera contribuinte do ITR o arrendatário, comodatário ou parceiro de imóvel rural explorado por contrato de arrendamento, comodato ou parceria."
[239] MACHADO, *op.cit.*, p. 351.
[240] LOUBET, *op. cit.*, p. 38-390.

5. ITR – IMPOSTO SOBRE A PROPRIEDADE TERRITORIAL RURAL

zação) adequado à distinção dos imóveis rurais e urbanos, estes sujeitos à incidência do IPTU Por fim, consoante indicado naquele tópico, prevaleceu um critério misto entre a destinação e a localização, de tal modo que atualmente se consideram imóveis rurais (i) aqueles localizados na zona rural e portanto não sujeitos ao IPTU; e (ii) os imóveis que se destinem à atividade rural, ainda que localizados em zona urbana.

Ainda acerca deste tema, diga-se que a sujeição ao ITR tem por efeito o afastamento da incidência do IPTU. Consoante a jurisprudência consolidada, o imóvel destinado à atividade rural se submete ao ITR, ainda que localizado em zona urbana, sendo imprescindível, entretanto, a prova de exercício da atividade rural:

> TRIBUTÁRIO. IMÓVEL NA ÁREA URBANA. DESTINAÇÃO RURAL. IPTU. NÃO-INCIDÊNCIA. ART. 15 DO DL 57/1966. RECURSO REPETITIVO. ART. 543-C DO CPC.
> 1. Não incide IPTU, mas ITR, sobre imóvel localizado na área urbana do Município, desde que comprovadamente utilizado em exploração extrativa, vegetal, agrícola, pecuária ou agroindustrial (art. 15 do DL 57/1966).
> 2. Recurso Especial provido. Acórdão sujeito ao regime do art. 543-C do CPC e da Resolução 8/2008 do STJ.[241]
>
> [...] V. No caso, encontrando-se o imóvel em área urbana, e não de expansão, conforme a Lei 7.032/98, do Município de São José do Rio Preto, com mais razão a incidência do IPTU, considerando que sequer há notícia, nos autos, de desenvolvimento de qualquer atividade rural na propriedade, aliada à circunstância de que o tributo é devido, ainda que ausentes os melhoramentos indicados no art. 32, § 1º, do CTN. [...][242]
> (AgInt no AREsp 1197346/SP, Rel. Ministra Assusete Magalhães, Segunda Turma, julgado em 08/05/2018, DJe 15/05/2018)

Ademais, percebe-se que há uma diferença entre o comando constitucional insculpido no artigo 153, inciso IV, *"propriedade territorial rural"*

---

[241] BRASIL. Superior Tribunal de Justiça. **REsp 1112646/SP**, Relator Ministro Herman Benjamin, Primeira Seção, julgado em 26/08/2009, DJe 28/08/2009. Disponível em: http://stj.jus.br. Acesso em: 02 set. 2018.

[242] BRASIL. Superior Tribunal de Justiça. **AgInt no AREsp 1197346/SP**, Relatora Ministra Assusete Magalhães, Segunda Turma, julgado em 08/05/2018, DJe 15/05/2018. Disponível em: http://stj.jus.br. Acesso em: 02 set. 2018.

e a hipótese de incidência prescrita no artigo 29 do Código Tributário Também, que indica *"a propriedade, o domínio útil ou a posse de imóvel"*.

Neste ponto, Hugo de Brito Machado[243] destaca a existência de uma certa polêmica em torno da tributação da "posse" de imóvel, tal qual determinada no Código Tributário Nacional (artigo 29) e na Lei nº 9.393/96 (artigo 1º):

> Há quem sustente que o art. 29 do CTN é inconstitucional ao determinar a tributação da posse, pois a Constituição só autorizou a tributação, no caso, sobre 'a propriedade territorial rural'.

O autor entende, entretanto, que seria constitucional a tributação da posse, que em sua opinião *"nada mais é que um direito inerente à propriedade"*[244].

Em sentido diverso, entretanto, manifesta-se Leonardo Furtado Loubet[245], ao afirmar que *"só se pode concluir pela invalidade de tributação, pelo ITR, de quem não seja, efetivamente, proprietário. Isto porque a propriedade é um conceito técnico-jurídico, sujeito a regime próprio, distinto do domínio útil, da posse ou outro direito qualquer."*

Quanto a esta questão, a jurisprudência tem se alinhado à validade do comando estabelecido pelo artigo 29 do Código Tributário Nacional, consoante se denota da decisão tomada pelo Superior Tribunal de Justiça (em sede de recurso repetitivo), que aplica ao ITR o mesmo raciocínio aplicado ao IPTU, definindo-se como sujeitos passivos solidários o proprietário e os demais sujeitos que detenham a posse do bem, inclusive o promissário comprador[246].

---

[243] MACHADO, *op. cit.*, p. 351 e 352.
[244] *Idem*.
[245] LOUBET, *op. cit.*, p. 395.
[246] BRASIL. **Superior Tribunal de Justiça. REsp 1073846/SP**, Relator Ministro Luis Fux, Primeira Seção, julgado em 25/11/2009, DJe 18/12/2009. Disponível em: http://stj.jus.br. Acesso em: 02 set. 2018: [...] ITR. CONTRATO DE PROMESSA DE COMPRA E VENDA DO IMÓVEL RURAL. LEGITIMIDADE PASSIVA AD CAUSAM DO POSSUIDOR DIRETO (PROMITENTE COMPRADOR) E DO PROPRIETÁRIO/POSSUIDOR INDIRETO (PROMITENTE VENDEDOR). DÉBITOS TRIBUTÁRIOS VENCIDOS. TAXA SELIC. APLICAÇÃO. LEI 9.065/95. 1. A incidência tributária do imposto sobre a propriedade territorial rural – ITR (de competência da União), sob o ângulo do aspecto material da regra matriz, é a propriedade, o domínio útil ou a posse de imóvel por natureza, como definido na lei civil, localizado fora da zona urbana do Município (artigos 29, do CTN,

5. ITR - IMPOSTO SOBRE A PROPRIEDADE TERRITORIAL RURAL

Ademais, também quanto ao fato gerador do tributo, a jurisprudência tem reconhecido o afastamento da incidência do ITR, na hipótese que o proprietário seja alijado da posse e do domínio de seu imóvel rural em virtude de invasão:

> PROCESSUAL CIVIL E TRIBUTÁRIO. AGRAVO REGIMENTAL NO RECURSO ESPECIAL. MANDADO DE SEGURANÇA. INEXIGIBILIDADE DO ITR DE IMÓVEL RURAL INVADIDO POR SEM TERRAS. AUSÊNCIA DE FATO GERADOR. AGRAVO REGIMENTAL DA FAZENDA NACIONAL DESPROVIDO.
> 1. Consoante já decidiu esta Corte, se o proprietário não detém o domínio ou a posse do imóvel, invadido pelos Sem Terra, a sua titularidade, tão-somente, não configura fato gerador do ITR (REsp. 963.499/PR, Rel. Min. HERMAN BENJAMIN, DJe 14.12.2009; e REsp. 1.144.982/PR, Rel. Min. MAURO CAMPBELL MARQUES, DJe 15.10.2009). [...][247]

5.2.1 Imunidades, Isenções e Áreas de Interesse Ambiental

O artigo 153, inciso II, da Constituição Federal de 1988 estabelece a imunidade das *"pequenas glebas rurais, definidas em lei, quando as explore o proprietário que não possua outro imóvel"*, sobre as quais não incidirá o ITR. A definição de tais *"pequenas glebas rurais"* se encontra sobremaneira no artigo 2º da Lei nº 9.393/96. A IN SRF nº 256/02, enumera ainda em seu artigo 2º, outras hipóteses de "imunidade", assim como o faz o artigo 3º do Decreto nº 4.382 de 19 de setembro de 2002.

Mencione-se que o artigo 2º, parágrafo 3º, da IN SRF nº 256/02 intenta afastar a imunidade da pequena gleba rural que tenha área explorada por comodato, arrendamento ou parceria. Tal restrição não

---

e 1º, da Lei 9.393/96). 2. O proprietário do imóvel rural, o titular de seu domínio útil, ou o seu possuidor a qualquer título, à luz dos artigos 31, do CTN, e 4º, da Lei 9.393/96, são os contribuintes do ITR . [...] 6. O promitente comprador (possuidor a qualquer título) do imóvel, bem como seu proprietário/promitente vendedor (aquele que tem a propriedade registrada no Registro de Imóveis), consoante entendimento exarado pela Primeira Seção do STJ, quando do julgamento dos Recursos Especiais 1.110.551/SP e 1.111.202/SP (submetidos ao rito do artigo 543-C, do CPC), são contribuintes responsáveis pelo pagamento do IPTU (Rel. Ministro Mauro Campbell Marques, julgado em 10.06.2009, DJe 18.06.2009). [...]
[247] BRASIL. Superior Tribunal de Justiça. **AgRg no REsp 1346328/PR**, Relator Ministro Napoleão Nunes Maia Filho, Primeira Turma, julgado em 15/12/2016, DJe 06/02/2017. Disponível em: http://stj.jus.br. Acesso em: 02 set. 2018.

encontra guarida em Lei, de tal modo que tal disposição importaria e desatenção ao princípio da legalidade. Vale dizer, o que a Lei estabelece é que o contribuinte deverá explorar a área por si ou por sua família, além de não possuir outro imóvel.

Quanto às isenções, os artigos 3º e 3º-A da Lei nº 9.313/96, em resumo e observadas certas condições, as estabelecem sobre áreas de assentamentos de reforma agrária, pequenas propriedades familiares e comunidades quilombolas.

Finalmente, destaque-se que os tribunais têm interpretado como isenção, a exclusão de áreas de interesse ambiental da base de cálculo do ITR, conforme se verá no item abaixo.

5.3 A Base de Cálculo do ITR

O Código Tributário Nacional, em seu artigo 30, estabelece que a base de cálculo do ITR é *"o valor fundiário"*. O artigo 8º, parágrafo 2º, da Lei nº 9.393/96, por sua vez, estabelece que a base de cálculo do ITR será o Valor da Terra Nua (VTN), que *"refletirá o preço de mercado de terras, apurado em 1º de janeiro do ano a que se referir o DIAT, e será considerado auto-avaliação da terra nua a preço de mercado."*

Acerca do conceito de "valor fundiário", Hugo de Brito Machado[248] considera "como tal a diferença entre o valor venal do imóvel, inclusive as respectivas benfeitorias, o valor dos bens incorporados ao imóvel [...]".

Este conceito é acatado pelo artigo 10, parágrafo 1º, da Lei nº 9.393/96 e pelo artigo 32 da IN SRF nº 256/02, que dispõem o seguinte:

> *[Lei nº 9.393/96]*
> Art. 10 [...]
> § 1º Para os efeitos de apuração do ITR, considerar-se-á:
> I – VTN, o valor do imóvel, excluídos os valores relativos a:
> a) construções, instalações e benfeitorias;
> b) culturas permanentes e temporárias;
> c) pastagens cultivadas e melhoradas;
> d) florestas plantadas; [...]

---

[248] MACHADO, *op. cit.*, p. 353.

5. ITR - IMPOSTO SOBRE A PROPRIEDADE TERRITORIAL RURAL

A base de cálculo do ITR encontra no VTN o seu principal fator, mas é constituída efetivamente pelo VTNt (Valor da Terra Nua Tributável), que se obtém mediante a multiplicação do VTN sobre o quociente entre a "área tributável" e a "área total" do imóvel.

É relevante mencionarmos que a área tributável corresponde à área do imóvel, excluídas as áreas de interesse ambiental descritas no artigo 10, parágrafo 1º, inciso II, da Lei nº 9.393/96. Acerca deste ponto, há duas questões polêmicas que se colocaram perante os Tribunais, quais sejam: (i) a exigência da apresentação do Ato Declaratório Ambiental como condição à exclusão das áreas de interesse ambiental da base de cálculo do ITR; e (ii) a exigência de averbação da reserva legal do imóvel rural, como condição à sua exclusão da base de cálculo do ITR. Por fim, o aresto transcrito abaixo resume a solução conferida pela jurisprudência:

> TRIBUTÁRIO. ITR. ISENÇÃO. ATO DECLARATÓRIO AMBIENTAL (ADA). PRESCINDIBILIDADE. PRECEDENTES. ÁREA DE RESERVA LEGAL. AVERBAÇÃO NA MATRÍCULA DO IMÓVEL. NECESSIDADE. SÚMULA 7 DO STJ. RECURSO ESPECIAL NÃO PROVIDO.
> 1. A jurisprudência do STJ firmou-se no sentido de que "é desnecessário apresentar o Ato Declaratório Ambiental - ADA para que se reconheça o direito à isenção do ITR, mormente quando essa exigência estava prevista apenas em instrução normativa da Receita Federal (IN SRF 67/97)" (AgRg no REsp 1.310.972/RS, Rel. Min. Herman Benjamin, Segunda Turma, julgado em 5/6/2012, DJe 15/6/2012).
> 2. Quando se trata de "área de reserva legal", as Turmas da Primeira Seção firmaram entendimento de que é imprescindível a averbação da referida área na matrícula do imóvel para o gozo do benefício isencional vinculado ao ITR. [...][249]

Quanto ao VTN, a IN SRF nº 256/2002, editada pela Receita Federal do Brasil com fulcro no artigo 10 da Lei nº 9.393/96, estabelece em seu artigo 32, parágrafo 2º, que o valor da terra nua deverá ser aquele apurado em 01 de janeiro do ano de ocorrência do fato gerador:

---

[249] BRASIL. Superior Tribunal de Justiça. **REsp 1668718/SE**, Relator Ministro Herman Benjamin, Segunda Turma, julgado em 17/08/2017, DJe 13/09/2017. Disponível em: http://stj.jus.br. Acesso em: 02 set. 2018.

Art. 32 [...]

§ 2º O VTN refletirá o preço de mercado de terras, apurado em 1º de janeiro do ano de ocorrência do fato gerador do ITR, e será considerado auto-avaliação da terra nua a preço de mercado.

A atribuição do VTN não resta puramente sujeita à discricionariedade do contribuinte, porquanto se tenha estabelecido, por meio da Portaria SRF nº 447 de 28 de março de 2002, o Sistema de Preços de Terras ("SIPT"), que *"em atendimento ao disposto no art. 14 da Lei nº 9.393, de 1996, que tem como objetivo fornecer informações relativas a valores de terras para o cálculo e lançamento do Imposto Territorial Rural (ITR)".*

Trata-se de uma base de dados de valores de terra nua administrada pelo Fisco, com o intuito de se estabelecer o VTN aplicável às hipóteses de falta de entrega da declaração do ITR, fraudes ou subavaliações (artigo 14 da Lei nº 9.393/96):

> Art. 14. No caso de falta de entrega do DIAC ou do DIAT, bem como de subavaliação ou prestação de informações inexatas, incorretas ou fraudulentas, a Secretaria da Receita Federal procederá à determinação e ao lançamento de ofício do imposto, considerando informações sobre preços de terras, constantes de sistema a ser por ela instituído, e os dados de área total, área tributável e grau de utilização do imóvel, apurados em procedimentos de fiscalização.
>
> § 1º As informações sobre preços de terra observarão os critérios estabelecidos no art. 12, § 1º, inciso II da Lei nº 8.629, de 25 de fevereiro de 1993, e considerarão levantamentos realizados pelas Secretarias de Agricultura das Unidades Federadas ou dos Municípios.

A jurisprudência tem reconhecido a legalidade do emprego da base de dados do SIPT pelo Fisco, nas hipóteses enumeradas no artigo 14 da Lei nº 9.393/96. Apenas a título exemplificativo, veja-se a jurisprudência do Tribunal Regional Federal da 3ª Região:

> DIREITO PROCESSUAL CIVIL E TRIBUTÁRIO. APELAÇÃO. IMPOSTO TERRITORIAL RURAL – ITR. LEI 9.393/96. LANÇAMENTO DE OFÍCIO. ARTIGO 14 DA LEI 9.393/96. RECURSO DESPROVIDO. 1. Não assiste razão a apelante, ao sustentar a não validade do critério técnico na apuração do ITR, procedido pela autoridade fiscal, a partir do Sistema de

5. ITR – IMPOSTO SOBRE A PROPRIEDADE TERRITORIAL RURAL

Preços de Terra – SIPT. Com efeito, não estando o primeiro laudo apresentado de acordo com as normas da ABNT, e tendo o segundo laudo sido apresentado intempestivamente, plenamente válida a apuração efetuada nos termos do artigo 14 da Lei 9.393/96, bem como a utilização, por parte da autoridade fiscal, das informações sobre o preço das terras de acordo com o Sistema de Preços de Terra-SIPT. 2. Conforme exposto no lançamento, foi verificada a prestação de informações inexatas ou incorretas em relação à avaliação da terra, o que está previsto com fundamento no artigo 14 da Lei 9.393/96, a justificar o lançamento de ofício. 3. Pacífica a jurisprudência, firmada a partir do CTN e da Lei 9.393/1996, quanto aos procedimentos e critérios para a apuração do ITR. 4. Como bem observou a sentença, os laudos apresentados na seara administrativa, ao adotarem dados comparativos com outros imóveis semelhantes, utilizou-se de propriedades rurais com áreas muitas vezes menores que o imóvel avaliando. 5. Apelação desprovida.[250]

Note-se, entretanto, que poderá ocorrer a hipótese em que o SIPT seja "alimentado" por dados que não reflitam adequadamente o valor da terra nua, ou mesmo por dados que erroneamente digam respeito à terra nua e acessões. Em tais hipóteses, vale a ressalva de Hugo de Brito Machado[251], no sentido de que se aplica à apuração do ITR o disposto no artigo 148 do Código Tributário Nacional, cuja transcrição se faz oportuna:

Art. 148. Quando o cálculo do tributo tenha por base, ou tome em consideração, o valor ou o preço de bens, direitos, serviços ou atos jurídicos, a autoridade lançadora, mediante processo regular, arbitrará aquele valor ou preço, sempre que sejam omissos ou não mereçam fé as declarações ou os esclarecimentos prestados, ou os documentos expedidos pelo sujeito passivo ou pelo terceiro legalmente obrigado, ressalvada, em caso de contestação, avaliação contraditória, administrativa ou judicial.

Portanto, caso se exija do contribuinte a apuração do ITR sobre VTN que não reflita adequadamente o valor da terra nua em 1º de janeiro do

---

[250] BRASIL. Tribunal Regional Federal da 3ª Região; **Apelação nº 00014400720124036106**, Relatora Juíza Convocada Denise Avelar, Terceira Turma, julgado em 22/11/2017, e-DJF3 Judicial 1 de 28/11/2017. Disponível em: http://trf3.jus.br. Acesso em: 02 set. 2018.
[251] MACHADO, *op. cit.*, p. 353.

ano-base, assistirá ao contribuinte o direito de contestar o critério adotado pelo Fisco (mesmo que pautado no SIPT), mediante a produção de laudo de avaliação.

Quanto ao eventual laudo a ser apresentado pelo contribuinte, é fundamental que seja elaborado em atenção às normas da Associação Brasileira de Normas Técnicas ("ABNT") aplicáveis à avaliação do imóvel rural. Tal assertiva pode ser inferida da decisão do TRF-3, transcrita acima, e é claramente adotada em sede de jurisprudência administrativa, reconhecendo-se que o laudo devidamente elaborado em atenção às normas da ABNT tem por efeito o afastamento do VTN constante do SIPT, veja-se:

> EMBARGOS. OMISSÃO ITR. EFEITOS INFRINGENTES. VALOR DA TERRA NUA.
> É incabível o arbitramento com base na tabela SIPT quando o laudo técnico elaborado por profissional habilitado atender aos requisitos essenciais das normas da ABNT.[252]

> VALOR DA TERRA NUA (VTN). ARBITRAMENTO. LAUDO DE AVALIAÇÃO. O arbitramento do valor da terra nua, apurado com base nos valores do Sistema de Preços de Terra (SIPT), deve prevalecer sempre que o laudo de avaliação do imóvel apresentado pelo contribuinte, para contestar o lançamento, não seja elaborado nos termos da Norma Brasileira NBR ABNT 146533-3.[253]

Consoante se relatou no item 5.1 deste trabalho, as alterações promovidas pela Emenda Constitucional nº 42 de 19 de dezembro de 2003, conferiram aos municípios e ao Distrito Federal a faculdade de gestão do ITR, hipótese em que a estes se atribui a totalidade do produto da arrecadação. A matéria é regulada pela Receita Federal pela Instrução Normativa RFB nº 1.640 de 11 de maio de 2016, que em seu artigo 17,

---

[252] BRASIL. Conselho Administrativo de Recursos Fiscais, **Acórdão nº 9202-005.780**, Relatora Conselheira Patricia da Silva, julgado em 31 ago. 2017. Disponível em: http://carf.fazenda.gov.br. Acesso em 02 set. 2018.
[253] BRASIL. Conselho Administrativo de Recursos Fiscais, **Acórdão nº 2301-005.188**, Relator Alexandre Evaristo Pinto, julgado em 06 mar. 2018. Disponível em: http://carf.fazenda.gov.br. Acesso em 02 set. 2018.

5. ITR – IMPOSTO SOBRE A PROPRIEDADE TERRITORIAL RURAL

III, define como dever da entidade conveniada *"informar os valores de terra nua por hectare (VTN/ha), para fins de atualização do Sistema de Preços de Terras (SIPT) da RFB"*.

Gerou-se, portanto, um forte estímulo ao aspecto arrecadatório do ITR. Na busca por maiores recursos, os municípios obviamente tendem à informação de valores cada vez mais altos para a formação da base de dados do SIPT.

Acerca deste aspecto, é interessante remetermos à análise de Richard A. Posner acerca dos desdobramentos causados pela atribuição de valor ao imóvel para fins de incidência de tributo sobre a propriedade, veja-se[254]:

> Suppose I am a farmer in an area where more land is being developed for residential purposes. My land is worth only $100,000 as farmland but a developer offers me $200,000. I refuse because I am sentimentally attached to the land and do no want to move; I would not sell for less than $250,000. At what value should the real estate tax assessor appraise the land? If he assesses it at the higher value he may force me to sell to the developer, since my farm income may be insufficient to pay a tax assessed on the basis of a use of the land that would yield a larger pecuniary income [...] the real estate tax has the same effect here as eminent domain, which also systematically extinguish land values in excess of market price.
> [...]

---

[254] POSNER, Richard A. **Economic Analysis of Law**. 7th edition. New York: Aspen Publishers, 2007, p. 519.
Tradução livre: Suponha que eu seja um fazendeiro em uma área na qual há crescente desenvolvimento com fins residenciais. Minha terra vale apenas $100.000,00 como área de agricultura mas o construtor me oferece $200.000,00. Eu recuso, pois sou sentimentalmente ligado à terra e não quero me mudar; Eu não a venderia por menos do que $250.000,00. Por qual valor será feita a avaliação para fins do tributo sobre a propriedade? Se a avaliação corresponde ao maior valor, poderei ser forçado a vender o imóvel ao construtor, uma vez que meu resultado agrícola poderá ser insuficiente para pagar o tributo fixado sobre uma base de uso da terra que geraria maior retorno financeiro [...] o tributo sobre o imóvel teria o mesmo efeito de uma desapropriação, que também sistematicamente extingue valores superiores ao preço de mercado. [...] o tributo sobre a propriedade torna o governo um efetivo co-proprietário de "minha" propriedade.. [...] Suponha que o tributo sobre o imóvel rural seja de $10.000,00, mas sobre imóvel residencial – o melhor do ponto de vista do governo – seria de $60.000,00. Então, o valor total da propriedade seria aumentado pelo governo, compelindo-me a vendê-la ao construtor.

> The real estate tax makes the government in effect a co-owner of "my" property. [...] Suppose that at the farm tax rate that value is only $10,000, but at the residential rate – its highest and best use from government's standpoint – it would be $60,000. Then the total value of the property would be increased by compelling me to sell it to the developer.

O cenário descrito pelo autor se aplica ao que se observa em torno do ITR. Sendo o Fisco interessado na arrecadação decorrente da elevação da base de cálculo, acaba-se por tornar as áreas agrícolas mais vulneráveis às investidas puramente imobiliárias e especulativas. O ITR, que encontra fundamento constitucional no estímulo ao uso produtivo e racional da terra, acaba por se tornar um vetor de desestabilização da atividade agrícola.

6. Conclusão

Os temas abordados ao longo deste trabalho revelam os desafios impostos pelos comandos legais e precedentes aplicáveis à atividade rural. Raros são os assuntos isentos de dúvidas e polêmicas.

A iniciar pela própria compreensão do que seja a atividade rural, conceito fluido e em constante evolução, abordado no tópico 2.1 deste trabalho. Neste âmbito, buscamos demonstrar as dificuldades de compreensão do conceito, bem como os diversos pontos de vista da doutrina, da jurisprudência e da legislação nacional e estrangeira.

Tratamos, também, da figura *sui generis* do condomínio rural, forma de organização relativamente comum no meio rural, cuja abordagem pelo ordenamento jurídico se encontra esparsa e calcada na jurisprudência.

No que diz respeito ao produtor rural pessoa física, tratamos detalhadamente do arcabouço legal especialíssimo que a ele se aplica. Sempre com foco nas questões recorrentes no CARF e nos Tribunais, procuramos dar enfoque aos temas de maior impacto econômico na atividade do produtor rural.

Ao abordarmos a tributação do produtor rural pessoa jurídica, conforme proposto no início deste trabalho, direcionamos os esforços aos temas que o diferenciam das entidades em geral. Neste sentido, saltam aos olhos algumas questões que revelam o ambiente de insegurança jurídica no qual se insere, com especial destaque ao seguinte: (i) as restrições impostas pelas normas infralegais e pela jurisprudência à dedução de investimentos prevista na Lei nº 8.023/90 (tópico 4.1.1.2 deste trabalho), (ii) a tributação do FUNRURAL que, entres outros detalhes polêmicos, encerra dispositivo legal específico aplicável à agroindústria e ainda depende de pronunciamento pelo Supremo Tribunal Federal no âmbito do RE 611.601 e RE 700.922, e (iii) a incrível colcha de retalhos relativa ao PIS e à Cofins, que se inserem em um contexto de diversas isenções suspensões de exigibilidade.

Por fim, tratamos do Imposto Territorial Rural, tributo que originalmente possuía destacada finalidade indutora e não puramente arrecadatória. Neste ponto, traçamos considerações acerca da composição de sua base de cálculo e alíquota, além de pontos controvertidos, tais como as (i) condições impostas à dedução de áreas de interesse ambiental, e (ii) os critérios para definição do VTN, a base de dados do SIPT e a alternativa que socorre ao contribuinte na hipótese de inadequação do VTN indicado no SIPT.

Espera-se que o presente trabalho represente um quadro elucidativo da tributação das atividades rurais, em particular das questões abertas à discussão, que certamente se desenvolverão ao longo dos próximos anos. Identificamos, também, que há uma profusão de temas relacionados à tributação da atividade rural, que em nosso entendimento decorre do dinamismo evolutivo e fluidez típicos da atividade, bem como da lamentável e excessiva complexidade de nosso sistema tributário e das inúmeras figuras jurídicas "especiais" que o legislador criou ao longo do tempo.

Na Introdução deste trabalho, em particular no tópico 1.2, traçamos considerações acerca dos vetores que justificariam o tratamento legislativo peculiar da agricultura. Afinal, entre tantas abordagens possíveis, qual seria o enfoque conferido à agricultura nacional: segurança alimentar, proteção ao pequeno produtor, estímulo à criação de cadeias de valor agregado, ou seria a sustentabilidade e a atenção ao meio ambiente? Ao fim, após a análise dos temas escolhidos, podemos concluir que a legislação tributária não coloca de forma clara o que se espera do produtor rural, ao contrário, impõe a este a convivência com estímulos um tanto incertos e conflitantes.

Anexo 1. Compilação de Decisões do CARF

Compilação de Decisões do Conselho Administrativo de Recursos Fiscais – associadas ao termo "rural"

Nº do Acórdão	Data	Natureza da atividade rural	Omissão de Receita	Contribuições	Escrituração Inadequada	Depreciação e Despesas	ITR	Alienação de Imóvel Rural	Valor de Terra Nua
105-13452	21/03/2001	X							
105-13579	21/08/2001	X							
108-07.070	01/10/2002	X							
10245877	06/12/2002							X	
101-94.191	17/06/2003	X							
104-22.978	23/01/2008		X						
104-22.954	23/01/2008		X						
104-23.001	24/01/2008		X						
104-23.114	23/04/2008		X						
106-16.837	23/04/2008		X						
102-48.993	23/04/2008		X	X					
302-39390	24/04/2008						X		
303-35.235	24/04/2008						X		X
106-16.865	24/04/2008		X						
302-39481	20/05/2008						X		
302-39.465	20/05/2008						X		
104-23.212	28/05/2008		X						
303-35.411	19/06/2008						X		
104-23.308	26/06/2008	X	X			X			
106-17.023	07/08/2008		X						
102-49.425	16/12/2008		X						
102-49.431	16/12/2008		X						
102-49.464	17/12/2008		X						
106-17.193	17/12/2008	X			X				
102-49.368	19/12/2008	X	X		X				
107-09.548	01/02/2009	X							

TRIBUTAÇÃO DA ATIVIDADE RURAL

Processo	Data							
104-23.709	04/02/2009	X						
3801-000.024	16/03/2009					X		
3102-00.032	25/03/2009					X		X
3102-00.087	26/03/2009					X		X
9304-00134	04/05/2009	X						
3301-000.071	07/05/2009	X						
3401-00074	01/06/2009	X						
3402-00148	02/06/2009	X						
3102-00.398	19/06/2009					X		
2201-00349	29/07/2009	X						
2202-00175	29/07/2009	X						
2202-00182	30/07/2009	X						
2202-00224	20/08/2009	X						
9202-00278	22/09/2009					X		
2201-00399	23/09/2009	X						
2202-00271	24/09/2009	X						
2102-00353	29/10/2009	X						
2202-000.280	29/10/2009	X						
2202-00322	30/10/2009	X						
2201-000.482	02/12/2009	X		X				
2102-00430	03/12/2009	X						
2101-00393	03/12/2009	X						
2102-00430	03/12/2009	X						
2202-000.479	12/04/2010	X						
2801-00432	13/04/2010					X		
2801-00418	13/04/2010					X		
2801-00427	13/04/2010					X		X
9202-00.762	13/04/2010	X						
9202-00.872	11/05/2010					X		
9202-00.877	11/05/2010					X		
2102-000.583	12/05/2010					X		X
2202-00.564	16/06/2010	X						
2201-00.732	17/06/2010					X		
2201-000.778	27/07/2010					X		

ANEXO 1. COMPILAÇÃO DE DECISÕES DO CARF

Acórdão	Data	C1	C2	C3	C4	C5	C6	C7	C8
2101-00.619	29/07/2010						X		
2101-000.717	19/08/2010						X		
2102-000.890	24/09/2010						X		
2102-000.905	20/10/2010						X		X
2101-000.812	20/10/2010						X		
2201-000.892	21/10/2010						X		
1402-000.271	08/11/2010	X							
1202-000.390	08/11/2010	X							
2801-001.280	02/12/2010		X						
1202-000.438	13/12/2010	X							
9202-001.307	08/02/2011						X		
2102-001.043	09/02/2011		X						
9202-001.332	09/02/2011						X		
9202-001.477	12/04/2011						X		
2801-001.509	14/04/2011		X						
2102-001.263	15/04/2011	X	X						
2801-001.546	12/05/2011		X						
2201-001.116	12/05/2011						X		
2801-001.591	13/05/2011		X						
140200.567	26/05/2011	X		X					
2101-001.168	08/06/2011		X						
9202-001.169	26/07/2011		X						
2101-001.245	23/08/2011		X						
2801-001.814	25/08/2011		X						
2801-001.838	25/08/2011		X						
2102-001.590	27/09/2011		X		X	X			
2801-001.879	29/09/2011		X						
2101-001.323	30/09/2011		X						
2202-001.432	25/10/2011		X						
2202-001.416	25/10/2011		X						
2102-001.612	25/10/2011		X						
2101-001.354	27/10/2011		X						
9101-001.234	21/11/2011	X							
9202-001.801	25/11/2011		X						

TRIBUTAÇÃO DA ATIVIDADE RURAL

1401-000.702	16/01/2012	X							
2101-001.429	20/01/2012		X						
2101-001.508	09/02/2012		X		X				
9202-001.970	16/02/2012		X						
2101-001.565	14/03/2012		X						
9202-002.043	21/03/2012		X						
2101-001.576	18/04/2012		X						
9202-002.088	10/05/2012		X						
2801-002.409	15/05/2012		X						
2201-001.613	16/05/2012		X						
2102-002.066	17/05/2012		X						
9202-002.209	27/06/2012						X		
2802-001.714	10/07/2012		X						
2202-001.907	11/07/2012						X		
2801-002.647	15/08/2012		X						
2202-001.995	18/09/2012		X						
2102-002.287	18/09/2012		X						
2102-002.328	16/10/2012						X		X
2201-001.883	18/10/2012		X						
9202-002.407	07/11/2012		X						
2201-001.891	20/11/2012		X						
2202-002.102	21/11/2012		X						
2201-001.942	22/01/2013						X		X
2202-002.174	19/02/2013		X						
2102-002.489	12/03/2013		X						
2101-002.115	13/03/2013		X						
1301-001.215	09/05/2013	X				X			
9202-002.684	10/06/2013						X		X
9202-002.744	11/06/2013		X						
2201-002.157	18/06/2013		X						
2201-002.170	19/06/2013						X		X
2102-002.638	13/08/2013						X		X
2202-002.406	14/08/2013		X						
2801-003.177	07/09/2013		X						

ANEXO 1. COMPILAÇÃO DE DECISÕES DO CARF

2102-002.687	17/09/2013						X		X
2202-002.458	18/09/2013	X							
2102-002.721	15/10/2013						X		X
2202-002.476	15/10/2013						X		
2802-002.568	16/10/2013	X							
2202-002.506	16/10/2013	X							
9202-002.932	05/11/2013					X			
2201-002.291	20/11/2013	X							
2801-003.369	23/01/2014								
2201-002.338	20/02/2014	X							
2802-002.737	18/03/2014					X			
2802-002.841	15/04/2014	X							
2202-002.657	13/05/2014	X							
2201-002.413	14/05/2014	X							
2201-002.406	14/05/2014	X							
2202-002.706	16/07/2014	X							
2102-003.031	17/07/2014	X							
2201-002.449	17/07/2014								
2202-002.741	12/08/2014								
2201-002.474	12/08/2014	X							
2802-002.998	12/08/2014					X			
2102-003.068	13/08/2014	X							
2202-002.745	13/08/2014	X							
2101-002.548	14/08/2014						X		X
2202-002.773	09/09/2014	X							
2202-002.777	09/09/2014	X							
2202-002.781	09/09/2014	X							
2202-002.786	09/09/2014								
2102-003.104	10/09/2014	X							
2202-002.808	11/09/2014						X		
1201-001.092	24/09/2014	X							
2102-003.128	07/10/2014	X							
2801-003.751	08/10/2014	X							
2801-003.795	04/11/2014						X		X

TRIBUTAÇÃO DA ATIVIDADE RURAL

Código	Data	C1	C2	C3	C4	C5	C6	C7	C8	C9
2202-002.845	04/11/2014		X							
2802-003.220	04/11/2014		X							
2801-003.776	04/11/2014		X							
2.202.002.857	04/11/2014		X		X	X				
2101-002.613	05/11/2014							X		X
2801-003.851	02/12/2014		X							
2801-003.869	02/12/2014		X							
2801-003.891	03/12/2014		X							
2202-002.915	03/12/2014							X		
2801-003.926	20/01/2015		X							
9202-003.554	28/01/2015		X							
9.202.003.570	29/01/2015	X		X						
2102-003.250	10/02/2015							X		X
2101-002.694	10/02/2015		X							
2201-002.668	11/02/2015		X							
2302-003.634	11/02/2015	X		X						
1.301.001.784	03/03/2015						X			
2.301.004.543	08/03/2015				X	X				
2202-003.072	09/12/2015		X							
2.202.003.072	10/12/2015		X							
1.201.001.243	10/12/2015	X					X			
2.201.002.769	26/01/2016	X					X		X	
9.202.003.687	27/01/2016				X	X				
2.401.004.062	27/01/2016				X					
2202-003.130	27/01/2016	X	X							
2.202.003.122	27/01/2016	X							X	
1.401.001.521	01/02/2016	X					X			
1.401.001.524	01/02/2016	X					X			
1.302.001.788	04/02/2016				X	X				
2.202.003.151	15/02/2016		X							
2.202.003.198	18/02/2016	X					X			
2.202.003.205	18/02/2016	X						X		X
1401-001.560	01/03/2016	X			X					
2.301.004.547	08/03/2016						X			

ANEXO 1. COMPILAÇÃO DE DECISÕES DO CARF

1.302.001.841	07/04/2016	X						
2301-004.589	11/04/2016		X					
2.201.003.030	12/04/2016		X			X		
2202-003.364	14/04/2016		X					
2.201.003.127	10/05/2016	X					X	
2.201.003.156	11/05/2016	X	X					
9202-004.024	11/05/2016	X						
2.402.005.365	15/06/2016	X					X	
2202-003.460	15/06/2016	X	X					
2.201.003.256	12/07/2016						X	
9202-004.285	19/07/2016		X					
2.402.005.465	17/08/2016		X		X	X		
2.202.003.548	18/08/2016						X	
9202-004.337	23/08/2016			X	X			
9202-004.338	23/08/2016			X	X			
2301-004.824	20/09/2016		X					
2301-004.813	20/09/2016		X					
2201-003.343	21/09/2016		X					
2402-005.525	21/09/2016		X		X			
2202-003.587	21/09/2016	X	X					
2201-003.345	21/09/2016		X		X			
9202-005.115	14/12/2016		X					
2201-003.377	19/01/2017						X	X
2.201.003.386	19/01/2017	X	X					
2301-004.877	19/01/2017	X		X				
1402-002.372	25/01/2017	X				X		
3402-003.817	26/01/2017			X		X		
2402-005.640	08/02/2017		X					
2.202.003.693	08/02/2017	X	X					
2202-003.696	08/02/2017						X	X
2201-003.459	09/02/2017	X	X					
2201-003.460	09/02/2017	X	X					
2301-004.941	09/02/2017						X	X
2.301.004.942	09/02/2017						X	X

TRIBUTAÇÃO DA ATIVIDADE RURAL

Acórdão	Data								
2202-003.644	09/02/2017		X						
2.201.003.461	09/02/2017	X	X						
1401-001.791	15/02/2017	X							
3301-003.200	21/02/2017			X	X				
2301-004.949	14/03/2017			X					
2301-004.951	14/03/2017			X					
2402-005.693	14/03/2017		X						
2202-003.740	16/03/2017			X					
2.301.004.969	16/03/2017		X		X				
2301-004.969	16/03/2017		X		X				
1401-001.839	23/03/2017	X				X			
9202-005.310	29/03/2017	X		X					
2402-005.797	07/04/2017		X			X			
3402-004.076	27/04/2017			X		X			
2202-003.822	09/05/2017		X		X				
9101-002.801	09/05/2017	X				X			
9101-002.789	09/05/2017	X				x			
9101-002.798	09/05/2017	X				X			
2202-003.839	09/05/2017		X						
2402-005.830	10/05/2017		X						
2202-003.881	11/05/2017		X		X				
2202-003.876	11/05/2017		X						
1402-002.490	16/05/2017	X							
1302-002.116	16/05/2017	X				X			
1402-002.528	18/05/2017	X							
2201-003.695	07/06/2017		X						
2301-005.055	07/06/2017		X						
2201-003.694	07/06/2017		X						
2401-004.904	08/06/2017						X		
2401-004.903	08/06/2017						X		
2201-003.701	08/06/2017		X						
2201-003.700	08/06/2017		X		X				
9101-002.983	06/07/2017				X				
3302-004.594	25/07/2017			X		X			

ANEXO 1. COMPILAÇÃO DE DECISÕES DO CARF

Acórdão	Data									
2201-003.800	08/08/2017			X						
2401-005.027	09/08/2017								X	X
2401-005.018	09/08/2017							X		X
9101-003.012	09/08/2017	X								
2201-003.830	09/08/2017		X						X	
2402-005.965	10/08/2017								X	X
2202-004.118	10/08/2017		X							
1401-002.033	15/08/2017	X					X			
1301-002.553	15/08/2017	X					X			
9202-005.745	30/08/2017		X		X					
2.402.005.981	12/09/2017								X	X
2.401.005.043	12/09/2017	X	X							
2402-005.981	12/09/2017								X	X
2402-005.976	12/09/2017								X	
2201-003.865	12/09/2017			X						
2301-005.128	13/09/2017	X		X						
2401-005.074	13/09/2017							X	X	
2201-003.915	14/09/2017	X							X	
2201-003.917	14/09/2017	X							X	
2201-003.913	14/09/2017	X							X	
2201-003.916	14/09/2017	X							X	
2201-003.910	14/09/2017	X							X	
2201-003.911	14/09/2017	X							X	
2201-003.912	14/09/2017	X							X	
2201-003.907	14/09/2017	X							X	
2301-005.146	14/09/2017		X		X					
9202-006.007	27/09/2017		X							
2402-006.007	03/10/2017		X							
2402-006.023	03/10/2017		X						X	
2201-003.972	04/10/2017		X							
2.401.005.124	04/10/2017								X	
2.401-005.116	04/10/2017							X	X	X
2401-005.124	04/10/2017							X	X	X
2.201-003.973	04/10/2017		X		X					

2401-005.121	04/10/2017		X						
2401-005.122	04/10/2017		X						
2301-005.158	04/10/2017		X						
3402-004.759	25/10/2017			X					
3402-004.758	25/10/2017			X					
3.302-004.906	26/10/2017	X		X					
2.201-004.023	08/11/2017		X		X				
2.201-004.017	08/11/2017		X						
9.101-003.226	09/11/2017	X							
2201-004.283	06/03/2018	X		X					
Ocorrências		67	164	21	27	32	56	25	29

Anexo 2. Definições de Atividade Rural na IN SRF nº 83/01 e IN RFB nº 1.700/17

IN 83/2001 (pessoa física)   IN 1.700/2017 (pessoa jurídica)

Art. 2º Considera-se atividade rural:
I – a agricultura;
II – a pecuária;
III – a extração e a exploração vegetal e animal;
IV – a exploração de atividades zootécnicas, tais como apicultura, avicultura, cunicultura, suinocultura, sericicultura, piscicultura e outras culturas de pequenos animais;
V – a atividade de captura de pescado in natura, desde que a exploração se faça com apetrechos semelhantes aos da pesca artesanal (arrastões de praia, rede de cerca, etc.), inclusive a exploração em regime de parceria;
VI – a transformação de produtos decorrentes da atividade rural, sem que sejam alteradas as características do produto in natura, feita pelo próprio agricultor ou criador, com equipamentos e utensílios usualmente empregados nas atividades rurais, utilizando exclusivamente matéria-prima produzida na área rural explorada, tais como:
a) beneficiamento de produtos agrícolas:
1. descasque de arroz e de outros produtos semelhantes;
2. debulha de milho;
3. conservas de frutas;
b) transformação de produtos agrícolas:
1. moagem de trigo e de milho;
2. moagem de cana-de-açúcar para produção de açúcar mascavo, melado, rapadura;
3. grãos em farinha ou farelo;
c) transformação de produtos zootécnicos:
1. produção de mel acondicionado em embalagem de apresentação;
2. laticínio (pasteurização e acondicionamento de leite; transformação de leite em queijo, manteiga e requeijão);
3. produção de sucos de frutas acondicionados em embalagem de apresentação;
4. produção de adubos orgânicos;
d) transformação de produtos florestais:

1. produção de carvão vegetal;
2. produção de lenha com árvores da propriedade rural;
3. venda de pinheiros e madeira de árvores plantadas na propriedade rural;

e) produção de embriões de rebanho em geral, alevinos e girinos, em propriedade rural, independentemente de sua destinação (reprodução ou comercialização).

Art. 4º Não se considera atividade rural:

I – a industrialização de produtos, tais como bebidas alcoólicas em geral, óleos essenciais, arroz beneficiado em máquinas industriais, fabricação de vinho com uvas ou frutas;

II – a comercialização de produtos rurais de terceiros e a compra e venda de rebanho com permanência em poder do contribuinte em prazo inferior a 52 dias, quando em regime de confinamento, ou 138 dias, nos demais casos;

III – o beneficiamento ou a industrialização de pescado in natura;

IV – o ganho auferido por proprietário de rebanho, entregue, mediante contrato por escrito, a outra parte contratante (simples possuidora do rebanho) para o fim específico de procriação, ainda que o rendimento seja predeterminado em número de animais;

V – as receitas provenientes do aluguel ou arrendamento de máquinas, equipamentos agrícolas e pastagens, e da prestação de serviços de transportes de produtos de terceiros;

VI – as receitas decorrentes da venda de recursos minerais extraídos de propriedade rural, tais como metal nobre, pedras preciosas, areia, aterro, pedreiras;

VII – as receitas de vendas de produtos agropecuários recebidos em herança ou doação, quando o herdeiro ou donatário não explore atividade rural;

VIII – as receitas financeiras de aplicações de recursos no período compreendido entre dois ciclos de produção;

IX- os valores dos prêmios ganhos a qualquer título pelos animais que participarem em concursos, competições, feiras e exposições;

X – os prêmios recebidos de entidades promotoras de competições hípicas pelos proprietários, criadores e profissionais do turfe;

XI – as receitas oriundas da exploração do turismo rural e de hotel fazenda.

Art. 249. A exploração da atividade rural inclui as operações de giro normal da pessoa jurídica em decorrência das seguintes atividades consideradas rurais:

I – agricultura;
II – pecuária;
III – extração e exploração vegetal e animal;

ANEXO 2. DEFINIÇÕES DE ATIVIDADE RURAL NA IN SRF Nº 83/01 E IN RFB Nº 1.700/17

IV – exploração de atividades zootécnicas, tais como apicultura, avicultura, cunicultura, suinocultura, sericicultura, piscicultura e outras culturas animais;

V – cultivo de florestas que se destinem ao corte para comercialização, consumo ou industrialização;

VI – venda de rebanho de renda, reprodutores ou matrizes;

VII – transformação de produtos decorrentes da atividade rural, sem que sejam alteradas a composição e as características do produto in natura, feita pelo próprio agricultor ou criador, com equipamentos e utensílios usualmente empregados nas atividades rurais, utilizando exclusivamente matéria-prima produzida na área rural explorada, tais como:

a) beneficiamento de produtos agrícolas:

1. descasque de arroz e de outros produtos semelhantes;
2. debulha de milho;
3. conserva de frutas;

b) transformação de produtos agrícolas:

1. moagem de trigo e de milho;
2. moagem de cana-de-açúcar para produção de açúcar mascavo, melado e rapadura;
3. grãos em farinha ou farelo;

c) transformação de produtos zootécnicos:

1. produção de mel acondicionado em embalagem de apresentação;
2. laticínio (pasteurização e acondicionamento de leite e transformação de leite em queijo, manteiga e requeijão);
3. produção de sucos de frutas acondicionados em embalagem de apresentação;
4. produção de adubos orgânicos;

d) transformação de produtos florestais:

1. produção de carvão vegetal;
2. produção de lenha com árvores da propriedade rural; e
3. venda de pinheiros e madeira de árvores plantadas na propriedade rural; e

e) produção de embriões de rebanho em geral, alevinos e girinos, em propriedade rural, independentemente de sua destinação (reprodução ou comercialização).

§ 1º A atividade de captura de pescado in natura é considerada extração animal, desde que a exploração se faça com apetrechos semelhantes aos da pesca artesanal (arrastões de praia, rede de cerca etc.), inclusive a exploração em regime de parceria.

Art. 250. Não se considera atividade rural:

I – a industrialização de produtos, tais como bebidas alcoólicas em geral, óleos essenciais, arroz beneficiado em máquinas industriais e fabricação de vinho com uvas ou frutas;

II – a comercialização de produtos rurais de terceiros e a compra e venda de rebanho com permanência em poder da pessoa jurídica rural em prazo inferior a 52 (cinquenta e dois) dias, quando em regime de confinamento, ou 138 (cento e trinta e oito) dias, nos demais casos;

III – o beneficiamento ou a industrialização de pescado in natura;

IV – o ganho auferido pela pessoa jurídica rural proprietária de rebanho, entregue, mediante contrato por escrito, à outra parte contratante (simples possuidora do rebanho) para o fim específico de procriação, ainda que o rendimento seja predeterminado em número de animais;

V – as receitas provenientes do aluguel ou arrendamento de máquinas, equipamentos agrícolas e pastagens, e da prestação de serviços em geral, inclusive a de transporte de produtos de terceiros;

VI – as receitas decorrentes da venda de recursos minerais extraídos de propriedade rural, tais como metal nobre, pedras preciosas, areia, aterro e pedreiras;

VII – as receitas financeiras de aplicações de recursos no período compreendido entre 2 (dois) ciclos de produção;

VIII – os valores dos prêmios ganhos a qualquer título pelos animais que participarem em concursos, competições, feiras e exposições;

IX – os prêmios recebidos de entidades promotoras de competições hípicas pelos proprietários, criadores e profissionais do turfe;

X – as receitas oriundas da exploração do turismo rural e de hotel fazenda.

REFERÊNCIAS

ALMEIDA, Paulo Guilherme de. *Critério para a definição de imóvel rural*. **Revista de Direito Civil – RDCiv 36/101**, abril-junho de 1986.

ANDRADE FILHO, Edmar Oliveira. **Imposto de renda das empresas.** 13ª edição. São Paulo: Atlas, 2018.

ÁVILA, Humberto. Contribuição do Produtor Rural Pessoa Física Sobre a Receita Bruta Proveniente da Comercialização da sua Produção. Subsistência da Inconstitucionalidade após a Lei nº 10.256/01. **Revista Dialética de Direito Tributário**, São Paulo: Dialética, nº 185, p. 128-141, 2011.

BEVILÁQUA, Clóvis. **Direito das Coisas.** 1º Volume. 4ª Edição. Rio de Janeiro: Revista Forense, 1956.

BURANELLO, Renato. **Manual do direito do agronegócio.** São Paulo: Saraiva Educação, 2018, versão eletrônica.

CALCINI, Fabio Pallaretti. Funrural: Tributação sobre Receitas da Agroindústria. Inconstitucionalidade da Lei nº 10.266/2001. **Revista Dialética de Direito Tributário**, São Paulo: Dialética, nº 180, p. 41-55, 2010.

CALCINI, Fabio Pallaretti. IRPJ/CSLL. Depreciação Incentivada Acelerada e Prejuízos Fiscais na Atividade Rural. Agroindústria. Jurisprudência do CARF. **Revista Dialética de Direito Tributário**, São Paulo: Dialética, nº 211, p. 42 – 56, 2013.

CARDOSO, Oscar Valente, O contribuinte do Funrural após o julgamento do RE nº 363.852 pelo STF. **Revista Dialética de Direito Tributário**, São Paulo: Dialética, nº 181, p. 116 – 124, 2010.

CARDOZO, Malta. **Tratado de Direto Rural Brasileiro.** Volume 1. São Paulo: Saraiva, 1953.

CARDOZO, Malta. **Tratado de Direito Rural Brasileiro.** Volume 2. São Paulo: Saraiva, 1954.

CARDOZO, Malta. **Tratado de Direito Rural Brasileiro.** Volume 3. São Paulo: Saraiva, 1956.

CARVALHO, Paulo de Barros. **Curso de Direito Tributário**. 17ª edição. São Paulo: Saraiva, 2005.

COMITÊ DE PRONUNCIAMENTOS CONTÁBEIS. **Pronunciamento Técnico CPC 27 – Ativo imobilizado**. Disponível em: http://static.cpc.aatb.com.br/Documentos/316_CPC_27_rev%2012.pdf. Acesso em: 03 set. 2018.

COMITÊ DE PRONUNCIAMENTOS CONTÁBEIS. **Pronunciamento Técnico CPC 29 – Ativo Biológico e Produto Agrícola**. Disponível em: http://static.cpc.aatb.com.br/Documentos/324_CPC_29_rev%2008.pdf. Acesso em: 24 jun 2018.

CONSELHO DA JUSTIÇA FEDERAL. CJF-Enunciados, **Enunciado nº 202, III Jornada de Direito Civil**. Disponível em http://www.cjf.jus.br/enunciados/enunciado/391. Acesso em: 24 jun. 2018.

DAVIS, John, GOLDBERG, Ray. **A Concept of Agribusiness**. Boston: Harvard University, 1957.

DE-MATTIA, Fábio Maria. Atividade agrária. Revista da Faculdade de Direito, niversidade de São Paulo, São Paulo, v. 96, p. 121-141, jan. 2001. ISSN 2318-8235. Disponível em: http://www.revistas.usp.br/rfdusp/article/view/67497/70107. Acesso em: 13 mar. 2018.

DEL NERO, João Alberto Schützer. Direito agrário e direito de empresa. **Revista da Faculdade de Direito, Universidade de São Paulo**, São Paulo, v. 94, p. 45-70, jan. 1999. ISSN 2318-8235. Disponível em: <http://www.revistas.usp.br/rfdusp/article/view/67432>. Acesso em: 13 mar. 2018.

FIUZA, Ricardo, et alii. Coordenação de Beatriz Tavares da Silva. **Código Civil Comentado**. 6ª edição. São Paulo: Saraiva, 2008.

FREITAS, Augusto Teixeira de. **Consolidação das Leis Civis**. 1ª Volume. Brasília: Senado Federal, Conselho Editorial, 2003.

GOMES, Orlando. **Direitos Reais**. 19ª edição atualizada por Luiz Edson Fachin (coord. Edvaldo Brito). Rio de Janeiro: Forense, 2009.

GOYOS JÚNIOR, Durval de Noronha. **Direito Agrário Brasileiro e o Agronegócio Internacional** / Noronha, Boni & Bratz. São Paulo: Observador Legal, 2007, p. 138.

GRANDE DICIONÁRIO HOUAISS, versão *online*. Vocábulos composição e característica Disponível em: http://houaiss.uol.com.br. Acesso em: 20 mai. 2018.

HALAH, Lucas Issa. **Tributação da Renda no Agronegócio** – Série Doutrina Tributária Vol. XXV. São Paulo: Quartier Latin, 2018.

INSTITUTO BRASILEIRO DE GEOGRAFIA E ESTATÍSTICA – IBGE. **Censo Agropecuário 2006**. Rio de Janeiro, 2006. Disponível em: https://biblioteca.ibge.gov.br/visualizacao/periodicos/51/agro_2006.pdf. Acesso em: 02 set. 2018.

IUDÍCIBUS, Sergio de, et ali. **Manual de Contabilidade Societária**. 1ª edição. São Paulo: Atlas, 2010.

REFERÊNCIAS

KRAAKMAN, Reinier et alii. **The Anatomy of Corporate Law.** 2ª edição. United Kingdom: Oxford University Press, 2009.
LOUBET, Leonardo Furtado. **Tributação Federal no Agronegócio.** São Paulo: Noeses, 2017.
MCEOWEN, Roger A., HARL, Neil E. **Principles of Agricultural Law.** Brownsville: Agricultural Law Press, 2009.
MACHADO, Hugo de Brito. **Curso de Direito Tributário.** 35ª edição. São Paulo: Malheiros, 2014.
MACHADO SEGUNDO, Hugo de Brito Machado. **Código Tributário Nacional.** 5ª edição. São Paulo: atlas, 2015.
MAXIMILIANO, Carlos. **Condomínio.** Rio de Janeiro: Livraria Freitas Bastos, 1956.
MELO, José Eduardo Soares de. **Contribuições Sociais no Sistema Tributário.** 6ª edição. São Paulo: Malheiros, 2010.
MELO, Marco Aurélio Bezerra de. **Direito das Coisas.** 4ª edição. Rio de Janeiro: Lumen Juris, 2010.
MENDONÇA DE BARROS, José Roberto; MENDONÇA DE BARROS, Alexandre Lahóz. **Agricultura Brasileira: um caso de sucesso no trópico.** In: BURANELLO, Renato, SOUZA, André Ricardo Passos, PERIN JUNIOR, Ecio (Coord.). **Direito do Agronegócio**: mercado, regulação, tributação e meio ambiente. São Paulo: Quartier Latin, 2011.
MINISTÉRIO DA AGRICULTURA, PECUÁRIA E ABASTECIMENTO. **Agronegócio Brasileiro em Números.** Disponível em: http://www.agricultura.gov.br/arq_editor/file/Sala%20de%20Imprensa/Publica%C3%A7%C3%B5es/graficos_portugues_corrigido2.pdf. Acesso em: 26 jun. 2016.
PEREIRA, Caio Mário da Silva. **Instituições de Direito Civil.** Volume III. Rio de Janeiro: Forense, 1993.
PEREIRA, Lafayette Rodrigues, **Direito das Coisas**, Volume I. 5ª edição. Rio de Janeiro: Editora Freitas Bastos, 1943.
PLANIOL, Marcel, RIPERT, Georges. **Traité Élémentaire de Droit Civil**, Tome Deuxième. 9ª edição. Paris, 1923.
POSNER, Richard A. **Economic Analysis of Law.** 7th edition. New York: Aspen Publishers, 2007.
RECEITA FEDERAL DO BRASIL. **Imposto Sobre a Renda Pessoa Física – Perguntas e Respostas – Exercício 2018 ano-calendário 2017.** Disponível em: http://idg.receita.fazenda.gov.br/interface/cidadao/irpf/2018/perguntao/perguntas-e-respostas-irpf-2018-v-1-0.pdf. Acesso em: 18 jun. 2018.
Revista Veja *online*, 11 jan 2016. **Agronegócio responde por 46,2% das exportações brasileiras em 2015 e bate recorde.** Disponível em: http://veja.

abril.com.br/noticia/economia/agronegocio-responde-por-462-das-exportacoes-brasileiras-em-2015-e-bate-recorde. Acesso em: 26 jun.2018.

ROCHA, Olavo Acyr de Lima. Atividade agrária. Conceito clássico. Conceito moderno de Antonio Carrozza. **Revista da Faculdade de Direito, Universidade de São Paulo**, São Paulo, v. 94, p. 35-43, jan. 1999. ISSN 2318-8235. Disponível em: http://www.revistas.usp.br/rfdusp/article/view/67431. Acesso em: 13 mar. 2018.

ROSS, A. Stephen et a. **Fundamentos de Administração Financeira**. 9ª edição. Porto Alegre: AMGH, 2013.

SANTI, Eurico Marcos Diniz de (Coordenador). **Repertório Analítico de Jurisprudência do TIT/SP**. São Paulo, SP: Max Limonad, 2018.

SCAFF, Fernando Campos. **Aspectos Fundamentais da Empresa Agrária**. São Paulo: Malheiros, 1997.

SCAFF, Fernando Campos. **Direito Agrário: origens, evolução e biotecnologia**. São Paulo: Atlas, 2012

SERVIÇO NACIONAL DE APRENDIZAGEM RURAL; RECEITA FEDERAL DO BRASIL **Simples Nacional e as Responsabilidades na Área Rural: Projeto Cidadania Rural**. Brasília, DF: SENAR; Receita Federal do Brasil, 2012. Disponível em: http://www8.receita.fazenda.gov.br/SimplesNacional/Arquivos/manual/Cartilha_area_rural_v2.pdf. Acesso em: 02 set. 2018

SCHNEIDER, Susan A. **Food, Farming and Sustainability: readings in agricultural law**. Durham, NC: Carolina Academic Press, 2011.

SCHOUERI, Luis Eduardo. **Direito Tributário**. 6ª edição. São Paulo: Saraiva, 2016.

TRENTINI, Flavia. **Teoria Geral do Direito Agrário Contemporâneo**. São Paulo: Atlas, 2012.

UNITED STATES DEPARTMENT OF AGRICULTURE. **USDA Agricultural Projections to 2025**, 2016. Disponível em: https://www.ers.usda.gov/webdocs/publications/37809/56729_oce-2016-1.pdf?v=0. Acesso em 02 set. 2018.

TAMARINDO, Ubirajara Garcia Ferreira, PIGATTO, Gessuir. **Tributação no agronegócio: uma análise geral dos principais tributos incidentes**. Leme: JH Mizuno, 2018.

VENOSA, Silvio de Salvo. **Direito Civil**. Volume 5: Direitos Reais. 13ª edição. São Paulo: Atlas, 2013.

REFERÊNCIAS LEGISLATIVAS

BRASIL. **Decreto-lei nº 9.295 de 27 de maio de 1946.** Cria o Conselho Federal de Contabilidade, define as atribuições do Contador e do Guarda-livros, e dá outras providências. Disponível em: http://www.planalto.gov.br/CCiViL_03/Decreto-Lei/Del9295.htm Acesso em: 02 set. 2018.

BRASIL. **Lei nº 4.504 de 30 de novembro de 1964.** Dispõe sobre o Estatuto da Terra, e dá outras providências. Disponível em: http://www.planalto.gov.br/ccivil_03/LEIS/L4504.htm Acesso em: 02 set. 2018.

BRASIL. **Lei nº 4.506 de 30 de novembro de 1964.** Dispõe sôbre o impôsto que recai sôbre as rendas e proventos de qualquer natureza. Disponível em: http://www.planalto.gov.br/ccivil_03/LEIS/L4506.htm Acesso em: 02 set. 2018.

BRASIL. **Decreto nº 55.891 de 31 de março de 1965.** Regulamenta o Capítulo I do Título I e a Seção III do Capítulo IV do Título II da Lei nº 4.504, de 30 de novembro de 1964 – Estatuto da Terra. Disponível em: http://www.planalto.gov.br/ccivil_03/decreto/1950-1969/D55891.htm Acesso em: 02 set. 2018.

BRASIL. **Lei nº 5.172 de 25 de outubro de 1966.** Dispõe sobre o Sistema Tributário Nacional e institui normas gerais de direito tributário aplicáveis à União, Estados e Municípios. Disponível em: http://www.planalto.gov.br/ccivil_03/LEIS/L5172.htm. Acesso em: 02 set. 2018.

BRASIL. **Decreto-lei nº 57 de 18 de novembro de 1966.** Altera dispositivos sôbre lançamento e cobrança do Impôsto sôbre a Propriedade Territorial Rural, institui normas sôbre arrecadação da Dívida Ativa correspondente, e dá outras providências. Disponível em: http://www.planalto.gov.br/CCIVIL_03/Decreto-Lei/Del0057.htm Acesso em: 02 set. 2018.

BRASIL. **Lei Complementar nº 11 de 25 de maio de 1971.** Institui o Programa de Assistência ao Trabalhador Rural, e dá outras providências. Disponível em: http://www.planalto.gov.br/ccivil_03/leis/LCP/Lcp11.htm Acesso em: 02 set. 2018.

BRASIL. **Lei nº 5.709 de 07 de outubro de 1971.** Regula a Aquisição de Imóvel Rural por Estrangeiro Residente no País ou Pessoa Jurídica Estrangeira Autorizada a Funcionar no Brasil, e dá outras Providências. Disponível em: http://www.planalto.gov.br/ccivil_03/LEIS/L5709.htm Acesso em: 02 set. 2018.

BRASIL. **Lei nº 5.868 de 12 de dezembro de 1972.** Cria o Sistema Nacional de Cadastro Rural, e dá outras providências. Disponível em: http://www.planalto.gov.br/ccivil_03/LEIS/L5868.htm Acesso em: 02 set. 2018.

BRASIL. **Lei nº 5.969 de 12 de dezembro de 1973**. Institui o Programa de Garantia da Atividade Agropecuária e dá outras providências. Disponível em: http://www.planalto.gov.br/ccivil_03/LEIS/1970-1979/L5969.htm Acesso em: 02 set. 2018.

BRASIL. **Decreto-Lei nº 1.382 de 26 de dezembro de 1974**. Dispõe sobre a forma de tributação das empresas agrícolas e dá outras providências. Disponível em: http://www.planalto.gov.br/ccivil_03/Decreto-Lei/1965-1988/Del1382.htm. Acesso em: 02 set. 2018.

BRASIL. **Lei nº 6.404 de 15 de dezembro de 1976**. Dispõe sobre as Sociedades por Ações. Disponível em: http://www.planalto.gov.br/ccivil_03/LEIS/L6404consol.htm Acesso em: 02 set. 2018.

BRASIL. **Constituição da República Federativa do Brasil de 05 de outubro de 1988**. Disponível em: http://www.planalto.gov.br/ccivil_03/Constituicao/Constituicao.htm. Acesso em: 02 set. 2018.

BRASIL. **Lei nº 8.023 de 12 de abril de 1990**. Altera a legislação do Imposto de Renda sobre o resultado da atividade rural, e dá outras providências. Disponível em: http://www.planalto.gov.br/ccivil_03/LEIS/L8023.htm. Acesso em: 02 set. 2018.

BRASIL. **Lei nº 8.171 de 17 de janeiro de 1991**. Dispõe sobre a política agrícola. Disponível em: http://www.planalto.gov.br/ccivil_03/LEIS/L8171.htm Acesso em: 02 set. 2018.

BRASIL. **Lei nº 8.212 de 24 de julho de 1991**. Dispõe sobre a organização da Seguridade Social, institui Plano de Custeio, e dá outras providências. Disponível em: http://www.planalto.gov.br/ccivil_03/LEIS/L8212cons.htm. Acesso em: 02 set. 2018.

BRASIL. **Lei nº 8.315 de 23 de dezembro de 1991**. Dispõe sobre a criação do Serviço Nacional de Aprendizagem Rural (Senar) nos termos do art. 62 do Ato das Disposições Constitucionais Transitórias. Disponível em: http://www.planalto.gov.br/ccivil_03/LEIS/L8315.htm Acesso em: 02 set. 2018.

BRASIL. **Lei nº 8.629 de 25 de fevereiro de 1993**. Dispõe sobre a regulamentação dos dispositivos constitucionais relativos à reforma agrária, previstos no Capítulo III, Título VII, da Constituição Federal. Disponível em: http://www.planalto.gov.br/ccivil_03/LEIS/L8629.htm Acesso em: 02 set. 2018.

BRASIL. **Lei nº 8.870 de 15 de abril de 1994**. Altera dispositivos das Leis nºs 8.212 e 8.213, de 24 de julho de 1991, e dá outras providências. Disponível em: http://www.planalto.gov.br/ccivil_03/LEIS/L8870.htm. Acesso em 02 set. 2018.

BRASIL. **Lei nº 9.065 de 20 de junho de 1995**. Dá nova redação a dispositivos da Lei nº 8.981, de 20 de janeiro de 1995, que altera a legislação tributária federal, e dá outras providências. Disponível em: http://www.planalto.gov.br/ccivil_03/LEIS/L9065.htm Acesso em: 02 set. 2018.

BRASIL. **Lei nº 9.249 de 26 de dezembro de 1995.** Altera a legislação do imposto de renda das pessoas jurídicas, bem como da contribuição social sobre o lucro líquido, e dá outras providências. Disponível em: http://www.planalto.gov.br/ccivil_03/leis/L9249.htm Acesso em: 02 set. 2018.

BRASIL. **Lei nº 9.250 de 26 de dezembro de 1995.** Altera a legislação do imposto de renda das pessoas físicas e dá outras providências. Disponível em: http://www.planalto.gov.br/ccivil_03/LEIS/L9250.htm . Acesso em: 02 set. 2018.

BRASIL. **Lei Complementar nº 87 de 13 de setembro de 1996.** Dispõe sobre o imposto dos Estados e do Distrito Federal sobre operações relativas à circulação de mercadorias e sobre prestações de serviços de transporte interestadual e intermunicipal e de comunicação, e dá outras providências. (LEI KANDIR). Disponível em: http://www.planalto.gov.br/ccivil_03/LEIS/LCP/Lcp87.htm Acesso em: 02 set. 2018.

BRASIL. **Lei nº 9.393 de 19 de dezembro de 1996.** Dispõe sobre o Imposto sobre a Propriedade Territorial Rural – ITR, sobre pagamento da dívida representada por Títulos da Dívida Agrária e dá outras providências. Disponível em: http://www.planalto.gov.br/ccivil_03/LEIS/L9393.htm Acesso em: 02 set. 2018.

BRASIL. **Lei nº 9.430 de 27 de dezembro de 1996.** Dispõe sobre a legislação tributária federal, as contribuições para a seguridade social, o processo administrativo de consulta e dá outras providências. Disponível em: http://www.planalto.gov.br/ccivil_03/LEIS/L9430.htm. Acesso em: 02 set. 2018.

BRASIL. **Lei nº 9.424 de 10 de setembro de 1997.** Dispõe sobre o Fundo de Manutenção e Desenvolvimento do Ensino Fundamental e de Valorização do Magistério, na forma prevista no art. 60, § 7º, do Ato das Disposições Constitucionais Transitórias, e dá outras providências. Disponível em: http://www.planalto.gov.br/ccivil_03/LEIS/L9424.htm Acesso em: 02 set. 2018.

BRASIL. **Lei nº 9.528 de 10 de dezembro de 1997.** Altera dispositivos das Leis nºs 8.212 e 8.213, ambas de 24 de julho de 1991, e dá outras providências. Disponível em: http://www.planalto.gov.br/ccivil_03/LEIS/L9528.htm Acesso em: 02 set. 2018.

BRASIL. **Lei nº 9.718 de 27 de Novembro de 1998.** Altera a Legislação Tributária Federal Disponível em: http://www.planalto.gov.br/ccivil_03/leis/L9718compilada.htm. Acesso em: 02 set. 2018.

BRASIL. **Emenda Constitucional nº 20 de 15 de dezembro de 1998.** Modifica o sistema de previdência social, estabelece normas de transição e dá outras providências. Disponível em: http://www.planalto.gov.br/CCIVIL_03/Constituicao/Emendas/Emc/emc20.htm Acesso em: 02 set. 2018.

BRASIL. **Lei nº 9.766 de 18 de dezembro de 1998.** Altera a legislação que rege o Salário-Educação, e dá outras providências. Disponível em: http://www.planalto.gov.br/ccivil_03/LEIS/L9766.htm. Acesso em: 02 set. 2018.

BRASIL. **Decreto nº 3.000 de 26 de março de 1999.** Regulamenta a tributação, fiscalização, arrecadação e administração do Imposto sobre a Renda e Proventos de Qualquer Natureza. Disponível em: http://www.planalto.gov.br/ccivil_03/Decreto/D3000.htm Acesso em: 02 set. 2018.

BRASIL. **Lei nº 10.256 de 9 de julho de 2001.** Altera a Lei no 8.212, de 24 de julho de 1991, a Lei no 8.870, de 15 de abril de 1994, a Lei no 9.317, de 5 de dezembro de 1996, e a Lei no 9.528, de 10 de dezembro de 1997. Disponível em: http://www.planalto.gov.br/Ccivil_03/leis/LEIS_2001/L10256.htm Acesso em: 02 set. 2018.

BRASIL. **Medida Provisória nº 2.159-70 de 24 de agosto de 2001.** Altera a legislação do imposto de renda e dá outras providências. Disponível em: http://www.planalto.gov.br/ccivil_03/MPV/2159-70.htm Acesso em: 02 set. 2018.

BRASIL. **Decreto nº 3.993 de 30 de outubro 2001.** Regulamenta o art. 95-A da Lei no 4.504, de 30 de novembro de 1964, que institui o Programa de Arrendamento Rural para a Agricultura Familiar, e dá outras providências. Disponível em: http://www.planalto.gov.br/ccivil_03/decreto/2001/D3993.htm Acesso em: 02 set. 2018.

BRASIL. **Emenda Constitucional nº 33 de de 11 de dezembro de 2001.** Altera os arts. 149, 155 e 177 da Constituição Federal. Disponível em: http://www.planalto.gov.br/cciVil_03/Constituicao/Emendas/Emc/emc33.htm Acesso em: 02 set. 2018.

BRASIL. **Lei nº 10.406 de 10 de janeiro de 2002.** Institui o Código Civil. Disponível em: http://www.planalto.gov.br/ccivil_03/leis/2002/l10406.htm. Acesso em: 02 set. 2018.

BRASIL. **Lei nº 10.637 de 30 de dezembro de 2002.** Dispõe sobre a não-cumulatividade na cobrança da contribuição para os Programas de Integração Social (PIS) e de Formação do Patrimônio do Servidor Público (Pasep), nos casos que especifica; sobre o pagamento e o parcelamento de débitos tributários federais, a compensação de créditos fiscais, a declaração de inaptidão de inscrição de pessoas jurídicas, a legislação aduaneira, e dá outras providências. Disponível em: http://www.planalto.gov.br/Ccivil_03/leis/2002/L10637.htm Acesso em: 02 set. 2018.

REFERÊNCIAS

BRASIL. **Lei nº 10.833 de 30 de dezembro de 2003.** Altera a Legislação Tributária Federal e dá outras providências. Disponível em: http://www.planalto.gov.br/ccivil_03/leis/2003/L10.833compilado.htm Acesso em: 02 set. 2018.

BRASIL. **Lei Complementar nº 123 de 14 de Dezembro de 2006.** Institui o Estatuto Nacional da Microempresa e da Empresa de Pequeno Porte; altera dispositivos das Leis no 8.212 e 8.213, ambas de 24 de julho de 1991, da Consolidação das Leis do Trabalho – CLT, aprovada pelo Decreto-Lei no 5.452, de 1o de maio de 1943, da Lei no 10.189, de 14 de fevereiro de 2001, da Lei Complementar no 63, de 11 de janeiro de 1990; e revoga as Leis no 9.317, de 5 de dezembro de 1996, e 9.841, de 5 de outubro de 1999. Disponível em: http://www.planalto.gov.br/CCivil_03/leis/LCP/Lcp123.htm Acesso em: 02 set. 2018.

BRASIL. **Lei nº 11.482/2007.** Efetua alterações na tabela do imposto de renda da pessoa física; dispõe sobre a redução a 0 (zero) da alíquota da CPMF nas hipóteses que menciona; altera as Leis nos 7.713, de 22 de dezembro de 1988, 9.250, de 26 de dezembro de 1995, 11.128, de 28 de junho de 2005, 9.311, de 24 de outubro de 1996, 10.260, de 12 de julho de 2001, 6.194, de 19 de dezembro de 1974, 8.387, de 30 de dezembro de 1991, 9.432, de 8 de janeiro de 1997, 5.917, de 10 de setembro de 1973, 8.402, de 8 de janeiro de 1992, 6.094, de 30 de agosto de 1974, 8.884, de 11 de junho de 1994, 10.865, de 30 de abril de 2004, 8.706, de 14 de setembro de 1993; revoga dispositivos das Leis nos 11.119, de 25 de maio de 2005, 11.311, de 13 de junho de 2006, 11.196, de 21 de novembro de 2005, e do Decreto-Lei no 2.433, de 19 de maio de 1988; e dá outras providências. Disponível em: http://www.planalto.gov.br/ccivil_03/_Ato2007-2010/2007/Lei/L11482.htm Acesso em: 02 set. 2018.

BRASIL. **Lei nº 13.606 de 9 de janeiro de 2018.** Institui o Programa de Regularização Tributária Rural (PRR) na Secretaria da Receita Federal do Brasil e na Procuradoria-Geral da Fazenda Nacional; altera as Leis nos 8.212, de 24 de julho de 1991, 8.870, de 15 de abril de 1994, 9.528, de 10 de dezembro de 1997, 13.340, de 28 de setembro de 2016, 10.522, de 19 de julho de 2002, 9.456, de 25 de abril de 1997, 13.001, de 20 de junho de 2014, 8.427, de 27 de maio de 1992, e 11.076, de 30 de dezembro de 2004, e o Decreto-Lei no 2.848, de 7 de dezembro de 1940 (Código Penal); e dá outras providências. Disponível em: http://www.planalto.gov.br/ccivil_03/_Ato2015-2018/2018/Lei/L13606.htm Acesso em: 02 set. 2018.

BRASIL. **Decreto nº 9.580 de 22 de novembro de 2018.** Regulamenta a tributação, fiscalização, arrecadação e administração do Imposto sobre a Renda e

Proventos de Qualquer Natureza. Disponível em: http://www.planalto.gov.br/ccivil_03/_Ato2015-2018/2018/Decreto/D9580.htm#art4. Acesso em: 23 fev. 2019.

ESTADO DE SÃO PAULO. SECRETARIA DA FAZENDA. **Portaria CAT nº 14 de 10 de março de 2006**. Altera a Portaria CAT-92/98, de 23-12-1998, que implanta e uniformiza procedimentos relativos ao sistema eletrônico de serviços dos Postos Fiscais Administrativos do Estado. Disponível em: http://info.fazenda.sp.gov.br/NXT/gateway.dll/legislacao_tributaria/portaria_cat/pcat142006.htm?f=templates&fn=default.htm&vid=sefaz_tributaria:vtribut Acesso em: 02 set. 2018.

ESTADO DE SÃO PAULO. **Decreto nº 45.490 de 30 de novembro de 2000**. Aprova o Regulamento do Imposto Sobre Operações Relativas à Circulação de Mercadorias e Sobre Prestações de Serviços de Transporte Interestadual e Intermunicipal e de Comunicação – RICMS. Disponível em: http://info.fazenda.sp.gov.br/NXT/gateway.dll/legislacao_tributaria/decretos/dec45490.htm?f=templates&fn=default.htm&vid=sefaz_tributaria:vtribut Acesso em: 02 set. 2018.

RECEITA FEDERAL DO BRASIL. **Instrução Normativa nº 971 de 13 de novembro de 2009**. Dispõe sobre normas gerais de tributação previdenciária e de arrecadação das contribuições sociais destinadas à Previdência Social e as destinadas a outras entidades ou fundos, administradas pela Secretaria da Receita Federal do Brasil (RFB). Disponível em: http://normas.receita.fazenda.gov.br/sijut2consulta/link.action?idAto=15937 Acesso em: 02 set. 2018.

RECEITA FEDERAL DO BRASIL. **Instrução Normativa nº 1.634 de 06 de maio de 2016**. Dispõe sobre o Cadastro Nacional da Pessoa Jurídica (CNPJ). Disponível em: http://normas.receita.fazenda.gov.br/sijut2consulta/link.action?idAto=73658. Acesso em: 02 set. 2018.

RECEITA FEDERAL DO BRASIL. **Instrução Normativa nº 1.700 de 14 de março de 2017**. Disponível em: http://normas.receita.fazenda.gov.br/sijut2consulta/link.action?idAto=81268&visao=anotado . Acesso em: 02 set. 2018.

RECEITA FEDERAL DO BRASIL. **Instrução Normativa nº 1.848 de 28 de novembro de 2018**. Disponível em: http://normas.receita.fazenda.gov.br/sijut2consulta/link.action?visao=anotado&idAto=96894#1945488 . Acesso em: 23 fev. 2019.

SECRETARIA DA RECEITA FEDERAL DO BRASIL. **Instrução Normativa nº 83 de 11 de outubro de 2001**. Disponível em: http://normas.receita.fazenda.gov.br/sijut2consulta/link.action?idAto=14387&visao=original Acesso em: 02 set. 2018.

REFERÊNCIAS

SECRETARIA DA RECEITA FEDERAL DO BRASIL. **Instrução Normativa nº 256 de 11 de dezembro 2002**. Disponível em: http://normas.receita.fazenda.gov.br/sijut2consulta/link.action?visao=anotado&idAto=15137 Acesso em: 24 fev. 2019.

SECRETARIA DA RECEITA FEDERAL DO BRASIL. **Instrução Normativa nº 390 de 30 de janeiro 2004**. Disponível em: http://normas.receita.fazenda.gov.br/sijut2consulta/link.action?visao=anotado&idAto=15288 Acesso em: 24 fev. 2019.

SENADO FEDERAL. **Resolução nº 313 de 30 de junho de 1983**. Suspende a Execução do artigo VI e seu Parágrafo único da Lei Federal nº 5.868, de 12 de dezembro de 1972. Disponível em: http://www2.camara.leg.br/legin/fed/ressen/1980-1987/resolucao-313-30-junho-1983-462646-publicacaooriginal-1-pl.html. Acesso em: 02 set. 2018.

SENADO FEDERAL. **Resolução nº 9 de 07 de junho de 2005**. Suspende a execução da Lei Municipal nº 2.200, de 3 de junho de 1983, que acrescentou o § 4º do art. 27 da Lei Municipal nº 1.444, de 13 de dezembro de 1966, ambas do Município de Sorocaba, no Estado de São Paulo, e, em parte, a execução do art. 12 da Lei Federal nº 5.868, de 12 de dezembro de 1972, no ponto em que revogou o art. 15 do Decreto-Lei Federal nº 57, de 18 de novembro de 1966. Disponível em: http://legis.senado.gov.br/legislacao/ListaTextoSigen.action?norma=590030&id=14358101&idBinario=15836788&mime=application/rtf. Acesso em: 02 set. 2018.

SENADO FEDERAL. **Resolução nº 15 de 30 de 12 de setembro de 2017**. Suspende, nos termos do art. 52, inciso X, da Constituição Federal, a execução do inciso VII do art. 12 da Lei nº 8.212, de 24 de julho de 1991, e a execução do art. 1º da Lei nº 8.540, de 22 de dezembro de 1992, que deu nova redação ao art. 12, inciso V, ao art. 25, incisos I e II, e ao art. 30, inciso IV, da Lei nº 8.212, de 24 de julho de 1991, todos com a redação atualizada até a Lei nº 9.528, de 10 de dezembro de 1997. Disponível em: https://legis.senado.leg.br/legislacao/ListaTextoSigen.action?norma=17763129&id=17763134&idBinario=17763138&mime=application/rtf Acesso em: 02 set. 2018.

ITÁLIA. **Codice Civile**, Regio Decreto 16 marzo 1942, n. 262. Disponível em: https://www.studiocataldi.it/codicecivile/codice-civile.pdf. Acesso em: 02 set. 2018.

FRANÇA. **Code Rural et de la Pêche Maritime.** Disponível em: https://www.legifrance.gouv.fr/affichCode.do;jsessionid=ADC9B9A7E7B6B55D05CE10B39D127C5A.tplgfr34s_3?idSectionTA=LEGISCTA000006152225&cidTexte=LEGITEXT000006071367&dateTexte=20080505. Acesso em: 02 set. 2018.

JURISPRUDENCIAIS E SOLUÇÕES DE CONSULTA

BRASIL. Conselho Administrativo de Recursos Fiscais, **Acórdão nº 105-13452**, Relator Conselheiro Daniel Sahagoff, julgado em 21 mar. 2001. Disponível em: http://carf.fazenda.gov.br. Acesso em 02 set. 2018.

BRASIL. Conselho Administrativo de Recursos Fiscais. **Acórdão nº 102-44662**, Relator Conselheiro Luiz Fernando Oliveira de Moraes, julgado em 21 mar. 2001. Disponível em: http://carf.fazenda.gov.br. Acesso em: 02 set. 2018

BRASIL. Conselho Administrativo de Recursos Fiscais. **Acórdão nº 105-13579**, Relatora Conselheira Maria Amélia Fraga Ferreira, julgado em 21 ago. 2001. Disponível em: http://carf.fazenda.gov.br. Acesso em 02 set. 2018.

BRASIL. Conselho Administrativo de Recursos Fiscais. **Acórdão nº 102-45583**, Relator Conselheiro Amaury Maciel, julgado em 09 jul. 2002. Disponível em: http://carf.fazenda.gov.br. Acesso em: 02 set. 2018.

BRASIL. Conselho Administrativo de Recursos Fiscais, **Acórdão nº 108-07.070**, Relatora Conselheira Ivete Malaquias Pessoa Monteiro, julgado em 21 ago. 2002. Disponível em: http://carf.fazenda.gov.br. Acesso em 02 set. 2018.

BRASIL. Conselho Administrativo de Recursos Fiscais. **Acórdão nº 104-19.219**, Relator Conselheiro roberto William Gonçalves, julgado em 27 fev. 2003. Disponível em: http://carf.fazenda.gov.br. Acesso em 02 set. 2018.

BRASIL. Conselho Administrativo de Recursos Fiscais. **Acórdão nº 102-45961**, Relator Conselheiro Cesar Benedito Santa Rita Pitanga, julgado em 28 fev. 2003. Disponível em: http://carf.fazenda.gov.br. Acesso em: 02 set. 2018

BRASIL. Conselho Administrativo de Recursos Fiscais. **Acórdão nº 101-94.191**, Relatora Conselheira Sandra Maria Faroni, julgado em 16 jun. 2003. Disponível em: http://carf.fazenda.gov.br. Acesso em 02 set. 2018.

BRASIL. Conselho Administrativo de Recursos Fiscais. **Acórdão nº 106-13896**, Relatora Conselheira Sueli Efigênia Mendes de Britto, julgado em 19 mar. 2004. Disponível em: http://carf.fazenda.gov.br. Acesso em: 02 set. 2018.

BRASIL. Conselho Administrativo de Recursos Fiscais. **Acórdão nº 3401-00.118**, Relator Conselheiro Giovanni Christian Nunes Campos, julgado em 16 jun. 2005. Disponível em: http://carf.fazenda.gov.br. Acesso em 02 set. 2018.

BRASIL. Conselho Administrativo de Recursos Fiscais. **Acórdão nº CSRF/04-00.054**, Relatora Conselheira Maria Helena Cotta Cardozo, julgado em

REFERÊNCIAS

21 jun. 2005. Disponível em: http://carf.fazenda.gov.br. Acesso em: 02 set. 2018.

BRASIL. Conselho Administrativo de Recursos Fiscais. **Acórdão nº 102-49.382**, Relator Alexandre Naoki Ishioka, julgado em 05 nov. 2008. Disponível em: http://carf.fazenda.gov.br. Acesso em: 02 set. 2018.

BRASIL. Conselho Administrativo de Recursos Fiscais. **Acórdão nº 107-09.548**, Relator Conselheiro Marcos Shigueo Takata, julgado em 12 nov. 2008. Disponível em: http://carf.fazenda.gov.br. Acesso em 02 set. 2018.

BRASIL. Conselho Administrativo de Recursos Fiscais. **Acórdão nº 3402-00148**, Relator Pedro Paulo Pereira Barbosa, julgado em 02 jun. 2009. Disponível em: http://carf.fazenda.gov.br. Acesso em: 02 set. 2018.

(BRASIL. Conselho Administrativo de Recursos Fiscais. **Acórdão nº 1402-000.271**, Relator Conselheiro Antonio José Praga de Souza, julgado em 08 nov. 2010. Disponível em: http://carf.fazenda.gov.br. Acesso em 02 set. 2018.

BRASIL. Conselho Administrativo de Recursos Fiscais. **Acórdão nº 1202-000.438**, Relatora Conselheira Nereida de Miranda Finamore Horta, julgado em 13 dez. 2010. Disponível em: http://carf.fazenda.gov.br. Acesso em 02 set. 2018.

BRASIL. Conselho Administrativo de Recursos Fiscais, **Acórdão nº 1402-00.567**, Relator Conselheiro Antônio José Praga de Souza, julgado em 26. mai. 2011. Disponível em: http://carf.fazenda.gov.br. Acesso em 02 set. 2018.

BRASIL. Conselho Administrativo de Recursos Fiscais. **Acórdão nº 2102-001.357**, Relatora Conselheira Nubia Matos Moura, julgado em 10 jun. 2011. Disponível em: http://carf.fazenda.gov.br. Acesso em: 02 set. 2018.

BRASIL. Conselho Administrativo de Recursos Fiscais. **Acórdão nº 1401-000.702**, Relator Conselheiro Alexandre Antonio Alkmim Teixeira, julgado em 16 jan. 2012. Disponível em: http://carf.fazenda.gov.br. Acesso em 02 set. 2018.

BRASIL. Conselho Administrativo de Recursos Fiscais. **Acórdão nº 2101-01.565**, Relator Conselheiro Alexanre Naoki Nishioka, julgado em 14 mar. 2012. Disponível em: http://carf.fazenda.gov.br. Acesso em: 02 set. 2018.

BRASIL. Conselho Administrativo de Recursos Fiscais. **Acórdão nº 1202-000.795**, Relatora Conselheira Viviane Vidal Wagner, julgado em 12 jun. 2012. Disponível em: http://carf.fazenda.gov.br. Acesso em: 02 set. 2018.

BRASIL. Conselho Administrativo de Recursos Fiscais. **Acórdão nº 2801-002.647**, Relator Conselheiro Antonio de Padua Athayde Magalhães, julgado em 15 ago. 2012. Disponível em: http://carf.fazenda.gov.br. Acesso em: 02 set. 2018.

BRASIL. Conselho Administrativo de Recursos Fiscais. **Acórdão nº 1802-001.391**, Relator Conselheiro Gustavo Junqueira Carneiro Leão julgado em 02 out. 2012. Disponível em: http://carf.fazenda.gov.br. Acesso em: 02 set. 2018.

BRASIL. Conselho Administrativo de Recursos Fiscais, **Acórdão nº 2102-003.047**, Relatora Conselheira Alice Grecchi, julgado em 08 jul. 2014. Disponível em: http://carf.fazenda.gov.br. Acesso em 02 set. 2018.

BRASIL. Conselho Administrativo de Recursos Fiscais. **Acórdão nº 2201-002.620**, Relator Conselheiro Eduardo Tadeu Farah, julgado em 03 dez. 2014. Disponível em: http://carf.fazenda.gov.br. Acesso em: 02 set. 2018.

BRASIL. Conselho Administrativo de Recursos Fiscais. **Acórdão nº 2202-002.943**, Relator Rafael Pandolfo, julgado em 20 jan. 2015. Disponível em: http://carf.fazenda.gov.br. Acesso em: 02 set. 2018.

BRASIL. Conselho Administrativo de Recursos Fiscais. **Acórdão nº 9101-002.096**, Relatora Conselheira Karem Jureidini Dias julgado em 21 jan. 2015. Disponível em: http://carf.fazenda.gov.br. Acesso em: 02 set. 2018.

BRASIL. Conselho Administrativo de Recursos Fiscais, **Acórdão nº 9202-003.570**, Relator Conselheiro Manoel Coelho Arruda Júnior, julgado em 29. jan. 2015. Disponível em: http://carf.fazenda.gov.br. Acesso em 02 set. 2018.

BRASIL. Conselho Administrativo de Recursos Fiscais, **Acórdão nº 1201-001.243**, Relator Conselheiro Marcelo Cuba Netto, julgado em 10 dez. 2015. Disponível em: http://carf.fazenda.gov.br. Acesso em 02 set. 2018.

BRASIL. Conselho Administrativo de Recursos Fiscais. **Acórdão nº 1401-001.560**, Relator Conselheiro Ricardo Marozzi Gregorio, julgado em 01 mar. 2016. Disponível em: http://carf.fazenda.gov.br. Acesso em 02 set. 2018.

BRASIL. Conselho Administrativo de Recursos Fiscais. **Acórdão nº 2301-004.543**, Relator João Bellini Junior, julgado em 08 mar. 2016. Disponível em: http://carf.fazenda.gov.br. Acesso em: 02 set. 2018.

BRASIL. Conselho Administrativo de Recursos Fiscais, **Acórdão nº 2301-004.877**, Relatora Conselheira Andrea Brose Adolfo, julgado em 19. jan. 2017. Disponível em: http://carf.fazenda.gov.br. Acesso em 02 set.

BRASIL. Conselho Administrativo de Recursos Fiscais, **Acórdão nº 1401-001.791**, Relatora Conselheira Aurora Tomazini de Carvalho, julgado em 15 fev. 2017. Disponível em: http://carf.fazenda.gov.br. Acesso em 02 set.

BRASIL. Conselho Administrativo de Recursos Fiscais. **Acórdão nº 2301-004.969**, Relator Conselheiro Julo Cesar Vieira Gomes, julgado em 13 mar. 2017. Disponível em: http://carf.fazenda.gov.br. Acesso em: 02 set. 2018.

REFERÊNCIAS

BRASIL. Conselho Administrativo de Recursos Fiscais. **Acórdão nº 2202-003.876**, Relator Conselheiro Martin da Silva Gesto, julgado em 11 mai. 2017. Disponível em: http://carf.fazenda.gov.br. Acesso em: 02 set. 2018

BRASIL. Conselho Administrativo de Recursos Fiscais. **Acórdão nº 2301-005.055**, Relatora Conselheira Andrea Brose Adolfo, julgado em 07 jun. 2017. Disponível em: http://carf.fazenda.gov.br. Acesso em: 02 set. 2018.

BRASIL. Conselho Administrativo de Recursos Fiscais, **Acórdão nº 9202-005.780**, Relatora Conselheira Patricia da Silva, julgado em 31 ago. 2017. Disponível em: http://carf.fazenda.gov.br. Acesso em 02 set. 2018.

BRASIL. Conselho Administrativo de Recursos Fiscais. **Acórdão nº 9101-003.017**, Relatora Conselheira Daniele Souto Rodrigues Amadio, julgado em 09 ago. 2017. Disponível em: http://carf.fazenda.gov.br. Acesso em: 02 set. 2018.

BRASIL. Conselho Administrativo de Recursos Fiscais, **Acórdão nº 2301-005.128**, Relator Conselheiro João Bellini Júnior, julgado em 13. set. 2017. Disponível em: http://carf.fazenda.gov.br. Acesso em 02 set. 2018.

BRASIL. Conselho Administrativo de Recursos Fiscais. **Acórdão nº 9101-003.266**, Relatora Conselheira Cristina Silva Costa, julgado em 09 nov. 2017. Disponível em: http://carf.fazenda.gov.br. Acesso em 02 set. 2018.

BRASIL. Conselho Administrativo de Recursos Fiscais. **Acórdão nº 1402-002.821**, Relator Conselheiro Caio Cesar Nader Quintella, julgado em 24 jan. 2018. Disponível em: http://carf.fazenda.gov.br. Acesso em: 02 set. 2018.

BRASIL. Conselho Administrativo de Recursos Fiscais, **Acórdão nº 2301-005.188**, Relator Alexandre Evaristo Pinto, julgado em 06 mar. 2018. Disponível em: http://carf.fazenda.gov.br. Acesso em 02 set. 2018.

BRASIL. Conselho Administrativo de Recursos Fiscais. **Acórdão nº 2401-005.407**, Relator Conselheiro Rayd Santana Ferreira, julgado em 04 abr. 2018. Disponível em: http://carf.fazenda.gov.br. Acesso em: 02 set. 2018.

BRASIL. Conselho Administrativo de Recursos Fiscais. **Acórdão nº 1401-002.388**, Relatora Luciana Yoshihara Arcangelo Zanin, julgado em 12 abr. 2018. Disponível em: http://carf.fazenda.gov.br. Acesso em: 02 set. 2018.

BRASIL. Conselho Administrativo de Recursos Fiscais. **Acórdão nº 1401-002.649**, Relator Conselheiro Luiz Augusto De Souza Goncalves, julgado em 12 jun. 2018. Disponível em: http://carf.fazenda.gov.br. Acesso em: 26 fev. 2019.

BRASIL. Conselho Administrativo de Recursos Fiscais. **Acórdão nº 9202-006.991**, Relatora Conselheira Elaine Cristina Monteiro e Silva Vieira, julgado em 19 jun. 2018. Disponível em: http://carf.fazenda.gov.br. Acesso em: 02 set. 2018.

BRASIL. Conselho Administrativo de Recursos Fiscais. **Súmula nº 53**. Disponível em: http://carf.fazenda.gov.br. Acesso em: 24 fev. 2019.

BRASIL. RECEITA FEDERAL. Coordenação Geral de Tributação da Receita Federal do Brasil. **Solução de Consulta nº 74** de 24 de maio de 2016. Disponível em: http://normas.receita.fazenda.gov.br. Acesso em: 02 set. 2018.

BRASIL. RECEITA FEDERAL. 6ª Superintendência Regional da Receita Federal. **Solução de Consulta nº 30** de 21/03/2007. Disponível em: http://decisoes.fazenda.gov.br. Acesso em: 02 set. 2018.

BRASIL. RECEITA FEDERAL. 8ª Superintendência Regional da Receita Federal. **Solução de Consulta nº 25** de 14/02/2003. Disponível em: http://decisoes.fazenda.gov.br. Acesso em: 02 set. 2018.

BRASIL. RECEITA FEDERAL. 8ª Superintendência Regional da Receita Federal. **Solução de Consulta nº 292** de 03/07/07. Disponível em: http://decisoes.fazenda.gov.br. Acesso em: 02 set. 2018.

BRASIL. RECEITA FEDERAL. 9ª Superintendência Regional da Receita Federal. **Solução de Consulta nº 277** de 13/10/2004. Disponível em: http://decisoes.fazenda.gov.br. Acesso em: 02 set. 2018.

BRASIL. Superior Tribunal de Justiça. **Lista de Súmulas**. Disponível em: http://www.stj.jus.br/docs_internet/SumulasSTJ.pdf. Acesso em: 02 set. 2018.

BRASIL. Superior Tribunal de Justiça. **REsp 413.865/PR**, Relator Ministro Luis Fux, Primeira Turma, julgado em 26/11/2002, DJ 19/12/2002, p. 338. Disponível em: http://stj.jus.br. Acesso em: 02 set. 2018.

BRASIL. Superior Tribunal de Justiça, **REsp nº 1112646/SP**, Relator Ministro Herman Benjamin, 1ª Seção, julgado em 26/08/2009. Disponível em: http://stj.jus.br. Acesso em: 02 set. 2018.

BRASIL. Superior Tribunal de Justiça. **REsp 1073846/SP**, Relator Ministro Luis Fux, Primeira Seção, julgado em 25/11/2009, DJe 18/12/2009. Disponível em: http://stj.jus.br. Acesso em: 02 set. 2018.

BRASIL. Superior Tribunal de Justiça. **AgRg no REsp 1346328/PR**, Relator Ministro Napoleão Nunes Maia Filho, Primeira Turma, julgado em 15/12/2016, DJe 06/02/2017. Disponível em: http://stj.jus.br. Acesso em: 02 set. 2018.

BRASIL. Superior Tribunal de Justiça. **AgInt no REsp 1580902/SP**, Relator Ministro Benedito Gonçalves, Primeira Turma, julgado em 14/03/2017, DJe 23/03/2017. Disponível em: http://stj.jus.br. Acesso em: 02 set. 2018.

BRASIL. Superior Tribunal de Justiça. **REsp 1668718/SE**, Relator Ministro Herman Benjamin, Segunda Turma, julgado em 17/08/2017, DJe 13/09/2017. Disponível em: http://stj.jus.br. Acesso em: 02 set. 2018.

REFERÊNCIAS

BRASIL. Superior Tribunal de Justiça. **AgInt no AREsp 1197346/SP**, Relatora Ministra Assusete Magalhães, Segunda Turma, julgado em 08/05/2018, DJe 15/05/2018. Disponível em: http://stj.jus.br. Acesso em: 02 set. 2018.

BRASIL. Superior Tribunal de Justiça. **AgInt no REsp 1599926/SC**, Relator Ministro Francisco Falcão, Segunda Turma, julgado em 17/05/2018, DJe 28/05/2018. Disponível em: http://stj.jus.br. Acesso em: 02 set. 2018.

BRASIL. Supremo Tribunal Federal, **RE 93850**, Relator Ministro Moreira Alves, Tribunal Pleno, julgado em 20/05/1982. Disponível em: http://stf.jus.br. Acesso em: 02 set. 2018.

BRASIL. Supremo Tribunal Federal, **RE 140773**, Relator Ministro Sydney Sanches, Tribunal Pleno, julgado em 08/10/1998. Disponível em: http://stf.jus.br. Acesso em: 02 set. 2018.

BRASIL. Supremo Tribunal Federal. **RE 363.852/MG,** Relator Ministro Marco Aurélio, Tribunal Pleno, julgado em 03/02/2010. Disponível em: http://stf.jus.br. Acesso em: 02 set. 2018.

BRASIL. Supremo Tribunal Federal. **RE 596.177/RS,** Relator Ministro Ricardo Lewandowski, Tribunal Pleno, julgado em 01/08/2011. Disponível em: http://stf.jus.br. Acesso em: 24 fev. 2019.

BRASIL. Supremo Tribunal Federal. **RE 718.874/RS,** Relator Ministro Edson Fachin, Relator para o acórdão Ministro Alexandre de Moraes, Tribunal Pleno, julgado em 30/03/2017. Disponível em: http://stf.jus.br. Acesso em: 02 set. 2018.

BRASIL. Tribunal de Justiça do Estado de São Paulo. **Apelação 4006246-02.2013.8.26.0482**, Relator Claudio Augusto Pedrassi; 2ª Câmara de Direito Público; julgado em 23/09/2014. Disponível em: http:// tjsp.jus.br. Acesso em: 02 set. 2018.

BRASIL. Tribunal de Justiça do Estado de São Paulo. **Apelação 0053526-70.2012.8.26.0547**, Relator Paulo Galizia; 10ª Câmara de Direito Público; julgado em 20/01/2016. Disponível em: http:// tjsp.jus.br. Acesso em: 02 set. 2018.

BRASIL. Tribunal de Justiça do Estado de São Paulo. **Apelação 10011602720168260311**, Relator Rebouças de Carvalho, julgado em 27/09/2017, 9ª Câmara de Direito Público. Disponível em: http://tjsp.jus.br. Acesso em: 02 set. 2018.

BRASIL. Tribunal de Justiça do Estado de São Paulo. **Apelação 1003716-10.2016.8.26.0664**; Relator Bandeira Lins; 8ª Câmara de Direito Público; julgado em 25/10/2017. Disponível em: http://tjsp.jus.br; Acesso em: 02 set. 2018.

BRASIL. Tribunal de Justiça do Estado de São Paulo. **Apelação 0000286-64.2013.8.26.0311**; Relatora Teresa Ramos Marques; 10ª Câmara de Direito

Público; julgado em 04/06/2018. Disponível em: http://tjsp.jus.br . Acesso em: 02 set. 2018.

BRASIL. Tribunal de Justiça do Estado de São Paulo. **Apelação 10162878520158260037**; Relator Decio Notarangeli; 9ª Câmara de Direito Público; julgado em 20/06/2018. Disponível em: http://tjsp.jus.br; Acesso em: 02 set. 2018.

BRASIL. Tribunal Regional Federal da 1ª Região. **Apelação 00080381920134013803**, Relator Desembargador Federal Hercules Fajoses, Sétima Turma, e-DJF1 06/10/2017. Disponível em: http://trf1.jus.br. Acesso em: 02 set. 2018.

BRASIL. Tribunal Regional Federal da 3ª Região, **Apelação 2002.60.02.000168-6,** Relator Juiz Convocado Roberto Jeuken, 2ª Turma, julgado em 01/12/2009. Disponível em http://trf3.jus.br. Acesso em: 02 set. 2018.

BRASIL. Tribunal Regional Federal da 3ª Região. **Apelação 00031464020144036143**, Relator Desembargador Federal Carlos Muta, Terceira Turma, e-DJF3 20/10/2016. Disponível em: http://trf3.jus.br. Acesso em: 02 set. 2018.

BRASIL. Tribunal Regional Federal da 3ª Região, **Apelação 00025451020124036109** SP, Relator juiz Convocado Silva Neto, julgado em 19/04/2017, Terceira Turma, publicação e-DJF3 Judicial 1 de 03/05/2017.

BRASIL. Tribunal Regional Federal da 3ª Região; **Apelação nº 00014400720124036106**, Relatora Juíza Convocada Denise Avelar, Terceira Turma, julgado em 22/11/2017, e-DJF3 Judicial 1 de 28/11/2017. Disponível em: http://trf3.jus.br. Acesso em: 02 set. 2018.

BRASIL. Tribunal Regional Federal da 3ª Região. **Apelação nº 00031862720144036109**, Relator Desembargador Federal Antonio Cedenho, Terceira Turma, e-DJF3 09/05/2018. Disponível em: http://trf3.jus.br. Acesso em: 02 set. 2018

BRASIL. Tribunal Regional Federal da 3ª Região. **Apelação nº 00107922120094036000 MS**, Relator Desembargador Federal José Lunardelli, Décima Primeira Turma, julgado em 05/06/2018, e-DJF3 Judicial 1 14/06/2018. Disponível em: http://trf3.jus.br. Acesso em: 03 set. 2018.

BRASIL. Tribunal Regional Federal da 3ª Região. **Apelação nº 1602937 – 0005648-17.2010.4.03.6102**, Décima Primeira Turma, Relator Desembargador Federal Fausto de Sanctis, julgado em 08/08/2018, e-DJF3 Judicial 1 de 15/08/2018. Disponível em: http://trf3.jus.br. Acesso em: 03 set. 2018.

BRASIL. Tribunal Regional Federal da 4ª Região, **Apelação nº 2005.72.11.001753-9/SC**, Relatora Juíza Federal Vânia Hack de Almeida, 2ª Turma, julgado em 26.01.2010. Disponível em: http://trf4.jus.br. Acesso em: 03 set. 2018.

BRASIL. Tribunal Regional Federal da 4ª Região. **Apelação nº 5010168-07.2013.4.04.7102**, Relatora Luciane Amaral Corrêa Münch, Segunda Turma, julgado em 31/07/2018. Disponível em: http://trf4.jus.br. Acesso em: 03 set. 2018.

BRASIL. Tribunal Regional Federal da 4ª Região. **Apelação nº 5009529-18.2015.4.04.7102**, Relatora Luciane Amaral Corrêa Münch, Segunda Turma, julgado em 31/07/2018. Disponível em: http://trf4.jus.br. Acesso em: 03 set. 2018.